世界におけるさまざまな文化ツーリズムを比較する

(1) 都市形成の歴史に基づく都市観光と文化ツーリズム

▲東京観光の中心となる皇居（江戸城）と二重橋
（2007年7月撮影，東京都）

▲ローマの歴史的な遺跡は都市観光の重要な資源
（2005年7月撮影，イタリア）

▲中継貿易の港町からはじまったシンガポール
（2015年3月撮影，シンガポール）

▲土地開発や植民の歴史はシドニーのロックスから
（2014年4月撮影，オーストラリア）

(2) 歴史的な建造物の保全に基づく文化ツーリズム

▲中山道の妻籠宿（宿場町）の伝統建築を保全する
（2012年6月撮影，長野県）

▲コッツウォルズの農村の伝統家屋を保全する
（2012年9月撮影，イギリス）

(3) 世界文化遺産に基づく文化ツーリズム

▲清水寺は国内外から多くの観光客を集めている
（2013年3月撮影，京都府）

▲パリ大改造計画によって整備され「花の都」となる
（2001年7月撮影，フランス）

(4) 祈りや願いの風景に基づく文化ツーリズム

▲産業の振興や航海安全などの神徳をもつ金刀比羅宮
（2012年1月撮影，香川県）

▲東方正教会のリラ修道院は多くの礼拝者が訪れる
（2010年8月撮影，ブルガリア）

▲家内安全を願うため多くの人々が訪れるアユタヤの仏教寺院
（2013年5月撮影，タイ）

▲ローマカトリックのケルン大聖堂に集まる観光客
（2012年8月撮影，ドイツ）

文化ツーリズム学

よくわかる観光学 3

菊地俊夫・松村公明 編著

朝倉書店

編著者

菊地俊夫（きくちとしお）　首都大学東京都市環境学部教授
松村公明（まつむらこうめい）　立教大学観光学部教授

執筆者

東　秀紀（あずまひでき）　前 首都大学東京都市環境学部教授　（1, 11章）
呉羽正昭（くれはまさあき）　筑波大学生命環境系教授　（2章）
大橋健一（おおはしけんいち）　立教大学観光学部教授　（3章）
中西裕二（なかにしゆうじ）　日本女子大学人間社会学部教授　（4章）
毛谷村英治（けやむらえいじ）　立教大学観光学部教授　（5章）
川原　晋（かわはらすすむ）　首都大学東京都市環境学部教授　（6章）
大塚直樹（おおつかなおき）　亜細亜大学国際関係学部准教授　（7章）
松井圭介（まついけいすけ）　筑波大学生命環境系教授　（8章）
杜　国慶（とこっけい）　立教大学観光学部教授　（9章）
佐藤大祐（さとうだいすけ）　立教大学観光学部教授　（10章）
丸山宗志（まるやまもとし）　立教大学大学院観光学研究科博士課程後期　（10章）
清水哲夫（しみずてつお）　首都大学東京大学院都市環境科学研究科教授　（12章）
杉本興運（すぎもとこううん）　首都大学東京都市環境学部助教　（13章）
太田　慧（おおたけい）　首都大学東京都市環境学部特任助教　（13章）
岡村　祐（おかむらゆう）　首都大学東京都市環境学部准教授　（14章）
菊地俊夫（きくちとしお）　首都大学東京都市環境学部教授　（15章）
松村公明（まつむらこうめい）　立教大学観光学部教授　（15章コラム）

執筆順．（　）は執筆担当

まえがき

　観光は、「余暇時間の中で、日常の生活圏を離れて行うさまざまな活動であり、非日常的なものと触れ合い、学び、遊ぶことを目的とするもの」と定義されよう。この定義には観光を形成する三つの重要な要素が含まれている。第一は、「日常的な空間」から「非日常的な空間」への移動で、それはツアーないしはツーリズムという活動になる。第二は、「非日常的な空間」での滞在と体験であり、それはレクリエーションや余暇活動、あるいは風光を観る行動になる。このような活動や行動を通じて、「日常的な気分」から「非日常的な気分」への転換があることが観光の機能であり、それは行為者（ツーリスト）の心身のリフレッシュと癒しにもつながる。第三は、「非日常的な空間」の体験や学びであり、それらはツーリストの知的好奇心を満足させ、自己の研鑽や啓発にもつながっていく。このように、観光が「非日常的な空間」への移動と滞在、および体験と学びという要素からなることをふまえ、さまざまな現象や事象を観光アトラクションとして活用できるかを考えることは観光学を学ぶ者にとって重要な課題である。また、このことは、観光の中心的な役割を担ってきた文化ツーリズムを考える基本的な姿勢にもなる。

　文化ツーリズムの原型はローマ時代の観光に由来するといわれ、当時の観光の目的は「イベントの見物や体験」、「保養」、「温泉療養」、「食道楽」、「芸術鑑賞」、「物見遊山」など多様であった。このように、ローマ時代に文化ツーリズムを中心とする観光が発達した背景は、パックス・ロマーナと呼ばれる安定した社会秩序が強力な政治力によって維持され、貨幣経済が浸透したことにあった。また、道路交通網がローマの支配地を拡大するために整備されたことも、観光の発展に貢献することになった。しかし、ローマ時代の観光は特権階級の人々のためのものであり、その大衆化までには多くの時を要することになる。庶民が観光に参加するようになるとさらに多様な形の観光が生まれ、人々は心身をリフレッシュするために非日常的な空間に自由に移動し滞在し、そこでさまざまな体験を享受する機会を多くもつようになる。大衆化した観光の目的は「保養」や「娯楽」に次第に収斂するようになり、その発展は福利厚生の充実と経済的利潤の追求によっ

て特徴づけられてきた．福利厚生の充実では余暇時間の確保が重要であり，ヨーロッパでは法定年次休暇制度の確立が観光の大衆化の契機となった．

　他方，観光の大衆化はさまざまな技術革新や制度改革によって支えられ，それらが経済活動としての利潤追求にもつながっている．最も重要な技術革新は交通の高速化と輸送の大量化（大型化），および運賃の低廉化である．多くの観光客を安い運賃で非日常的な空間に速く移動させることは，観光の利用者の増加だけでなく，観光の利用範囲の拡大に寄与した．そして，現代のパックス・アメリカーナと呼ばれる社会経済的および政治的な秩序の安定も観光の大衆化を支え，多様な文化に基づくツーリズムの発展を促してきた．

　文化ツーリズムの究極の目的が多様な文化を知り，学び，楽しむことであるならば，平和な社会秩序と安定した経済状況，および人々の移動を阻む障壁の撤廃が必要である．現代の先進諸国の多くは文化ツーリズムを楽しむことのできる環境にあり，かつ文化ツーリズムを主要な観光アトラクションとして提供することもできる環境にある．本書はそのような文化ツーリズムを多角的な視点から検討しており，文化ツーリズムの在り方や将来像を考えるうえで大いに参考になるであろう．

　最後になってしまったが，本書の出版にあたっては朝倉書店編集部の皆様に大いにお世話になった．ここに記して深謝する．

2016年2月

菊　地　俊　夫

目　次

1. 文化ツーリズムとは─その本質と目的，方法 ……………………………… 1
　1.1　文化ツーリズムの本質　1
　1.2　文化ツーリズムの目的と方法　5
　1.3　各章の構成　8

2. 文化ツーリズムの基礎としての地理学 ……………………………………… 13
　2.1　地理学と文化ツーリズムとのかかわり　13
　2.2　文化ツーリズムと地理学の研究対象　15
　2.3　多様な文化ツーリズムと地理学の分析例　18
　2.4　まとめ　24

3. 文化ツーリズムの基礎としての社会学 ……………………………………… 27
　3.1　ツーリズムと社会学　27
　3.2　「文化」と社会学　29
　3.3　「文化」とは何か　31
　3.4　「文化」の生産と消費の場としてのツーリズム　32

4. 文化ツーリズムの基礎としての文化人類学 ………………………………… 36
　4.1　文化人類学と観光─フィールドの共通性と立ち位置の違い　36
　4.2　文化概念の変容と文化ツーリズム　37
　4.3　文化人類学理論と観光学　38
　4.4　「国民の文化」「民族の文化」の近代性　40
　4.5　今後の文化人類学と観光学　42

5. 文化ツーリズムの基礎としての建築学 ……………………………………… 44
　5.1　構法の進化と形態の変化　44
　5.2　IT化の進展による建築デザイン手法の変化　46

5.3 目新しく感じられるかつての日常　47
5.4 自然に対する処し方　48
5.5 建築デザインへの自然の取り入れ方　49
5.6 都市計画の建築デザインへの影響　50
5.7 規制や制限によってもたらされる調和や統一感　51
5.8 建築技術を支える社会の変化　52
5.9 建築デザインをめぐる新たな動きと観光施設　53
5.10 まとめ　54

6. 文化ツーリズムの基礎としての都市計画とまちづくり　56
6.1 観光の基盤をつくる都市計画・まちづくり　56
6.2 都市計画・まちづくりの手法　59
6.3 まとめ　66

7. 文化ツーリズムとヘリテージツーリズム　70
7.1 はじめに　70
7.2 ホイアンと世界遺産　70
7.3 日越旅行ガイドブックにみるホイアン表象　73
7.4 日本人によるホイアンの表象　75
7.5 ローカルなツーリズム実践　77
7.6 まとめ　80

8. 文化ツーリズムと聖地巡礼　84
8.1 巡礼の起源　84
8.2 聖地巡礼の類型　88
8.3 巡礼の構造と観光　89
8.4 伊勢参りと参詣ルート　91
8.5 拡張される聖地巡礼　94
8.6 聖地巡礼のみかた―おわりに代えて　96

9. 文化ツーリズムと都市観光　99
9.1 都市観光の概念と特徴　99

9.2　都市観光の重要性と問題点　101
　　9.3　都市観光の研究方法　104

10. 文化ツーリズムとスポーツ観光 ……………………………………… 111
　　10.1　飛躍するスポーツの役割　111
　　10.2　スポーツの魅力と都市の再生戦略　111
　　10.3　サンディエゴの都心再開発　112
　　10.4　サンディエゴ都心部のスタジアムとコンベンションセンターによる訪問客流動　115
　　10.5　サンディエゴ都心部への訪問目的と買い物行動　119
　　10.6　魅力あふれる場所の構築へのスポーツツーリズムの貢献　120

11. 都市形成史から考える文化ツーリズム―江戸・東京を対象として ……… 123
　　11.1　江戸のはじまり　123
　　11.2　江戸文化と観光　125
　　11.3　明治から昭和（戦前）までの東京と観光　127
　　11.4　戦後の東京と観光　129

12. 交通計画学から考える文化ツーリズム ………………………………… 135
　　12.1　交通システム・交通計画学とツーリズム　135
　　12.2　交通システムによる旅の範囲拡大の歴史　140
　　12.3　ツーリズム交通の特性を理解するための需要的側面　142
　　12.4　ツーリズム交通の特性を理解するための供給的側面　145
　　12.5　まとめ　147

13. 展望タワーと都市観光 ……………………………………………………… 149
　　13.1　展望タワーと都市観光　149
　　13.2　展望タワーの発展と大衆化　150
　　13.3　日本の代表的な展望タワーとその役割　152
　　13.4　展望タワーと観光ツアー　155
　　13.5　まとめ　155

14. 歴史文化資源をめぐる歴史的環境保全と観光開発の関係 ……………159

14.1 歴史的環境保全と観光開発の接点　159

14.2 歴史的環境保全における歴史文化資源へのアプローチ　161

14.3 まちづくりのもとでの統合的アプローチ　165

15. 文化ツーリズムの課題と可能性 ……………………………………170

15.1 文化ツーリズムの可能性を高める担い手づくり　170

15.2 青梅市の概要　170

15.3 青梅市商店街の活性化策としての地域イベント　171

15.4 青梅宿アートフェスティバルの新たな展開　172

15.5 青梅宿アートフェスティバルがつくりだす地域資源　174

15.6 地域資源とそれを活用する担い手との関係　175

索　引　182

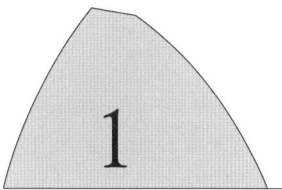

1 文化ツーリズムとは
――その本質と目的，方法

　この章は本書のタイトルになっている「文化ツーリズム」についてその本質を定義したあと，学ぶ目的，方法を述べ，最後に各章の構成を紹介する．

1.1　文化ツーリズムの本質

　文化ツーリズムとは何だろうか．このシリーズ3分冊のうち，1冊を占めているのだから，重要な言葉であるはずだが，『広辞苑』『大辞林』そして『観光学大辞典』（国際観光学会編，2007）にも見当たらない．いくつかの大学の観光学部や学科で講座，科目にあるものの，意味するところは各大学なりに，微妙に異なっているようである．

　これはそもそも「文化ツーリズム」という言葉自体が，「文化」と「ツーリズム」という定義しにくい単語二つによって成り立っていることにも原因があるだろう．そこで，「文化ツーリズム」を分割し，まずは「ツーリズム」，次に「文化」を個々に考えてみることから始めたい．

1.1.1　ツーリズムの意味

　最近は「観光」のことをあえて「ツーリズム tourism」と呼ぶ例がある．すでにある日本語ではなく，わざわざ外国語を使って，それまでの意味とは違う清新なイメージをあらわそうとするのは日本人がよくやる行為だが，それも観光というと，まず思い浮かべる sightseeing ではなく，あえて tourism というところに，何か最近のわが国における観光の変化がみてとれそうだ．

　そもそも sightseeing と tourism は英語として，どう違うのだろうか．非英語国民の学生用の辞書としてわかりやすい説明で世評が高い "*Oxford Advanced Learner's Dictionary of Current English* (5th ed.)"（Hornby ed., 1995）はそれぞれを次のように説明している．

　《sightseeing *n.* [名詞] going about to see places, etc.》

《tourism *n*. [名詞] the business of providing accommodation and services for people visiting a place》
　すなわち，sightseeing が場所などの見物や遊覧をさすのに対し，tourism はそれら見物や訪問を行う人々のための施設やサービスを提供する business だというのである．ここでいう business とは施設やサービスに関する企業の営利行為だけでなく，行政や市民が行う基盤整備やイベント，まちづくりなどを含む事業全般をさしているのだろう．実際わが国で刊行されている英和辞典の多くでも，tourism を「観光事業」と訳し，単なる「観光」の sightseeing と区別している（小西ほか編，2006；竹林ほか編，2012；高橋編，2012）．このように英和辞典に関する限り，tourism はどこにも載っている，ごく日常的単語といっていい．
　ところが，和英辞典となると事態は変わってくる．20世紀に編纂された和英辞典で「観光」をひいてみると，古典的な『斎藤和英大辞典』（斎藤秀三郎編，1928／日英社）から20世紀後半の『新和英大辞典 第4版』（増田渉編，1974／研究社）にいたるまで，たとえ大辞典であっても sightseeing のみがあり，tourism は見当たらない．研究社の『新和英大辞典』が21世紀になって改訂され，第5版（渡邊編，2003／研究社）になってようやく「tourism［観光事業］」と記載されたのが，おそらく初めての和英辞典への登場と思われる．
　英語の文献を読むのに使われる英和辞典と違って，和英辞典とは日本語を英語に翻訳するのに使われるのが主であるから，それまでの日本人にとって観光＝sightseeing すなわち「見物，遊覧」で十分だったのであろう．それが21世紀初め，時の小泉首相が観光の重要性を訴えたころから，事情が大きく変わった．「観光立国」が tourism nation，「観光庁」が Japan Tourism Agency，「観光白書」が White paper on Tourism などと訳され（いずれも観光庁ウェブサイトの英訳），「観光」という言葉が見物遊山すなわち sightseeing から，事業を行い，国の政策としても考える事業的側面の意味が強い tourism へと変わったのである．最近いわれるツーリズムも，この「観光事業」という言葉を表現する外来語として使われていると思われる．
　では観光事業とは具体的に何をさすのだろうか．それについては，運輸省が第二次世界大戦直後に出した『観光事業の話』（1947）において，「観光現象のもたらす，数々の効果を承認し，観光現象をめぐる一切の要素に，組織を与え，訓練を施し，体系を整えることによって，国家の繁栄と人類の福祉増進とに寄与せんとする目的的な綜合活動」と定義している．さらに，同書は観光事業の分野とし

て以下の7分野をあげている．
　①見学（名所旧跡など）
　②スポーツ
　③教化（修学旅行，学会）
　④宗教（巡礼）
　⑤芸術（演奏旅行）
　⑥商業（見本市）
　⑦保健（湯治，保養）
　すなわち，観光を見学つまり sightseeing だけでなく，tourism としてみたとき，その対象は名所旧跡にとどまらず，保養，巡礼，芸術，さらには学会，見本市，スポーツなど，今でいうコンベンションまでにも広がる．ここに今のわれわれ日本人が使うツーリズムという言葉の原点があるのである．

1.1.2　観光における文化

　次に「文化」はどうだろうか．
　「文化」は観光以上に定義の難しい日本語である．たとえば『岩波国語辞典　第7版』（西岡実編，2009）をひいてみると，以下のような定義が見出される．
　《文化―①世の中が開けて生活水準が高まっている状態．文明開化．②人類の理想を実現して行く，精神の活動．技術を通して自然を人間の生活目的に役立てて行く過程で形つくられた，生活様式およびそれに関する表現》
　どれも抽象的で，「文化」の意味を考えるだけで何冊も本が書けてしまいそうだ．そこで観光の分野に絞り，「文化」という言葉がどう使われているかに絞って考えてみよう．
　ユネスコの「世界の文化遺産および自然遺産の保護に関する条約」（1972）においては，「自然遺産」とともに「文化遺産」（傍点：引用者）という言葉が使われている．文化遺産とは「顕著な普遍的価値をもつ建築物や遺跡など」（第一条）であるとされており，この条約をもととして登録された文化遺産には，建築・遺跡のほか，橋や城壁，産業施設といった建築以外の構築物や，都市や町といった面的なもの，さらに音楽，演劇，儀式，祭りなどの無形なものが入っている．つまり，「文化」とは，「自然」と並ぶ重要な遺産とされている．
　実は観光学では，観光資源について，この世界遺産条約と似たような分類を行っている．『観光読本』（日本交通公社編，2004：p.39）では，観光資源を「自然

観光資源」「人文観光資源」(傍点:引用者)という二つに分け,ここで「人文観光資源」とは「人の手によって創りあげられてきた」観光資源とし,史跡,社寺,城郭,庭園など点的な存在のほか,歴史景観,地域景観のような線的・面的な広がりをもつもの,さらには年中行事など,開催時期が限定されているイベントなどとしている.「人文」とは「人間が作り上げた文化」(前述『岩波国語辞典』)をいうのだから,「文化」とほぼ同じ概念をさしているといっていいであろう.

「人文観光資源」を「人文観光資源Ⅰ」「人文観光資源Ⅱ」という2種類に分ける考え方もある(岡本編,2001:p.121).「人文観光資源Ⅰ」とは「長い時間の経過を経て,価値が出た資源で,今後とも,その魅力が減じないもの」であって,これまで述べてきたような史跡・社寺など,その最高峰は世界文化遺産に指定されるような歴史的資源である.他方,「人文観光資源Ⅱ」とは「現在は,魅力があり,多くの観光客を集めているが,その魅力が将来にわたって保証されるとは限らないもの」であり,現代の建築,構造物や公園など,やがてはⅠになる可能性を秘めているもののほか,動物園,植物園,博物館,美術館,水族館,さらにはテーマパーク・遊覧施設なども含んだ現代的資源をさしている.

このように「文化ツーリズム」の「文化」を,従来観光学で使われてきた「人文」という言葉に読み替えれば,現在の文化ツーリズムにおける「文化」の意味が理解しやすい.

1.1.3 文化ツーリズムの定義

総括すると,文化ツーリズムとは「人工の構築物や無形の芸能,異国民などの生活様式などを鑑賞・訪問することによって発生するさまざまな事業」を指し,鑑賞・訪問の対象は,先の人文観光資源のⅠ・Ⅱすなわち,①歴史的観光資源(史跡,遺跡,古いまちなみ,祭りなど),②現代的観光資源(建築,土木構築物,博物館,遊園地,イベントなど)に分けられる.

それぞれのなかには有形・無形双方を含むのであるから,多様性,幅広さは自然の地形や生物を対象とする自然ツーリズムをはるかに超える.

また,定義の最後につけた「事業」とは,宿泊(ホテル,旅館等),交通(鉄道,航空機,道路等),旅行サービス(旅行斡旋,コンベンション等)など企業の営利行為とともに,まちづくり,地域行政,市民運動など,行政,市民が担う分野も含んだ広い意味での事業をさしている.

1.2 文化ツーリズムの目的と方法

1.2.1 文化ツーリズムを学ぶ目的

文化ツーリズムを学ぶ目的について考えてみよう．

第一の目的は，何といっても「文化」が「自然」と並ぶ観光資源だからである．世界遺産が自然と文化の二つを基軸として分類されているように，観光の対象は「人間の手では創造できない」自然か，「人間の手が入って創りあげられた」文化のいずれか，あるいはその複合である．

「文化」の多くは，人間によってつくられた「都市」あるいは都市化された地域のなかに存在している．カンボジアのアンコール・ワットのように，発見されたときは自然のなかにあったものもあるが，もともと人間の手によって都市としてつくられたものであるから，これも文化ツーリズムにおける観光資源である．ディズニーランドはまだ歴史的名所というには早いが，多くの人を魅了し，足を運ばせており，現代エンターテインメントの象徴的存在として，これもまた文化ツーリズムの代表的資源である．文化ツーリズムを学ぶことは，過去を知り，現代を考察し，未来を洞察することでもある．

文化ツーリズムを学ぶ第二の目的は，もっと現実的なものだが，この分野が土木・建築・都市工学などの観光を支える計画系の技術を学ぶこととつながっているからである．たとえば，橋や建築はその美しさで文化ツーリズムの対象であるとともに，観光地を「つくる」うえでの重要な要素でもある．文化ツーリズムにおける観光施設とは，観光資源とそれをつくる計画系技術という二面性をもち，相互補完的な関係を形成している．だから，文化ツーリズムを学ぶことは，観光資源として構築物を研究することであるとともに，それをつくる技術を学ぶことでもある．大学の土木や建築，都市工学の学科で「建築史」「建築デザイン論」「都市美論」「景観論」「橋梁美論」などの講義があるのは，このためである．

1.2.2 文化ツーリズムの方法

文化ツーリズムは地理学，歴史学，社会学，政策学，経済学，経営学，文化人類学，建築学，土木学，都市工学など，いわば文系・理系をともに含んだ文字通りの学際的な学問である．「群盲象を撫でる」という言葉があるが，対象が象のように大きく，しかもそれを知ろうとするわれわれの手段には限りがあるから，どうしても単一な学問では収まりきらない．それぞれの学問のなかには，観光に

関係するものがあるけれども，そうした既存の学問の部分としてだけでなく，ツーリズムという一つの土俵の上で学問体系を確立することが必要である．

文化ツーリズムを学ぶ方法として，その観光学自体の内容が20世紀後半と21世紀初頭とで，どう変わっているかをみてみよう．

現在最も代表的な観光学の入門書の一つに『観光学入門』（岡本伸之編，2001）という本が知られている．かつて同じような高い評価を得ていた入門書に『現代観光論』（鈴木忠義編，1974）があり，同じ出版社からの刊行，かつ同じ双書スタイルであった．この2冊は，30年近い期間に観光学がどのように変化してきたかを知るよい資料ともなる．表1.1に両者の目次を並べて示す．

約30年間の隔たりのなかで，なおも変わっていないところや，大きく変化していないところがある．新旧両著は観光学が学際的分野であるということが一致している．特に観光史，地理，経営，交通，政治，環境などに，いずれも1～2章が割かれているのはその好例である．

また，いずれともが，自然ツーリズムについては1～2章しかあてていないのに対し，大部分が文化ツーリズムに関する章で占められているのも共通の特徴である．

だが，大きな相違点もその文化ツーリズム面を中心としていくつか見受けられ

表1.1 観光学入門書の目次の比較

『現代観光論』（1974）	『観光学入門』（2001）
1. 「観光」の概念と観光の歴史	1. 観光と観光学
2. 観光研究の成立と展開	2. 観光の歴史
3. 観光欲求と観光行動	3. 観光と行動
4. 自然観光資源	4. 観光情報と観光情報産業
5. 人文観光資源	5. 観光と交通
6. 観光事業の性格と構成	6. 観光地と観光資源
7. 観光と環境	7. 観光と環境
8. 旅行斡旋業	8. 観光と文化
9. 宿泊業	9. 観光施設
10. 観光宣伝と接遇	10. 観光と経済
11. 観光関連事業	11. 観光消費
12. 観光と地域開発	12. 観光政策
13. 観光地計画	13. 観光と地域社会
14. 観光行政と国内観光政策	14. 観光と風景
15. 国際観光政策	15. 観光産業と投資
16. 観光の諸効果と現代的意義	
17. 観光論の性格と体系	

る．

　第一の相違点は，旧著（1974年版）が旅行斡旋業（8章），宿泊（9章），接客（10章），その他の観光関連事業（11章）を含めて，実践的な（あえていえばハウ・ツー的な）叙述が中心なのに対し，新著（2001年版）では心理学（3章），情報学（4章），経済学（10章，11章，15章），政策学（12章），社会学（13章）など文系の学問的成果を踏まえて，観光を考えようとする姿勢がみられる．旧著にあった観光の事業面への関心が新著で薄れているのは，バブル経済破綻後，観光について確固とした学問体系を打ち立てようとした努力のあらわれであろう．小泉内閣が観光立国宣言を行い，特にインバウンド政策が推進されて，観光の事業面，特に経営・経済面が重視されるのは，この新著が出た後のことである．

　第二の相違点は，ハウ・ツー的色彩とともに地域開発，観光地計画といった工学を中心とした章（旧著12, 13章）が新著で姿を消していることである．これも高度経済成長の余塵冷めやらぬころに出た旧著と，「失われた10年」を経て出版された新著との違いであろう．交通や景観，環境など，もともと文系・理系があわさった学際的視野が必要であった内容も，新著では交通経済学（5章），環境論（7章），風景論（14章）など，文系中心の議論になっていて，観光地をいかにつくりあげていくかという姿勢は弱くなっている．特に観光地の社会を「知る」ための学問である地域社会論（13章）はあっても，実際にその知識から住民たちとどう地域をつくりだしていくかという「まちづくり」の視点が抜け落ちてしまっているのは，観光学の範囲を狭めているように思う．

　観光と直接結びついた話ではないが，戦後日本の代表的論客であった丸山眞男に「『である』ことと『する』こと」（『日本の思想』1961所収）という有名な論文がある．明治以来の日本あるいは戦後復興に忙しかった日本が，「する」ことを重視するあまり，「である」ことの基礎的研究を軽視してきたことを批判した論文である．

　丸山流を敷衍して，上記の観光学入門書27年の変化をみれば，それは高度経済成長から日本列島改造論前後の開発ブームに沸いた「する」優位から，20世紀末バブル経済破綻の反省に立った「である」への重心の移転を如実にあらわしたものといえるであろう．確かに，戦後高度経済成長は学問的考察の「である」を疎かにし，行政も国民全体も「する」ための技術に邁進した時代であった．また，それが「進歩」であると信じてもいた．半世紀近く前に出た『現代観光論』は，当時の観光学の内容を如実にあらわした「する」論理の実践的書籍といっていい．

しかし，その代わりに出てきた「である」論理は学問としてじっくりと研究するにはよい方法だが，観光のように実際の「事業」を対象とし，しかもそれが今後大きく変わっていくと予想される分野にあっては適切なアプローチとはいえない．丸山が認めているように，「である」論理が支配的であった江戸時代の価値観は黒船来航後の日本を取り巻く時代環境に適応できなかった．いま日本に必要なのはかつての日本列島改造論的「する」論理ではなく，かといって「である」に終始した形而上学的世界でもなく，あくまで理論と実践を両立させた研究であり，教育のはずである．それが昨今われわれ日本人に観光を「ツーリズム」と呼ばせているのではないか．

実は丸山眞男が論文で最後に訴えているのも，「する」論理から「である」論理への回帰ではない．静的な「である」論理だけでも，開発志向の「する」論理だけでも不十分とし，両者のバランスがとれた形での相互補完こそが丸山の結論である（『「日本の思想」精読』宮村治夫，2001）．現在の観光学もまた，既存の学問体系のなかで観光を位置づけるだけでなく，ツーリズムという言葉の登場や「観光立国宣言」などにみるような新しい動きを受け，丸山のいう「する」ことと「である」ことの相互補完こそ，今後の観光学に必要なように思われる．

1.3　各章の構成

前項の考えに基づき，本書の目次はおよそ以下のような構成となっている．
 1.　文化ツーリズムとは―その本質と目的，方法
［周辺領域からの視点編］
　 2.　文化ツーリズムの基礎としての地理学
　 3.　文化ツーリズムの基礎としての社会学
　 4.　文化ツーリズムの基礎としての文化人類学
　 5.　文化ツーリズムの基礎としての建築学
　 6.　文化ツーリズムの基礎としての都市計画とまちづくり
［コンテンツ編］
　 7.　文化ツーリズムとヘリテージツーリズム
　 8.　文化ツーリズムと聖地巡礼
　 9.　文化ツーリズムと都市観光
　10.　文化ツーリズムとスポーツ観光
［計画学からのアプローチ編］

1.3 各章の構成

11. 都市形成史から考える文化ツーリズム
12. 交通計画学から考える文化ツーリズム
13. 展望タワーと都市観光
14. 歴史文化資源をめぐる歴史的環境保全と観光開発の関係
15. 文化ツーリズムの課題と可能性

プロローグにあたる第1章とエピローグにあたる第15章を除く13の章を三つのグループに分け，1.2項で述べたような文化ツーリズムの学際性および総合性を反映した．

［周辺領域からの視点編］（第2～6章）は，文化ツーリズムの基礎となる分野である地理学，社会学，文化人類学，建築学，都市工学などから，文化ツーリズムをとらえたものである．各章の著者が拠って立つ学問分野と文化ツーリズムはどう関係するか，その視点からみて文化ツーリズムとは何か，また今後文化ツーリズムの研究はどう展開されるべきかなどが考察されている．

たとえば，地理学において文化ツーリズムとは「地域における歴史，生活・生業，さらにはその周囲の自然環境を資源とするツーリズムの形態」（第2章）とされるのに対し，社会学ではツーリズムを近代において出現した社会現象とし，「文化ツーリズムの実践は『文化』の消費による権力の発動という性格を帯びている」（第3章）と指摘する．さらに人類学では最近の文化人類学から観光へなされた学問的成果を踏まえつつ，現在の観光研究が「人文科学系の研究者の参与がほとんど見られ」ず，「経済・経営系と計画系」という二分野が中心になっている問題点を指摘している（第4章）．その中心である一方の雄，計画系に属する建築（第5章），都市工学（第6章）では，前者ではIT，後者ではまちづくりの概念が新しいインパクトとなっていることを述べている．

このように各章における観光へのアプローチには共通点もあれば，異なる点もある．文系の社会学，人類学でも違うし，学際的性格が濃い地理学，都市計画学でも，同じ観光学を取り扱いながら，それぞれが表裏の異なる面をみているの観がある．しかし，恐らくそうした多彩さが文化ツーリズムの意味をより明確にし，今後の可能性をも示唆しているのであろう．

［コンテンツ編］（第7～10章）では，文化ツーリズムの代表的観光資源として，ヘリテージ，聖地，都市，スポーツなどを取り上げている．

文化ツーリズムの研究対象は文化遺跡だけでなく，ツーリズムを行う個人及びその行動形態も含まれる．よってヘリテージ観光は「受け継がれる遺産の観光」（第

7章),聖地巡礼はメッカ,エルサレム,お伊勢参りなど古くからの旅や巡礼(第8章)などのように,歴史を振り返りながら,アニメ聖地のような現代文化,あるいは遺跡を通して何を残すかといった未来の問題も考えていかねばならない.これは「観光対象が自然的なものではなく人工的なものが多い」(第9章)という点で,文化ツーリズムの中心となっている都市観光においても同様であり,マンチェスターやサンディエゴの都市再生・再開発の有力なツールとなっているスポーツ観光などは都市観光の代表例である(第10章).

つまり,観光資源をコンテンツとしてみれば,学域横断だけでなく,過去—現在—未来を結ぶ古今東西的視野が必要というのが,コンテンツ編に共通する議論といえよう.

[計画学からの方法論](第11~14章)は,1.2項で触れた文化ツーリズムの含む計画系側面,すなわち都市形成史,交通計画,構造物,歴史的環境保全などをとらえたものである.これら4つの研究は,土木工学,建築学,都市工学,地理学といった従来の分野でも行われており,たとえば江戸・東京の形成史は都市工学や地理学において(第11章),交通計画は土木工学の主要な一分野として(第12章),研究されている.今回の大きな違いは観光,しかも文化ツーリズムという視点で,それらを区切ったことにある.よって,建築学では構造力学や都市美という面で研究されてきた展望タワーに眺望という視点が提出され(第13章),建築史で論じられてきた歴史環境保全にまちづくりの要素が加わっている(第14章).

本章1.2項で入門書を手がかりに,1970年代から21世紀初頭に至る30年間の観光学の変遷をみた.それはまさにオイル・ショックから,バブル経済の崩壊を途中にはさみ,「失われた10年」に至るまでの,政治,経済,社会そして文化の大きな転換期にあたっている.観光学の変遷は,時代の転換による影響を大きく受けているのであり,今後もおそらくそうであろう.いまや2010年代も後半となり,観光立国の本格的展開を必要とされている時代において必要なのは,さらに観光をさまざまな視点で眺めるため,より広範な研究者の参加を求め,文化ツーリズムの内容と追求を深化させた総合的分野として確立させていくことである.

まとめれば,文化ツーリズムの取り扱う分野は幅広く,なおも試行錯誤の状態がつづいている.だが,あくまでその対象は「観光」という現実であり,その現実の上に立った実践である.かつてのようなハウ・ツー的知識にとどまってはな

らないが，基礎的な文系研究から計画系の工学技術，さらには美や人間の存在，行動様式の研究など，哲学をも含んだ深遠かつ教養的な学問であることが要求される．そこに今後の観光学，特に文化ツーリズム研究の可能性を求めて，プロローグにあたる本章を終わることとしたい．　　　　　　　　　　［東　秀紀］

●観光はミステリー：アガサ・クリスティ
　列車や客船，あるいはホテルなどで観光中に事件が起き，客のなかに犯人がいるという筋立ては，ミステリーの定番の一つだが，なかでも有名なのが英国の女流作家アガサ・クリスティのものだろう．『オリエント急行の殺人』『ナイルに死す』『白昼の悪魔』など映画化された作品をはじめ，長編だけで優に10作を超える．観光地という舞台設定は読者に旅への想像力をかきたてるし，乗り物や施設内だと容疑者も絞られ，人間関係も描きやすい．もし，観光ミステリーというジャンルを名づけるとすれば，クリスティはまさに元祖といっていいだろう．
　クリスティが観光を多くテーマとした理由は，イギリス南西部のトーキーという海岸の保養地で生まれ育ったからという説がある．トーキーは海水浴が健康のために奨励された19世紀後半，鉄道の便のよさから観光地となり，クリスティはここで商才に乏しい父親と，娘に正規の教育を受けさせず自ら教育するような変わり者の母との間に生まれたのである．
　また，観光地のなかでも『ナイルに死す』『死との約束』『メソポタミアの殺人』『春にして君を離れ』『バグダッドの秘密』など，特に中東を舞台にした作品が多いのは，二番目の夫が古代中東史を専門とする考古学者で，彼女もよくシリアやイラクなどでの遺跡発掘に同行したからといわれている．
　だが，クリスティに観光を題材とした作品が多い最大の理由は，何といっても彼女が作家として最も活躍した時期が1920～1930年代という，欧米にとって空前の海外観光ブームの時代だったことだろう．近代観光が19世紀半ば，イギリスのトーマス・クックによる団体旅行の営業によって始まったことは有名だが，それを支えたのは鉄道の発達で，鉄道に乗って普通の人々が万国博覧会の開かれているロンドンや，さらにはパリまで旅に出かけるようになった．
　20世紀になり，世界大戦が終わって平和が戻ると，西ヨーロッパの上流階級はさらなる交通の発達を受け，地中海沿岸のリゾート地やエジプトなど中近東にまで足を延ばす．アメリカ人も強いドルを片手に大西洋を越えてやって来るということで，それらの観光を支えたのがイスタンブール－パリをつなぐ「オリエント急行」やロンドン－パリを結ぶ「青列車」，ノルマンディー号やクイーン・メアリー号など8万トンを越える大型豪華客船だった．
　有給休暇制などの実現で一般人にとっても観光は単なる夢物語ではなくな

り，準備のために知識を仕入れておかなければならないというわけで，観光を題材にした小説を読み始める．イギリスでは駅や町に行くと必ずといっていいほど，今でもWHSmithというキヨスクのチェーンストアがあるが，20世紀前半は「1ペニー大学」の異名をもつ貸本屋チェーンだった．これは鉄道に乗る際に本を借り，読み終えた駅で返すというシステムをとっていたが，そうして最も多く借り出された本がクリスティのミステリーだったのである．『オリエント急行の殺人』で列車に乗り合わせ，旅をする客たちの職業も，貴族，資産家，外交官，医師，ビジネスマンから私立探偵，亡命者，家庭教師，女中など多彩だ．クリスティのミステリーというと，今では英国人の伝統的ライフスタイルを描いていると思われがちだが，当時は彼女自身，最先端の女流作家として観光ブームという時代の動きを読みとり，作品の題材にしていったのであろう．

　クリスティは鉄道や船ばかりでなく，当時運行し始めたばかりの旅客機を舞台にしたミステリー『雲をつかむ死』も書いている．大雪のなかで動かない列車や海に浮かぶ船がそうであるように，飛行機は空中を飛んでいるから，殺人事件が起きれば，容疑者はまさに機内に限定される．トリックを見破るには，現在の常識は通用せず，当時の乗務員たちに関する知識が必要だが，あまり書くとネタばれになってしまうのでここらあたりでやめておこう．読者諸兄姉が作品を読んで，見事に犯人を当ててくださることを祈っている．

文　献

運輸省 編（1947）：観光事業の話，運輸省．
岡本伸之（2001）：観光学入門―ポスト・マス・ツーリズムの観光学―，有斐閣，121．
観光庁ウェブサイト：　http://www.mlit.go.jp/kankocho
小西友七・南出康世 編（2006）：ジーニアス英和辞典 第4版，大修館書店．
斎藤秀三郎（1928）：斎藤和英大辞典，日英社．
鈴木忠義 編（1974）：現代観光論，有斐閣．
高橋作太郎・笠原　守 編（2012）：リーダーズ英和辞典 第3版，研究社．
竹林　滋・小島義郎・東　信行・赤須　薫 編（2012）：ライトハウス英和辞典 第6版，研究社．
西岡　実 編（2009）：岩波国語辞典 第7版，岩波書店．
日本交通公社 編（2004）：観光読本 第2版，東洋経済新報社，39．
日本国際観光学会 監修（2007）：観光学大事典，木楽舎．
増田　渉 編（1974）：新和英大辞典 第4版，研究社
丸山眞男（1961）：日本の思想，岩波書店．
宮村治雄（2001）：「日本の思想」精読，岩波書店．
渡邊敏郎・Skrzypczak, E.・Snowden, P. 編（2003）：新和英大辞典 第5版，研究社．
Hornby, A. S. ed.（1995）：Oxford Advanced Learner's Dictionary of Current English (5th ed.), Oxford University Press.

2 文化ツーリズムの基礎としての地理学

2.1 地理学と文化ツーリズムとのかかわり

2.1.1 地理学の性格

　地理学にはさまざまな定義があるが，19世紀初頭のドイツでフンボルトやリッターが主張した「人間と自然（または環境・場所）との関係を解明する」という立場が，今日でも確固たる地位を確立している．つまり，地理学はある地域的な広がりをもつ領域について，人間と自然の関係を明らかにすることを通じて，その地域の性格を解明する学問である．地理学のなかでも，特に人間活動の分析に重点を置く人文地理学では，人々の行動やその結果として地表上に現れた地域的要素について，その特徴や関係などを明らかにすることが目的とされてきた．

　地理学における学問的なアプローチには，系統地理学的アプローチと地誌学（地域地理学）的アプローチがあるとされてきた．前者は，広範な地域において，地表面上に存在するある特定の事象の空間的な多様性を追究する．このアプローチを観光現象と関連づけて考えると，たとえば，日本においてゴルフ場がどのような場所に存在するのかについて，自然条件や社会経済的条件を通じて説明することになる．一方，後者については，同じ場所に存在する多様な事象が，相互にどのように関係しあっているのかを追究する．たとえば，ある海岸リゾートがどのように発展してきたのかを，そのリゾートに内在する土地所有・資本関係や土地利用，土地条件などと関連づけて説明することになる．加えて，20世紀半ば頃になると，地理学の計量革命の影響をうけて三つ目のアプローチが出現してきた．それは，ある地域と別の地域がどのような関係を有しているのかを追究するものである．たとえば，人口移動はどのような地域間で生じるのか，また卓越するのかを解明し，その要因を考察することである．特に観光流動を追究する研究では，この三つ目のアプローチの視点，すなわち空間的相互作用の視点が重要である．

2.1.2 文化ツーリズムと地理学

ツーリズムは，人々が日常生活圏を離れて旅行に出かけることや，その期間内の行動ととらえられ，必ず人々の空間的移動を伴う．さらに，人々は地点あるいは地域・空間という目的地を訪問する．したがって，ツーリズムは，人間と環境との関係を解明する地理学の格好の研究対象となってきた．この場合の「人間」には，旅行に出かける観光者（ゲスト），目的地で観光者を受け入れる人々（ホスト），さらにはそれを仲介するサービスを提供する人々（媒介）などが含まれる．ゲストがホスト地域を訪れるというツーリズムの仕組みを考慮すると，ホスト地域だけでなく，ゲストが散策・周遊する範囲も空間であり，たとえばある観光施設の顧客圏も空間である．また，ゲストが旅行に出かける範囲も空間ととらえられる．さらに，ゲストの居住地域自体も空間であり，その環境が人々に対して居住地域とは異なる環境への旅行を誘引することもあろう．つまり，ツーリズムは人々の移動という空間的現象であると同時に，さまざまな空間概念と関係しながら存在する現象でもある．こうした性格を有するツーリズムに対して，地理学がこれをどのように分析・考察し，理解を深めていくのかに関して検討することが求められている．この研究分野が観光地理学と認識される．

一方で，日本において，観光地理学の研究成果の多くは地誌学（地域地理学）の枠組みのなかでなされてきた．特に，宿泊施設を伴うようなある程度の規模の観光目的地がどのように発生し，また発展し，さらにいかなる特性を有しているのかといった分析が多くなされてきた．それは，後述するように，伝統的な温泉地が明治時代以降にその性格を大きく変化させてきたこと，マスツーリズム期に海水浴やスキーのために滞在した民宿地域が顕著な発展を示したこと，さらにはバブル期にリゾートが大いに開発されたこと，という現実の観光動向に基づいて顕著な地域変化が生じたことと関係する．

文化ツーリズムとは，地域における歴史，生活・生業，さらにはその周囲の自然環境をも資源とするツーリズムの形態である．人々の観光行動は多様であるが，短期間の日帰り旅行から長期滞在のバカンスまでというように時間に応じて整理することが可能である．また，サイトシーイング，ビジネスツーリズム，ラーニングツーリズムというように，目的や内容によって整理することもできる．特に，文化ツーリズムの多様化は，最近みられる顕著な傾向である．

江戸時代までの日本では，温泉での保養（湯治）と宗教ツーリズムが大きな役割を果たしていたが，明治時代以降は伊勢参りの伝統を継承したようなサイトシ

ーイングが大きく成長する．同時に，海外からの文化を吸収して野外レクリエーションに基づくツーリズムも大きく発展した．1990年前後には，リゾート滞在が流行したり，1990年代以降はエコツーリズムやグリーンツーリズムなどの新しいツーリズムが成長し，さらには仕事での出張もビジネスツーリズムとして認識するような時代になっている．こうした多様化した観光行動を地理学でどのように分析するかも重要な研究課題となる．

2.2 文化ツーリズムと地理学の研究対象

2.2.1 文化ツーリズム資源

一般にツーリズムの対象は，大きく観光資源と観光施設・サービスとからなる．観光資源とは，人々を観光旅行に誘引するような魅力を備えた対象物である．これらの資源は，自然観光資源，人文観光資源，両者が複合した観光資源に分けて論じられることが多い．文化ツーリズムの対象の中心は人文観光資源ではあるが，人々の観光行動において周遊観光がある程度の重要性をもつことを考慮すれば，自然資源や複合資源も併せて考える視点も必要であろう．

観光資源の地域的な分布は，人々の観光行動と大きく関係している．それゆえに観光対象の分布を検討することは，地理学の重要な課題である．たとえば，ある地域的広がりにおいて人文観光資源がどのように分布しているのかを追究するときに，ある資源がまばらに分布する傾向をもつ一方で，別のある資源は周囲の山地のみに偏在することが示されるであろう．地理学では，まずこのような分布を地理的に説明することが求められる．つまり，分布にみられる形状を，集積や分散，さらにはその位置で説明する．次いで，個別地域・類型地域，絶対位置・相対位置といった地理学的な考え方によって，分布の要因を解明することが重要である．

たとえば，日本における観光資源の分布を考えてみよう．公益社団法人日本交通公社がまとめた観光資源台帳によれば，自然観光資源は全国にある程度分散する傾向を示す．これは，海や湖といった水面や，高山や火山といった山岳資源は国土に一様には分布していないものの，国立公園や国定公園が国土に広く分散していることからも解釈できるであろう．一方，人文観光資源や複合資源は，人々の営みの歴史が長く，かつ政治・社会的に重要であった場所に存在する傾向が強い．つまり，大多数の人文観光資源は（大）都市に存在することがわかる．

次に，観光資源というよりも観光施設として把握されるスキー場について，そ

の分布を検討してみよう（図2.1）．日本のスキー場の分布にみられる特徴には，日本海側に偏在すること，西日本よりも東日本に多いこと，中央日本北部に集中することなどがある（呉羽，2010）．この分布傾向を説明するためには，スキー場がどのような地理的条件を備えた場所に立地できるのかを考慮しなければならない．まず，積雪や地形が重要な立地条件となり，積雪の多い日本海側，特に奥羽山脈から中国山地にかけて山地地帯の日本海側への偏在が説明できる．つまり，環境条件がスキー場の立地を大きく規定している．しかし，中央日本北部への集中はこれだけでは説明できない．ここでは，スキー人口が多く存在する大都市（東京，大阪，名古屋）からの近接性という位置条件が重要になる．こうした位置条件が重要な役割を演じる背景には，日本人のスキー旅行のほとんどが，日帰りや1泊2日，長くても2泊3日といった短期でなされることがある．それゆえに，より短時間でスキー場に到達したいというニーズへの対応が重要になり，その結

図2.1 日本におけるスキー場の分布（2012年度）（国土交通省監修『鉄道要覧』等により作成）

果，大都市からの近接性もスキー場の立地を規定していると解釈できるのである．

2.2.2 目的地の成立と変容

先述したように，地理学ではツーリズムの目的地に関する研究が多くを占めてきた．地理学が自然と人間の関係を明らかにしつつ地域の特性を解明するという点で，観光目的地はその格好の研究対象となってきた．特に目的地が，複数の観光資源や観光施設という観光対象を活用・開発しながらどのように発展するのかということは，重要な研究視点である．目的地の発展については，さまざまな地域スケールに展開する地域的条件と関係しながら，ある程度の一般性があることが確認され，それに関するモデルも複数示されてきた．そのなかでも著名であるのは，バトラー（Butler, 1980）による観光地進化モデルである．彼は，観光目的地はどのように発展・進化するのかについて，単純な発展プロセスとしてとらえたモデルを考え出した．

バトラーは製品のライフサイクル概念に基づいて，観光客数と時間との関係が

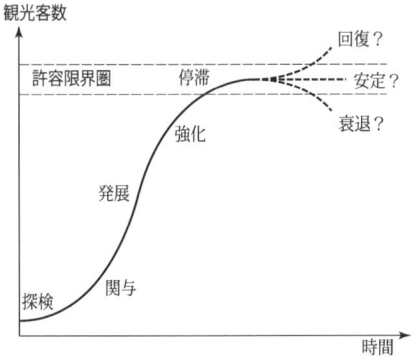

図 2.2 バトラーによる観光地域の発展のモデル
（Butler, 1980 を改変）

S字カーブを描いて変化するとし，そのカーブの形状によって観光地域の発展段階を区分した（図2.2）．地域独特の自然や文化に魅せられた少数のツーリストが滞在する最初の段階「探検期」から，地域住民が観光と本格的に関与し始める第2段階「関与期」へと変化する．「発展期」とされる第3段階では，外部資本による施設整備や宣伝がなされ，観光客数は急激に増加する．さらに，観光が地域経済の主体となるものの，観光業に関与しない住民の不満が出現する第4段階「強化期」を経て，第5段階の「停滞」に入る．この段階は，その観光目的地の許容限界圏に達し，来訪客数は最も多くなる．その後は，そのまま維持されるのか，衰退するのか，さらには何らかのインパクトによって許容限界圏を超えて再び増加傾向を示すのか，といったシナリオが考えられる．バトラーのモデルに関してはさまざまな検証がなされており，観光地域が時間とともにどのように発展するかというプロセスを理解するための説明手段として高く評価されている．

2.2.3 目的地の地域的差異

上記のように，目的地の形成には一般化されるような特徴がある一方で，個々の目的地によって異なる面もある．地理学では，そのような違いを地域的な差異ととらえ，どのように異なるのか，なぜ異なるのかを追究してきた．この点を淡野（1998）による，日本の沿岸域における海岸観光地域の形成過程と形成条件に関する研究に基づいて説明する．

彼はまず，近畿地方の沿岸域における観光行動の展開について検討し，その目

的地は時代の進行とともに大都市近郊からより遠方の地域へと拡大することを指摘した．さらに，その過程のなかで海岸観光地域には景観観光型，民宿型，リゾート型の3類型があり，それらはこの記述順序で成立するとした．景観観光型は，海岸景観そのものが観光資源となり，それに宿泊施設が付随して発達した地域である．民宿型は，著名な観光資源がなく，海水浴場の開設によって，その近隣漁村・農村に民宿が集積したものである．一方，リゾート型は，計画的・総合的に観光関連施設が配置され，海水浴だけでなく多様な海洋レクリエーションが可能な観光地域としての性格をもつ．このように，地方レベル，全国レベルといったスケールの地域において，異なる海岸観光地域が存在する空間的な意味を，その形成プロセスに注目して明らかにした．

2.2.4 観光者と観光行動

人々の観光行動は，居住地から目的地へ，さらにある目的地から別の目的地へと，ある空間から別の空間へ移動する．それゆえ，短期間の人口移動のようにもとらえられる．今日，人々の多くが都市に居住しているため，観光者の多くも都市から発生する．その都市を中心に，人々はどこに観光旅行に出かけるのかという問題設定が重視されてきた．

マスツーリズムが卓越した時代には，団体旅行中心という特徴もあって，観光行動は比較的画一的な性格を有していた．それゆえ，目的地に関する研究を通じて，観光行動パターンはある程度把握できた．ところが近年，マスツーリズムに加えて，ルーラルツーリズム，エコツーリズムやジオツーリズムなどのオルタナティブツーリズムが出現し，全体として観光行動は多様化している．また，温泉地におけるまちなみ散策など，伝統的な観光目的地においても観光者の行動には多様化がみられる．それゆえ，人々の観光行動をとらえようとする分析視点がますます重要になっている．ただし，多様な側面をもつ人々の観光行動，さらにはその空間的特性を把握することは容易ではない．もちろん，現在では，観光者が撮影した写真情報，GPSによる位置情報などを資料として，より実態に近い観光行動の把握も可能となっている．しかし，その全体的な傾向を把握することが困難であるなどの問題点も多い．

2.3 多様な文化ツーリズムと地理学の分析例

すでに指摘したように，観光地理学の研究成果の多くは，目的地に関する研究

である．その場合，集落レベルや市町村レベルといった地域スケールで，目的地を一つの地域ととらえ，その特徴や構造を地誌的視点で分析したものが多い．その対象地域はさまざまではあるが，日本人の観光行動のなかで重要な役割を果たしてきた温泉地，民宿地域，スキー集落，海岸観光地域などが多い．一方で，それらの特定の観光行動に対応する目的地については，全国スケールや地方スケールでその地域的展開を検討する研究を通じて，分析対象とする目的地の位置づけがなされてきた．つまり，2.2 節で説明したような観光資源やスキー場の分布について，さまざまな地域的条件から説明されている．さらに，たとえばスキー場については，その規模が重要であることを重視し，規模別の類型を検討することを通じて，より詳細な特徴が把握されている（白坂，1986；呉羽，2009）．以下では，個々の観光目的地や観光行動に関する研究例を概観する．

2.3.1 温泉観光地の研究

温泉観光地は国内でも重要な観光目的地であり，地理学の研究対象としても常に注目されてきた．温泉自体は自然観光資源として認識されるが，温泉資源に基づいた入浴という文化は人々の観光行動のなかで重要な地位を占める．これは日本のみならず，世界的な傾向でもある．日本では，江戸時代まではほとんどの温泉地が療養の場，すなわち湯治場であり，人々が療養や保養のために長期に滞在した温泉地は，いわば伝統的なリゾートと位置づけられる．しかし，明治以降は温泉地で歓楽機能が増加し，その性格は大きく変化していった．特に，高度経済成長期にマスツーリズムが生ずると，温泉地は歓楽の場，遊覧の拠点へと変貌した．こうした劇的な機能変化，それに伴う景観変化（図 2.3）がみられたこと，

図 2.3　道後温泉本館と高層旅館街（2012 年 4 月撮影）

さらにはその変化には地域差がみられたことから，温泉地は観光地理学の格好の研究対象となった．一例として，山村（1998）は温泉地における施設分布，温泉源泉の所有形態，旅館経営，顧客圏，付随的な観光開発などについて，聞き取り調査や資料収集といったフィールドワークを通じてデータを収集・分析し，温泉地の発達過程を検討した．こうした研究を複数の温泉地に関して実施し，さらには温泉地の歓楽化の程度を税金のデータに基づいて全国的に把握することを通じて，温泉地の発展段階にみられる地域的差異を明らかにした．すなわち，高度に観光化した大都市近隣の温泉地と，周辺地域における療養機能が強調された温泉地との差を示した．地誌学的なアプローチと系統地理学的なアプローチを組み合わせて，日本における温泉観光地の発展にみられる地域的な特性を解明したのである．

2.3.2 寺社観光地の研究

寺社観光は，温泉観光とともに日本の伝統的な文化ツーリズム形態である．多くの人々が，本来の宗教目的や，いわゆる観光目的で，毎年，伊勢神宮をはじめとして各地の著名な神社・寺院を訪れている．また，大規模な社寺の周囲には門前町として独特な景観が形成されており，観光地理学分野で比較的多くの研究がなされてきた．加えて，伊勢参宮をはじめとする巡礼についても，その空間的な側面に基づいて地理学者の関心が向けられてきた（8章参照）．

門前町に関する研究として，長野県戸隠（とがくし）の例で説明しよう．岩鼻（1981；1993；1999）は，戸隠の山岳宗教集落としての特性を把握するために，江戸時代以前から明治維新を経て，その後は観光化が進んだことを指摘した．すなわち，夏の避暑，冬のスキー観光を通じて，伝統的な戸隠講信徒の来訪に加えて観光客が多く訪れるようになった．中社付近では宿泊施設，飲食店，土産品店が増加するなど土地利用や景観の変化が生じた．加えて，土地利用を含めたそうした変化が時代背景とともに進行していることを，フィールドワークに基づいて明らかにした．

2.3.3 まちなみ観光地の研究

上記に示した宗教に関係する門前町に加えて，城下町や宿場町などの伝統的な家屋が続くまちなみ景観は，日本人に人気の高い観光対象である．1975年には重要伝統的建造物群保存地区の制定が開始され，観光対象としてのまちなみがま

すます重要視されている．地理学では，主に歴史的まちなみ保存地区における地域振興もしくは観光化のプロセスが解明されてきた．中尾（2006）は，福島県大内宿(おおうちじゅく)における住民の意識について分析した．

大内宿は，宿場機能の衰退後は不安定な経済構造に基づいた山村であった．1981年の重要伝統的建造物群保存地区指定後は，保存事業の規制によってまちなみ維持がなされ，人気観光地へと変貌した．飲食や土産物販売といった観光産業の成長によって，経済的な自立や後継者の獲得に成功した．その結果，住民は大内宿の魅力を維持した集落の存続を理想と考えているが，大内宿らしさの喪失や共同体意識の希薄化などに対する危機感も生じている．

2.3.4　農村地域におけるツーリズムの研究

日本では，比較的古くから農村地域が都市住民のツーリズムの対象となってきた．その発展プロセスを検討すると（呉羽，2013），特徴的な発展形態として，1960～1970年代の観光農園と農家民宿，1990年以降のグリーンツーリズムがあげられる．

石井（1992）は民宿の成立がその地域の土地利用や経済活動に影響を及ぼす場合，それを「民宿地域」ととらえ，その形成にみられる諸特徴を把握するために，地域生態論的な観点を導入した．地域内に存在するさまざまな構成要素の関係，総体としての地域全体と構成要素との関係をみることによって，1970年頃までの長野県白馬村と伊豆半島南部における民宿地域の形成プロセスとそれに関する諸条件を解明した．大橋（2002）は，グリーンツーリズムを包含する概念ととらえられるルーラルツーリズムを研究対象とし，長野県栄村秋山郷(さかえむらあきやまごう)において，ツーリズムの需要・供給構造，ルーラルアメニティの保全との関連に注目して検討した．秋山郷では，その自然的・文化的要素への関心が高いツーリストが多く，またリピーターを中心に満足度も高い．一方，耕作放棄地が増えるなか，農業的要素に対しては不満も多い．ルーラルアメニティの劣化はツーリズム自体の存立を脅かすものとして危惧され，その保全のためには，観光者や観光に関わる住民だけでなく，地域住民全体を含めたルーラリティ（農村らしさ）保全への枠組みが必要であることを示した．

2.3.5　観光地のイメージ研究

観光地という空間にとって，知名度やイメージの向上は，来訪者の維持・増加

にとって重要である．そういったイメージがどのように創造されてきたのか，どのような地域条件と関係しているのかに注目した研究もある．以下では，軽井沢と南紀白浜温泉の例を紹介する．

内田（1989）は，長野県軽井沢を対象として，別荘地の拡大，地名が示す地理的領域の拡大などの分析に基づいて，その場所イメージの変遷を分析した．中山道の旧宿場町であった軽井沢は，1880年代末に外国人による別荘が建設されるとともに，在日外国人の間に避暑地としての「軽井沢」のイメージが記号化された．このイメージは文学作品などで日本人にも広く普及し，現在まで持続している．さらには，そのイメージがもつ価値の高さゆえに，本来の地名が指す領域（現在の旧軽井沢）よりもかなり広大な範囲で用いられている．

神田（2012）は，観光とイメージとの関連性を追求し，観光空間を「非日常の他所イメージが投影された場所」と，「さまざまな旅する他所イメージが出会う異種混淆的な空間」という二つの視点でとらえた．例として南紀白浜温泉の発展段階ごとに他者イメージを検討した結果，1930年代前半に南国イメージが強調され，同時に「白い」などの多様な場所イメージもあり，異種混淆の景観を特徴とする空間になったことをとらえた．

2.3.6　文化ツーリズムの伝播に関する研究

文化ツーリズムの流行は時代とともに大きく変化する．そのなかでも，野外レクリエーションは明治時代以降に海外からもたらされたものが多い．ヨットやスキーはその典型であり，地理学では，それらの文化伝播が空間的にどのように生じたのか，どのような地域条件が影響したのかといった視点で研究されている．佐藤（2003）は，日本におけるヨット文化の普及について論じた．ヨットクラブの結成と会員の社会属性，クラブの機能，当時の社会的背景を分析し，ヨットという文化が，外国人居留地から中禅寺湖畔などの高原避暑地を経て，湘南の海浜別荘地へと空間的に伝播したことを示した．ヨットが有する文化的性格，経済的制約，地域条件がその空間的伝播に影響していると考えられる．

2.3.7　観光行動の研究

観光行動に関する研究のなかで中心的なテーマとなってきたのは，「人々はどこへ観光しに行くのか」ということである．一般に観光旅行圏の広がりは，時間のリズムと対応している．週に一度の旅行行動（もしくは余暇行動）は居住地か

ら比較的近隣の空間でなされるのに対して，年に一度または数年に一度の旅行行動はより遠隔の地域に展開する．また，女性と男性の行動の違い，ライフステージによる行動の違いなどが指摘されている（若生ほか，2001）．一方，特定の目的地や観光施設での人々の行動パターンを分析した研究もある．有馬（2010）は，上野動物園と多摩動物公園において GPS 調査とアンケート調査に基づいて来園者の空間特性を追究した．その結果，2 施設での共通点や相違点を指摘し，観光施設のもつ画一的な役割としての用途に加えて，施設の立地環境や地域的性格に反映された用途を有していることを実証した．

2.3.8 ガイドブック等を用いた観光行動の研究

人々の観光行動を，ガイドブックや宣伝・販売されたパッケージツアーの旅程などを用いて分析した研究もある．若林・鈴木（2008）は，東京を対象とした，日本と英語圏のガイドブックを取り上げ，掲載された観光名所の分布パターンを分析した．その結果，日本のガイドブックに比べ，英語圏のガイドブックでは掲載地点の分布範囲は狭く，鉄道駅への近接性が高いことが示された．つまり，外国人旅行者にとっての名所は，公共交通機関でのアクセスが容易な範囲に空間的に集中している．また英語圏のガイドブックでは，文化的観光資源が豊富な上野・浅草から皇居付近にかけての領域と，外国人向けの盛り場と位置づけられる六本木の掲載頻度が高く，英語圏の旅行者に特徴的な，日本の文化に対する関心とナイトライフが重視される行動パターンを反映している．

一方，中国の大手旅行会社が企画した訪日団体旅行ツアーの旅程を分析した研究もある．金（2009）は，2000 年代半ばに急激に増加した中国からの訪日旅行者が，日本国内のどこを訪問しているのか，つまり訪日中国人旅行者のツーリズム行動にみられる空間的特徴を解明すべく，個々のツアーについて，訪問地の分布と観光資源の性格を，韓国人と台湾人の例と比較しつつ分析した．その結果，中国人旅行者による行動は，東京と大阪をはじめとする大都市圏での買い物や名所見物が多くを占め，これらに大都市近隣の温泉地や景勝地などの観光対象を周遊する旅行形態が組み合わされていた．中国人による訪日旅行には年収や査証申請機関などについてのさまざまな制限が存在するために，1 回の旅行で知名度の高い観光地をまとめて訪問する形態が好まれ，また多様なツーリズム体験が求められている．こうした中国人旅行者によるツーリズム行動は，韓国人や台湾人のそれとは大きく異なる．すなわち，韓国人や台湾人の場合には，すでに日本での

滞在経験を有する人々が多く，そのツーリズム行動にはより専門化した側面がみられる．

2.4 まとめ

ツーリズムは日常生活圏を離れての旅行であり，必ず人々の空間的移動を伴う．また，人々は単一または複数の目的地を訪問する．人間と環境との関係を解明しつつ地域や空間の特徴を描き出す地理学にとって，このような特徴をもつツーリズムは格好の研究対象となってきた．そのなかでも，人文地理学の分野では，特に文化ツーリズムに対して分析・考察し，理解を深めてきており，この研究分野が観光地理学と認識される．

一方で，文化ツーリズムの実態は，最近100年の間に大きく変化している．その最大の変化は，画一的なマスツーリズムからオルタナティブツーリズムへの変化，さらには観光行動の多様化である．こうした文化ツーリズムの変化について，地理学の枠組みからのアプローチはさまざまな研究を生むであろう．その際，地域や空間の特徴を追究する地理学の視点の重要性をアピールすることが求められる．

[呉羽正昭]

●観光農園の盛衰

日本の観光農園はルーラルツーリズムの一つの形態であるが，さまざまな面で世界的にも特異である．日本最古の観光農園は，1890年代に山梨県勝沼町（現 甲州市）で開園された宮光園である．これは，当時日本では珍しい存在であったブドウの房や実を鑑賞するものであった．1920年代になると，大都市近郊に果実の販売を目的とする観光農園が出現した．川崎市の向ヶ丘遊園付近にナシの観光農園が開園され，小田急線を利用して多くの観光客が東京から訪れた．

観光農園は，高度経済成長期を通じて国民の所得や自由時間が増加した1955年頃から1975年にかけて大きく発展し，果実の「もぎとり」と新鮮な果実の土産品としての購入を目的に多くの観光客が訪れた．ブドウ，リンゴ，ナシ，モモ，オウトウ（さくらんぼ），ミカン，クリといった果樹，さらにはイチゴがこうした観光農園の中心的な農産物であった．これらの多くは，大都市圏または地方中心都市から到達しやすい果樹生産地域に成立し，特に，交通の便に恵まれた国道に沿って観光農園が集積するようになった．一方，大都市近郊以外では，主要な観光目的地に近接することが重要な立地条件となった．

長野盆地のように善光寺や志賀高原，複数の温泉地といった観光目的地があり，それらを結ぶ周遊観光ルート上に位置する長野市（図2.4）や須坂市には，多くのリンゴやブドウ観光農園が集積した．観光資源への近接性に恵まれた一部の地域では，観光農園は立ち寄り場所として頻繁に利用された．つまり，もぎとりと直売に加えて休息や飲食のサービスも提供するようになったのである．

しかし，1980年代頃から農山漁村において産地直売施設が出現し，1993年からは「道の駅」が整備されるようになり，都市住民が新鮮な農産物を購入する機会が増えた．また，かつては希少価値の高かった果実も，時代とともにその消費が低迷した．さらには団体による周遊観光が衰退したこともあって，観光農園の多くが閉鎖されたり，宅配による直販を経営の中心に移行している例が多くみられる．一方，一部の観光農園は，希少な品種の存在や個人的なつながりを活用しつつ経営を継続している．

図2.4 長野市における国道18号沿線の観光農園（2010年5月撮影）

文 献

有馬貴之（2010）：動物園来園者の空間利用とその特性．地理学評論，**83**：353-374．
石井英也（1992）：地域変化とその構造．二宮書店．
岩鼻通明（1981）：観光地化にともなう山岳宗教集落戸隠の変貌．人文地理，**33**：458-472．
岩鼻通明（1993）：観光地化にともなう山岳宗教集落戸隠の変貌（第2報）．山形大学紀要（社会科学），**23**(2)：179-198．
岩鼻通明（1999）：観光地化にともなう山岳宗教集落戸隠の変貌（第3報）．季刊地理学，**51**：19-27．
内田順文（1989）：軽井沢における「高級避暑地・別荘地」のイメージの定着について．地理学評論，**62**A：495-512．
大橋めぐみ（2002）：日本の条件不利地域におけるルーラルツーリズムの可能性と限界—長野県栄村秋山郷を事例として．地理学評論，**75**：139-153．
神田孝治（2012）：観光空間の生産と地理的想像力．ナカニシヤ出版．
金　玉実（2009）：日本における中国人旅行者行動の空間的特徴．地理学評論，**82**：332-345．
呉羽正昭（2009）：日本におけるスキー観光の衰退と再生の可能性．地理科学，**64**：168-177．
呉羽正昭（2010）：森林地域のスキー場開発．森林学への招待（中村　徹 編），筑波大学出版会，103-115．
呉羽正昭（2013）：レクリエーション・観光—ルーラル・ツーリズムの展開—．商品化する日本の農村空間（田林　明 編），農林統計出版，29-44．

佐藤大祐 (2003)：明治・大正期におけるヨットの伝播と受容基盤．地理学評論，**76**：599-615．
白坂　蕃 (1986)：スキーと山地集落，明玄書房．
鈴木晃志郎・若林芳樹 (2008)：日本と英語圏の旅行案内書からみた東京の観光名所の空間分析．地学雑誌，**117**：522-533．
淡野明彦 (1998)：観光地域の形成と現代的課題．古今書院．
中尾千明 (2006)：歴史的町並み保存地区における住民意識―福島県下郷町大内宿を事例に．歴史地理学，**48**(1)：18-34．
山村順次 (1998)：新版日本の温泉地―その発達・現状とあり方．日本温泉協会．
若生広子・高橋伸夫・松井圭介 (2001)：ライフステージからみた女性の観光行動における空間的特性．新地理，**49**(3)：12-33．
Butler, R. W. (1980)：The concept of a tourist area of evolution: implication for management of resorces. Canadian Geographer, **24**：5-12．［バトラー，R. W. 著，毛利公孝・石井昭夫 訳：観光地の発展周期に関する考察．立教大学観光学部紀要，4，98-103．］

3 文化ツーリズムの基礎としての社会学

3.1 ツーリズムと社会学

3.1.1 社会現象としてのツーリズムの出現

　人は古代から移動や旅行を繰り返してきたが，ツーリズム（tourism）と呼ばれる現象が社会的に出現したのは，近代においてであると考えられる．「tourism」という言葉が使われるようになったのも19世紀初頭になってからであり，類義語である「travel」や「journey」とは異なる意味を込めてこの時代になって使われるようになったものであるという．それでは，ツーリズムの出現と近代との間には，いったいどのような関係があったのであろうか．

　近代の成立を大きく特徴づけた出来事として産業革命をあげることができる．産業革命がもたらした社会的影響は多様であるが，ツーリズムの出現との関係において特に重要と考えられるのは，工場労働の一般化と労働者階級の形成，都市化と都市住民の増加，そして鉄道を中心とした交通機関の発達であるといえよう．賃労働に基づく工場労働の普及は，労働者の間に労働と余暇という時間の分化を伴う生活様式を定着させた．また，産業化の進展は都市への人口集中を促し，労働と生活の場としての都市は人口過密と環境の悪化を経験していた．産業化の初期に飲酒や無為な時間つぶしに費やされていた余暇も，次第にその健全化が目指されるようになった．クック（T. Cook）が，1841年にイギリスで禁酒運動の一環として健全な余暇活動を普及させるべく団体鉄道旅行を組織したのは，まさにこのような背景のなかであった．その成功をきっかけとしてツーリズムの産業化の礎を築いた彼は，「近代ツーリズムの祖」ともいわれており，クックが始めた旅行会社が生み出した団体パッケージ旅行やクーポン制度などの，旅行を予測可能で安全なものとする仕組みは，それまで一部の限られた人々にのみ可能であった旅行をひろく大衆的なものとしていった．産業革命によってもたらされたテクノロジーの発達がこの動きを側面から支えたことも重要である．鉄道の発展は，

速く安価な移動の手段を提供し，ツーリズム成立のための重要なインフラとなったのである．

こうして近代における資本主義経済の発達とそれが生み出した社会関係，そして交通機関に代表されるテクノロジーの発達などが，ツーリズムという，それまでにはなかった産業化されシステム化された旅行のかたちを出現させた．

3.1.2 近代の学としての社会学

前項でみたツーリズムという社会的現象の出現の背景をなした産業化，都市化，大衆化といった近代の諸特徴は，いずれも社会学が伝統的に追究してきたテーマである．それは何よりも，社会学が近代化の衝撃による社会変動について考えるために近代に成立した学問であるからにほかならない．

社会学が誕生した19世紀半ばの西欧社会では，資本主義経済が浸透し，市民革命後の政治的混乱のなかで近代国民国家の形成が展開していた．近代がもたらす新たな政治・経済状況のもと，その新たな社会秩序を総合的に認識する学問として社会学は構想されたのである．その後，社会学は近代社会の全体像を解明するとともに，近代社会の個別特定の制度や現象を分析するようになり，さらに近代社会の高度化，複雑化に伴ってその研究の射程は社会の広範な領域に及んでいる．ツーリズムという問題を考えようとするとき，社会学という学問の出現もまたツーリズムの出現と同様に近代の所産であったということは，きわめて重要な意味をもつといえるだろう．すなわち，ツーリズムを成立させ，方向づけてきた諸要因は，まさに社会学がその探究の対象としてきた近代社会をめぐる諸問題そのものでもあったのである．

3.1.3 ツーリズムへの社会学的接近

上述のように，その成り立ちから考えても，また社会的現象としてのツーリズムの理解という点から考えても，ツーリズムと社会学は互いに分かちがたく結びついているものだと考えられるが，意外にもツーリズム（あるいは「観光」）が社会学研究のテーマとして注目され，社会学研究の一分野として「観光社会学」と呼ばれるようになったのは，実は比較的最近のことである．

ツーリズムと社会学はその出発点において密接に関係していながらも，社会学はツーリズムをすぐに研究の対象としたわけではなかった．ツーリズムという現象は社会学的に重要であるはずにもかかわらず，それが社会学における中心的議

論の対象となってこなかった理由は，ツーリズムが移動に関わる現象であり，社会学が長い間社会分析の前提としてきた「定住」「国民国家」「生活者」といった枠組みからははずれてしまっていたためではないかと考えられる．しかしながら，近代社会の高度化に伴い，脱工業化，消費社会化，さらにはグローバル化が進行することによって，ツーリズムは社会における重要な問題ととらえられるようになった．社会的関心の趨勢は，生産／労働中心から消費／余暇重視へと変化し，1960年代の先進諸国では大衆消費社会の拡大のもと，マスツーリズムと呼ばれる大衆によるツーリズムの享受が大きな社会的現象となった．当時就航したジェット旅客機は，この動きのグローバルな展開を加速させ，ツーリズムは地球規模の社会的現象ともなった．

今日「観光社会学」と呼ばれる領域で議論されている主要なテーマは，このような背景のなか，1970年代半ばから徐々に出現するようになった．たとえばツーリズムを近代社会の構造と不可分な社会的現象ととらえ，ツーリストとしての近代人による真正性の追求としてツーリズムを分析しようとする議論，ツーリストとその社会的行為の類型化に関する議論，「観光のまなざし」が社会に充満することによって進行する社会の観光化に関する議論などが，その代表的なものとしてあげられる．また，ツーリズムが社会的に大きな現象となるにつれ，環境，犯罪，社会的不平等などさまざまな社会問題が発生した．これらに関する政策的，応用的，実践的研究も一定の蓄積をみた．しかしながら，個々のツーリストたちが行う観光行動，ツーリスト／ツーリストを迎え入れる社会／両者の出会いを調整する立場にある観光業者などツーリズムに関する行為者間の相互作用，観光地の社会的成り立ち，そしてグローバルに展開するツーリズムを支える社会的仕組みといったように，ツーリズムは社会学が対象とするミクロからマクロにわたる複数の対象次元のすべてに複雑に絡む現象であり，その議論やテーマも多様に存在しうる．ツーリズムへの本格的な社会学的接近のためには，社会学がこれまで前提としてきた固定化された社会の理論的枠組みからの脱却も含め，議論されなければならない問題やテーマが数多く残されている．

3.2 「文化」と社会学

3.2.1 高度近代化と「文化」

近代社会の高度化に伴う脱工業化，消費社会化，グローバル化といった状況のもと，「文化」は社会的な重要性を急速に高めている．すでにふれたように，近

代社会の高度化に伴って脱工業化が進行することにより，社会的関心は生産から消費へと移行し，価値の重点も「物質＝モノ」から「非物質＝意味・イメージ」などの記号へと転移している．記号による他者との差異化が社会レベルで多くの人々によって実践される高度消費社会の展開のなかで，社会における象徴的資源としての「文化」への価値づけは増大している．

「文化」は，もはや必ずしも無意識の慣習とはいいがたく，むしろ資源としての「文化」の獲得や配分をめぐって競争，戦略，葛藤，紛争などが社会のさまざまな場面で顕在化している．こうして「文化」は高度近代社会における重要な社会的争点となっているのであり，重要な社会学的テーマとなっているのである．

3.2.2 「文化」の経済化と政治化

現代社会において「文化」は社会的文脈に位置づけられ，資源として機能している．このような状況において，人々がどのようにして獲得可能な資源＝「文化」をもとにして有利さを実現するための戦略を組み立てているかという問題が社会学的には重要性をもつ．すなわち，資源としての「文化」をある意図のもとに利用・活用していこうとするさまざまな実践が社会的に展開しているのが，現代社会における「文化」をめぐる状況であるといえよう．したがって，「文化」は，「政治・経済の残り物」といったしばしばなされる一般的な説明をはるかに超えて，実はむしろそれらとの深い関わりを強めながら，社会的戦略行為として位置づけられるべきものとなっているのである．

このことは，たとえば，地域文化を活用した町おこし・村おこしといった地域活性化の動き，ユネスコ（国際連合教育科学文化機関）による世界遺産登録をめぐる動きなど，現代のツーリズムとも関わるいくつかの重要なテーマの中にも容易に見出すことができる．これらはいずれも「文化」が経済的・政治的意味を伴いながら戦略的に用いられる例である．むしろ，文化的資源を利用・活用しながら各地域がより多くのツーリストを獲得すべく競争を展開しているツーリズムという現象それ自体が，そもそも戦略的文化現象であるというべきかもしれない．

3.2.3 社会的構築物としての「文化」

戦略的行為として「文化」が位置づけられるということは，その戦略に応じて「文化」はその都度定義しなおされるということを意味する．「文化」は不変の価値として固定化されるものではなく，個々の戦略のなかで生み出される社会的な

言説と解釈のプロセスのなかで常に再構成・再編成され続ける構築的なものなのである．戦略をめぐる社会的立場が異なれば，「文化」をめぐる異なる定義の操作が行われる．異なる社会的主体によって多様に意味づけられた「文化」はせめぎ合い，矛盾や妥協，抵抗や紛争などを含みながら社会的に構成される．したがって，「文化」が「文化」として社会的に構成される背景には，おのずとさまざまな不平等や排除を含み込む政治性が横たわっているのである．

「文化」をそのような諸力のせめぎ合いの「場」において社会的に構築されるものであると自覚することは，戦略的文化現象としてのツーリズムの理解においてきわめて重要である．

3.3　「文化」とは何か

3.3.1　語源と概念の成り立ち

「文化」という言葉の語源とその成り立ちを探ってみると，実はこの言葉自体がそもそもの成り立ちにおいてきわめて政治的な機能や性格をもった概念であることが明らかとなる．

今日，我々が日本語で用いている「文化」という言葉は，おおよそ「世の中が開けて生活水準が高まっている状態」，そして「人間が自然に手を加えて形成した物心両面の成果」という大きく二つの意味をもっている．後者の意味の方がより一般的に用いられる用法であると考えられるが，これは「culture」の訳語としての用法であると考えられる．「culture」の語源の一つが「cultivation＝耕作」であることから，この言葉には「自然に人の手が加えられ，より良きものに発展する」というイメージが付随してきたため，そもそものおこりにおいて価値が込められた概念として成り立ってきたという背景がある．したがって，「文化」という言葉を用いることは，「より良き」価値を付与することであり，「文化」という概念を用いた言説はおのずと政治的な価値判断を生み出してしまうという性質をもつのである．

3.3.2　イデオロギーとしての「文化」

ドイツの社会学者エリアス（N. Elias）によれば，ヨーロッパにおける近代国民国家形成の過程で，本来は共通した価値観や世界認識を表すものであった「文化」および「文明」という概念は対抗的な性格を帯びていったという．特に，それはドイツとフランスとの間で顕著にみられ，前者において人間の価値を示す第

一の言葉は「文化 kultur」であるのに対して，後者では「文明 civilisation」が最高の価値をもつものとされた．フランス革命後，普仏戦争を経て世界大戦にいたるまでの過程において，ドイツとフランスは政治的な対立を深めたが，図式的にとらえるならば，それはドイツの「文化」の民族主義とフランスの「文明」の帝国主義との間の対立・対抗関係としてとらえうるものであった．ここにおいて，「文化」あるいは「文明」という概念は，近代国民国家における国民的価値を表現する概念，国家的なイデオロギーとして機能していたのである．

このことは，より一般化していうならば，これらの言葉が，「我々」を他の人々と区別して，独自の良き価値を主張するために用いられたということを意味している．この意味においても，「文化」という概念は，根底において政治的概念であるといえ，我々は，ここに近代における「文化」概念をめぐる基本的性格を読みとることができる．

3.4 「文化」の生産と消費の場としてのツーリズム

3.4.1 「文化観光」と「観光文化」

これまでに行われてきたツーリズムに関する議論において，「文化」をその動機，目的，対象とするツーリズムの形態は，一般に「文化観光」と呼ばれてきたが，それが含む具体的な内容は，芸術鑑賞，祝祭・文化イベント見学，遺跡訪問，学習など非常に広範である．ここで「文化」が直接的に指し示しているものは，世の中で一般になされている「文化」という概念に関する合意を単に反映しているにすぎないが，しかし，より重要な問題は，ここでは「文化」が一般の文脈ではなく，ツーリズムという文脈に置かれている点である．すなわち，「文化観光」における「文化」にとって問題となるのは，どのような「文化」がツーリズムの対象として価値があるか，観光すべき「文化」とは何か，という問題である．その意味において「文化観光」における「文化」は，単なる「文化」一般と同義ではない．そこにはツーリズムという文脈において何が「文化」とされるのか，という問題が横たわっている．つまり，「文化」がツーリズムの文脈に置かれるとき，その対象となる「文化」には，選別や序列化が厳然と存在しているということを見逃してはならない．すべての「文化」は「文化観光」の対象となる可能性を有してはいるが，しかし，現実のツーリズムは必ずしもすべての「文化」を等しくその対象にしているわけではない．すなわち，ツーリズムの文脈において「文化」とは見なされず，排除されるものが存在するということである．

3.4 「文化」の生産と消費の場としてのツーリズム

ツーリズムと「文化」との関係を示すもう一つの概念についてさらに考えてみよう．「文化」がツーリズムの対象となり，「文化観光」が展開するなかで，ツーリズムと「文化」の関係は緊密となり，次第にツーリズムのための「文化」が出現するようになる．このような「文化」を「観光文化」と呼ぶ．具体的には，ツーリスト向けのパフォーマンス・ショーや土産用の工芸品などがこれに相当する．ツーリズムを契機として新たに創出された「文化」が「観光文化」である．「観光文化」は，ツーリストを迎え入れるホスト側とゲスト側であるツーリストとがそれぞれに抱えているさまざまな事情の一定の折り合いのうえに成立する．しかしながら，「観光文化」をめぐっては，このようにしてツーリズムという文脈が強く意識されるなかで生み出される「観光文化」をどのように評価するかが重要な問題となっている．「文化」をツーリズムとは切り離された外部にしか成立，存在しえないものととらえるのであれば，「観光文化」というツーリズムによる「文化」の取り込みは，「文化」本来の文脈の改変を迫るものであり，その意味で「観光文化」は，「文化」本来の意味を喪失した「まがいもの」ということになる．ツーリズムによる伝統文化の破壊という議論は，文化ツーリズム研究における古典的議論の典型をなしているが，「文化」に対するツーリズムの影響をどのように，そして誰が評価するのかについての絶対的基準は必ずしも存在しない．ここでも問題の核心は，「文化」がそもそも抱えている政治性に行き着くのである．

3.4.2 ツーリズムにおける「文化」の生産と消費

「文化観光」と「観光文化」は，いずれも「文化」の生産と消費に関わる問題である．このようなツーリズムと「文化」の関係をめぐるさまざまな問題点を考慮したうえで，「文化」を社会学的観点からとらえた場合，文化ツーリズムを考えるために何よりも重要な視座は，ツーリズムという場において「文化」がどのように生産され，そしてそれがどのように消費されているかを理解することを通して，「文化」というカテゴリーそれ自体が，どのような輪郭をもって社会的に成立しているのかを明らかにする作業から導かれるに違いない．前項で述べた「文化観光」と「観光文化」をめぐるさまざまな問題点は，このように「文化」が社会的に成立する際に生じる葛藤に由来するものである．

すでに述べたように，「文化」は所与，自明，不変のカテゴリーとして固定化されるものではなく，さまざまな社会的な場の中で生み出される社会的な言説とその解釈のプロセスのなかで常に再構成・再編成され続ける構築的なものである．

このような社会学的発想に基づくならば，ツーリズムという場において何が，どのように「文化」とされているのか（あるいは，いないのか）という問題が重要となる．これは，ツーリズムという「文化」の生産と消費をめぐる問題であり，そのプロセスのダイナミクスの中に「文化」は論じられる必要がある．

3.4.3 「文化」をめぐる論争／交渉

ツーリズムが現代社会における重要な「文化」の生産と消費の場を成していることに加えて，もう一つ重要な点は，それが同時に現代社会における重要な「文化」をめぐる論争と交渉の場をなしていることである．

「文化」は，異なる社会的主体によって多様に意味づけられている．そして，「文化」を用いた言説とその解釈は，常に論争を潜在させている．このような「文化」の基本的性格を反映して，ツーリズムと「文化」の関係をめぐってすでに多くの論争が展開されてきた．ツーリズムは「文化」に対して破壊的意味をもつのか，それとも創造的意味をもつのか．それは，それを主張する者の社会的立場によって大きく異なる．「文化」は誰の目から見てもあまねく等しい意味をもつものではない．ツーリズムという現象が現代社会のさまざまな領域において大きな影響力をもつようになればなるほど，多様に異なる社会的立場にいる者たちが好むと好まざるとにかかわらず，ツーリズムとの関係を取り結ぶことになる．このとき，それらの者たちの間で「文化」をめぐる意味づけや解釈はせめぎ合い，多様な葛藤が生じる．ツーリズムは「文化」をめぐる亀裂を含んだ場をなしているのである．

しかし，一方で，論争や葛藤を含んだ場であるがゆえ，それは交渉の可能性をも孕んでいる．ツーリズムに「文化」をめぐる創造性や主張の回路としての役割が期待されていることは，それが現代社会における「文化」的交渉の場であることを物語っているのである．

［大橋健一］

● 「文化資本」とツーリズム

ツーリズムにおいて，何を「文化」とし，どのようにその「文化」に接近するか，すなわち，どのように「文化ツーリズム」を実践するかという問題は，高度消費社会である現代社会において社会的差異化をめぐる重要なテーマをなしている．ツーリズムが大衆化した現在，社会的差異化は「観光するか，しないか」というよりも，「どのような観光をするか」によって生じている．そして，

このような状況において，どこへ行くべきか，何を見るべきか，どのような経験がツーリズム経験として価値あるものであるか，といった点が重要性をもつことになる．つまり，これらが考慮されつつ行われる「文化ツーリズム」の実践は，「文化」の消費による権力の発動という性格を帯びているのである．

フランスの社会学者ブルデュー（P. Bourdieu）が提起した「文化資本（le capital culturel／cultural capital）」という概念は，このような問題を考える際に重要である．家庭環境や学校教育などを通じて各個人が蓄積することによってその所有者に権力や社会的地位を与える有形・無形の領有物が，「文化資本」である．そして，このような「文化資本」が，経済資本や社会関係資本と並んで社会階層の区分をつくりだしていることを彼は明らかにしている．ブルデューは，「文化資本」を，「客体化された文化資本（書物，絵画，道具など）」，「制度化された文化資本（学歴，資格など）」，「身体化された文化資本（知識，教養，趣味，感性など）」の三つに分類しているが，「どのような観光をするか」という問題は，「身体化された文化資本」に関わる問題である．すなわち，「文化資本」の所有は，そのツーリストの属する階層や集団によって規定されるとともに，ある特定の「文化資本」を所有することが，そのツーリストに特定の階層や集団へのアイデンティティを与えているため，「どのような観光をするか」という問題は，単なる「個人的趣味」のレベルを超えて社会的支配関係を反映したものとなる．

このことは，現代のツーリズム一般についていえることであるが，とりわけ「文化」を動機，目的，対象とした「文化ツーリズム」の場合，「文化」自体が抱える政治性ともあいまって，きわめてクリティカルな問題の焦点をなすのである．

文　献

アーリ・J 著，加太宏邦 訳（1995）：観光のまなざし—現代社会におけるレジャーと旅行—，法政大学出版局．
コーエン・E 著，遠藤英樹 訳（1998）：観光経験の現象学．奈良県立商科大学研究季報，**9**(1)：39-58．
マキァーネル・D 著，安村克己ほか 訳（2012）：ザ・ツーリスト—高度近代社会の構造分析—，学文社．

4 文化ツーリズムの基礎としての
文化人類学

4.1 文化人類学と観光——フィールドの共通性と立ち位置の違い

　文化人類学は19世紀の半ばの英米において，西欧世界を対象とした古典的な文化研究とは異質な学として成立した．それまでの文化研究は，文明の産物・文物の研究とほぼ同義であったのだが，文化人類学という新しい学においては，研究者にとっての異文化を研究するという点を特徴としていた．それも，文化人類学者の属していた西欧という先進国とは対照的な特徴をもつ文化，たとえば狩猟採集民，部族社会，無文字社会の文化などを研究対象と想定した．したがって，アフリカやオセアニア，アメリカ大陸の先住民の慣習（たとえば親族体系や宗教的世界観）に関する資料を収集・整理し，その比較を通して異文化と人類の文化を考えるというのが，初期の文化人類学者の仕事であった．

　その後，マリノフスキー（B. Malinowski）が1922年に著した『西太平洋の遠洋航海者』が契機となり，文化人類学者の異文化研究とは，①調査地（しばしば「フィールド」と称される）において長期にわたるフィールドワーク（たいてい1〜2年）を実践し，②現地の言語を習得し，それを使用し参与観察（フィールドの社会に参加し，フィールドの社会の一員となりながら，その文化を経験し観察すること）を実践することで，③現地の人々の視点からフィールドの文化を理解し，その参与観察の成果を民族誌として記述する，④そして，文化人類学者が著した民族誌を比較することで，人間の文化の個別性と普遍性を考察する，という形式が整えられた．この一連の作業は，現在でも文化人類学にとって必須とされる研究プロセスである．

　このように文化人類学の草創期を記してみると，そこには観光という要素はもちろんないのだが，フィールドに対する文化人類学者のまなざしには，観光者のそれに似た点が見出せる．かつて文化人類学者が，異国に旅立つ現代のツーリストと同じように，まだ見ぬ異文化への憧憬を抱きフィールドに赴いたことは，想

像に難くない．まだフィールドワークが一般化していなかった19世紀の文化人類学者の場合，彼らの研究とは異文化に実際に赴くことではなく，探検家，宣教師，植民地行政官などといった，現在でいう広義のツーリストが報告した，異文化に関する興味深い情報を集め，それらのデータの整理・分析から異文化を論じることであった．文化人類学は，近代観光の発展と同時並行して発展したともいえるだろう．

　異文化への強烈な誘い，これは現代のツーリストが国境を越え観光を実践する大きな動機の一つであり，その意味で文化人類学者の異文化への志向性は，ツーリストのそれと大きな違いはなかったかもしれない．しかしながら，両者のフィールドでの立ち位置は決定的に異なり，それがツーリストと文化人類学者の大きな違いといえるだろう．ツーリストは常にフィールドの外部者であり，観光という仕掛けを通じて経済的に現地の文化と関わる（つまり，ツーリストとして文化を消費する）のに対し，文化人類学者はあくまでフィールドの内部にポジションをとり，現地の人々の視座から文化現象を理解しようと試みる．この立ち位置の違いが，観光研究において，文化人類学が他の学問領域にはない独自の視点を提供する源となっているのである．

4.2　文化概念の変容と文化ツーリズム

　近代のマスツーリズム成立以前から，観光と文化は密接な関係にあった．その典型例は，マスツーリズムの祖型ともいわれる，18世紀イギリス貴族層の子弟がヨーロッパを周遊したグランドツアーである．この旅において，参加者が見るべきものは文明の産物であり，かつ本物の芸術作品であった．ここにおける文化概念は明らかに文明と同義であり，この文化＝文明の遺産にふれるための観光は，近代のマスツーリズムにそのまま引き継がれていく．

　20世紀にマスツーリズムが確立し，ながらく続いたこの傾向が大きく転換するのは1990年代である．1980年代の航空業界の世界的な規制緩和などで安価な航空券が登場し，インバウンド観光はいっそうの興隆を迎えた．またツーリストの旅の目的も多様化した結果，文化観光が意味する「文化」は，従来の「文明」のみならず，文化人類学が研究対象としてきた生活文化一般にまで拡大するにいたった．

　身近な例を東京近辺で考えてみよう．外国人ツーリストの多くは一般的に，日本の伝統文化に関心を抱いており，東京でいえば浅草寺とその門前の仲見世を訪

れる者は非常に多い．一方で，東京都中央卸売市場の一つ，築地市場で繰り広げられるマグロの競りの見学は外国人ツーリストに最も人気があるオプショナルツアーであるし，日本のサブカルチャーの世界的人気により，秋葉原や原宿を訪れる外国人も増えている．また，東京都三鷹市・三鷹の森ジブリ美術館や，神奈川県川崎市の藤子・F・不二雄ミュージアムも，外国人ツーリストが多く訪れる施設である．新宿や秋葉原あたりでラーメン屋や立ち食い蕎麦屋，居酒屋チェーン店を利用すると，隣のテーブルに外国人ツーリストがいることは，もう普通の光景といってよい．

このように，かつてはいわゆる観光地でしか出会わなかった外国人ツーリストも，私たちの日常生活の場面で，ごく普通に見かける存在になっているのである．これは日本に限った現象ではなく，世界的な傾向といえるだろう．かつて，文化人類学者が調査研究を進めていたフィールドに観光客がいることは珍しかった．しかし観光客の嗜好の変化，インターネットや高速交通網の世界的整備により，文化人類学者が調査地とする民族社会で観光客を見かけることは，もう珍しいことではない．さらに，そのような伝統的文化を資源に，観光活性化と経済振興を目指す地域も世界中で激増している．観光という現象が生起する場が，異文化が接触する場＝コンタクトゾーンであるという性格を深めてきているのである．このような現代において，文化人類学者が異文化に赴いて何を調べ，何を明らかにすべきなのかが改めて問われている．言い換えれば，文化人類学者のフィールドワークにおいて，観光という現象はフィールドの文化を記述し，分析する際に無視できない大きな事象となりつつある．以下で述べる観光人類学の成立は，いわばこの時代的趨勢の必然の結果といえるのである．

4.3 文化人類学理論と観光学

観光に焦点を当てた文化人類学的研究は観光人類学（anthropology of tourism）と呼ばれるが，この領域の成立はそう古くはない．観光人類学という名称が書籍のタイトルとなるのは，スミス（V. L. Smith）が編集し，1977年に出版された "*Hosts and Guests: the Anthropology of Tourism*" がおそらく最初だろう（三村監訳，1991）．そして1990年代に入ると，観光を対象に含めた文化人類学的研究は増加してくる．

初期の観光人類学で用いられた理論的枠組みとしては，ターナー（V. W. Turner）の儀礼論が目をひく（冨倉訳，1976）．ターナーは，儀礼の構造主義的

な分析から,儀礼には世俗からの分離・移行期・世俗への再統合という三つの段階があること,そして移行期(ターナーはこれをリミナリティと呼ぶ)には,社会構造でみられる差異が取り払われた,平等な心的つながりが生じる点を指摘し,この状態をコミュニタスと呼んだ.彼はその例として巡礼を取り上げるが,初期の観光人類学においては,この巡礼モデルを観光行動一般に応用する研究がみられる.前述のSmith(1989)に所収されているグラバーン(N. Graburn)の論文"Tourism: the Sacred Journey"はこの代表例であり,その後の欧米の観光人類学研究にも,「ターナー・モデル」としてしばしば取り上げられる.

しかし,文化人類学における観光研究の転機は,1980年代後半から人文・社会諸科学で起きるポストモダニズムの影響のもとで起きた.日本でも,文化人類学の観光研究にとってメルクマールとなる著作が1990年代に相次いで出版された.とくに,バリ観光を主題に観光を文化人類学的研究の対象領域として定位させた山下(1996, 1999),1990年代に一大潮流となるポストモダニズムの文化人類学的研究に先鞭をつけた太田の研究(1998)は,のちの文化人類学的観光研究に多大な影響を与えた.

紙幅の都合上,これらの研究で提起された問題については簡単にふれるにとどめたい.これらの研究が強く発したメッセージは,文化人類学者が研究対象としてきた「文化」そのもの,そしてその記述のあり方に対する問題である.かつて文化人類学は,フィールドの「伝統文化」,あるいはフィールドの純粋で真正(オーセンティック)な文化を想定し,それを調査し記述するというスタイルをとってきた.したがって,地域社会の「観光化」は,その地本来の文化を破壊することにつながる,というのが,かつての文化人類学者が観光に対して否定的な視座を向けていた原因であった.それに対し山下は,バリ島の文化ツーリズムの定番というべき民族芸能は,20世紀以降,この地を訪れた文化人類学者,芸術家,そして観光客のまなざしのなかで再創造され,それがバリ島の人々の生活にもフィードバックされている点を強調し,本当で真正な現地の文化/観光という場で表象される創られた偽りの文化,という二項対立を設定し,バリ文化を記述することのイデオロギー性を鋭く批判した.また太田は,文化の担い手自身が操作し文化像を構築することを「文化の客体化」と呼び,この社会的要因として観光を取り上げた.そして,客体化された文化が提示され,消費され,さまざまな権力関係が交錯する場として観光を考えることで,文化概念の構築性と政治性を明らかにした.

1990年代以降の文化人類学的な観光研究は，このように従来の文化人類学者の研究のあり方，研究姿勢そのものを問う，きわめて刺激的な議論を展開させた．世界遺産の急速なグローバル化もあり，文化ツーリズムがますます世界各地で興隆する現在，文化人類学者が提起した点は，まさに現在進行形の問題なのである．

4.4 「国民の文化」「民族の文化」の近代性

ここでは，前節で取り上げた文化の構築性，政治性という問題について，もう少し具体的に，日本を例に考えてみよう．

文化ツーリズム，特にインバウンド観光においては，文化の単位は国家となることが多い．たとえば日本でいえば，私たちは何の疑いもなく「日本文化」という言葉を使い，日本へのツーリスト向けの英文ガイドブックやウェブサイトには，観光資源としての日本の伝統文化，たとえば寺社仏閣・城・伝統的建造物群保存地区のまちなみや，舞妓さんや芸妓さん，歌舞伎の舞台の写真などが並んでいる．それを見た外国人は，その写真の内容が日本の伝統文化だと考えるだろうし，そもそも日本人自身もそう考えている．

しかし，それが日本の文化，つまり国民文化（national culture）として扱われた場合，果たしてその両者にどのような関係があるのだろうか．これについては，1990年代以降の文化人類学にとって，すでに古典とも呼べる評価を受けている，ベネティクト・アンダーソン（B. Anderson）の国民国家論が参考になる（白石・白石訳，1997）．彼はその著作において，近代における「国民」概念，それに基づく「国民国家」概念の創造こそが，近代から現代にいたる国家や文化・民族の姿を決定づけたと指摘した．19世紀から広く世界に浸透し，20世紀のアジア・アフリカ諸地域における植民地からの開放で，現在では世界の各地域は国家が管理するところとなり（南極大陸は異なるが），そこに生きる人々は，当地の政治的主体＝国民となった．

この，政治的主体が国民であるという国民国家の考え自体が，アンダーソンによれば近代の発明なのである．そうであるなら，国民国家成立以前，国民といった概念は存在しないことになる．当然，国民文化（national culture）という概念も，近代において創造されたものといえるのである．

その際，新たに創造された国民文化は，誰がどのように規定したのか．その過程にこそ，文化の政治性・構築性がみられるのである．日本でいえば，明治政府成立時の国家イメージは奈良時代〜平安時代初期の律令時代であり，仏教が日

4.4 「国民の文化」「民族の文化」の近代性

本に広がる以前の文化が純粋な日本文化であるという思想が国学者と維新の志士たちのなかにあり，それが明治新政府の文化政策に強く影響することになった．幕末においても，日本の有名な神社・宮のほとんど全てを管理し運営する宗教者が僧侶であったという事実は，仏教により日本文化がゆがめられたという考えにつながり，明治新政府成立後すぐに，神社・宮から仏教を排す神仏分離政策が実施された．これにより廃仏毀釈という運動が全国的に広がり，神宮寺・堂は破壊され，仏像をはじめとする仏教関連の美術・工芸品は破棄，あるいは売却された．ボストン美術館や大英博物館といった，欧米の名だたる博物館に，日本でいえば国宝や重要文化財クラスの仏教美術品が収蔵されているのは，そのためである．つまり，仏教は国民文化ではない，というのが近代初期の日本の政策であり，日本の伝統という概念から，一時的にせよ仏教は激しく排除されたのである．

また，現在は重要な観光資源と考えられている日本各地で行われる祭礼や伝統芸能といった民俗文化も，1970年代までは「文化」の領域とは考えられていなかった．むしろ，民俗文化は日本人の文明化を阻害する旧弊・因習と見なされ，それを実践し続ける人々は文化的でないとされた．したがって，日本の地方の近代化を目標に掲げた，第二次世界大戦後の生活改善運動などで，これらの慣習は非文化的なるものと見なされ，多くが消滅するにいたった．1975年，文化財保護法の改正で民俗文化財の範疇が新設されたが，その背景には「近代化により伝統が失われる」という美辞麗句ではなく，日本人と国家自らが体系的に民俗文化を矯正しようとした政策があったことを忘れてはならない（中村，2007）．

このように，たとえば「日本文化」「日本の伝統文化」という概念を取り上げても，誰がそれを国民文化と見なすか，伝統と見なすか，という問題はきわめて政治的であり，かつその文化像は意図的な創造・改変を経ているという歴史的事実を，私たちは直視する必要があろう．前述した日本の宗教文化，民俗文化でいえば，近代以前と以降で，その姿が激変していることさえ珍しくないという事実は，史料を読み解けばすぐにわかる．だが観光の側は，伝統文化を手放しで礼賛し，その資源化を試みる傾向がある．これはあたかも，近代が規定した国民文化，伝統文化が，現在にいたるまで何の外的影響も受けず継承されてきたという幻想を抱かせてしまう．したがって，日本における伝統文化を対象とした文化ツーリズムは，近代により創造され，構築された文化像を再生産する場であるともいえるのである．

4.5 今後の文化人類学と観光学

　近年の文化人類学が提起した問題は，文化概念の構築性といってよいだろう．文化の主体が誰であり，また誰が，誰に対してそれを文化として提示するのか，現代の文化人類学者はこの問題に対し非常に繊細である．そしてその問題が展開され，消費される典型的な場が観光であり，文化ツーリズムはこの問題が明瞭となる場である．

　その意味では，文化人類学の観光研究は，観光研究の主流を占める経済・経営系の領域とも，計画系とも異なるスタンスで観光という現象をとらえている．そしてこの立ち位置は，観光振興を目指す自治体や企業，NPOなどと溝があることは否めない．

　しかしながら，文化ツーリズムを考える際，文化人類学者の諸研究のもつ意義が低下するとも思えない．それは，文化という概念のもつ相対性や構築性といった理論的問題を，文化ツーリズムが必然的に内包しているというばかりでもない．きわめて素朴ないい方になるが，日本の観光研究において，人文科学系の研究者の参与がほとんどみられないという現実があるからである．方法論的には社会科学と人文科学の中間領域に位置する文化人類学は，観光研究において，人文科学的な志向性を有する数少ない学といえる．対象とする文化に関する専門的知識がなく，いわば自明視したところから研究や実践を進める傾向が強い観光学において，文化人類学という，一見すると異彩を放つ研究領域は，やはり重要なのだと私は考えている．

[中西裕二]

●現代のフィールドワーク事情と観光
　学部学生時代を含めると，筆者はもう30年近く日本の民俗文化研究に従事していることになるが，近年，日本でのフィールドワーク事情の変化を感じる場面にしばしば出会う．それは，調査地への入り方である．
　私が日本の農山村でフィールドワークを始めた1980年代中頃は，まず行政の担当者（教育委員会の方），地域の代表者，地元の郷土史家などと関係を築き，村にいる物知りのお年寄りの家を一軒一軒訪ねる，というのが普通だった．そして訪ねた家の居間や縁側，あるいは玄関をお借りして，フィールドノート片手に熱心にインタビューをしていたものだ．
　しかしここ数年，私が聞き取り調査をした場所では，年配の有力者や村の伝

承者といわれる人々のポジションに変化がみられる．年配でかつ地元に関する知識が豊富，それでいて元気なお年寄りは，日本各地で組織化が進む観光ボランティアにガイドとして参加しているのである．観光ボランティアの年配者を頼ってフィールドで調査研究を進めるという状況に，かつてとの違いを感じ，戸惑うこともしばしばである．

　ガイドをされている方々は，前もって「何を見たいのか，何を知りたいのか」とも質問を投げかけてくるし，自分たちがよくわからない点については，別の方を紹介してくれたり，自分で調べてみたりと非常に熱心に対応してくれる．これは，現地の人々の生活に関する知識を，観光という場で外部者向けに加工し，翻訳するという作業にみえてくる．

　このように現代の観光は，単なる経済的な消費の場以上の意味，つまり社会文化的に異なる人々が接するコンタクト・ゾーンとして機能しているのである．

文　献

太田好信（1998）：トランスポジションの思想―文化人類学の再想像，世界思想社．
中村　淳（2007）：文化という名の下に―日本の地域社会に課せられた二つの課題．ふるさと資源化と民俗学（岩本通弥 編），吉川弘文館，2-36．
山下晋司 編（1996）：観光人類学，新曜社．
山下晋司（1999）：バリ 観光人類学のレッスン，東京大学出版会．
Anderson, B. (1991): Imagined Communities: Reflections on the Origin and Spread of Nationalism, Rev. ed., Verso. ［ベネディクト・アンダーソン 著，白石さや・白石　隆 訳（1997）：想像の共同体―ナショナリズムの起源と流行，NTT 出版．］
Smith, V. L. ed. (1989): Hosts and Guests: the Anthropology of Tourism, 2nd ed., University of Pennsylvania Press. ［バレーン・L・スミス 編，三村浩史 監訳（1991）：観光・リゾート開発の人類学―ホスト＆ゲスト論でみる地域文化の対応，勁草書房．］
Turner, V. W. (1969): The Ritual Process: Structure and Anti-structure, Aldine Publishing. ［ヴィクター・W・ターナー 著，冨倉光雄 訳（1976）：儀礼の過程，思索社．］

5 文化ツーリズムの基礎としての建築学

　建築は，本来，人間の活動に必要な空間を提供するための入れ物でしかなかったが，その入れ物の形や構法，機能，地域性などの特徴から脚光を浴びることがあり，観光資源になっているものがある．建築そのものの技術的な進化や環境への適応が，結果として地域固有の町並みとなり，地域景観として醸成されている．建築に興味がない人であっても，建築を時間的あるいは技術的な尺度として利用し，各自にとっての観光対象をとらえなおしてみると，それまで見えていなかったものが見えてくる可能性がある．訪れた地域で出される料理の材料や調理方法に着目すると，地域間の関係性について理解が深まるのと同じようなものだと考えればよい．

　人々が暮らすための空間を囲む建築は世界中に存在しており，その建築についての基礎知識を身につけることで，訪れた地域と他の地域との関係性を考察することができる．具体的には，建物の形状に注目することになるが，その相違は建築の材料や構造，工法によるところが大きく，これらについての基本を理解しておくことが必要である．それにより異なる地域を訪れた際に建物を見比べることができ，目に見える形として現れた文化の違いを楽しみながら鑑賞し，理解することができるようになるに違いない．

5.1　構法の進化と形態の変化

　建築の歴史を古代から現代まで長いスパンで眺めてみると，各時代で人々が何を目指して建築してきたのかがみえてくる．人が他の動物と大きく異なる点は道具を使うところであるが，それによって人は自分の体重の何倍もあるような大きくて重い岩や木を動かしたり，切断したり，さらには適当な形に加工したりして利用することが可能になった．道具を使うことができるようになるまでは，倒木や枝木，石などから適当な形状のものを選んで運び，それらを組み合わせて利用することしかできない．そのため，人がつくりだせる空間の大きさはそれほど大

きくはなかった．梃(てこ)やコロを利用するようになって大きな部材を運べるようになり，手斧などの道具を使って形状を整えた部材を組み合わせることができるようになると，大きな空間を形作ることができるようになっていく．そして，大勢の人々がその中に入って雨や風を凌ぎ，猛獣や敵対する集団の襲撃から身を守ることができるシェルターとして堅牢な建物が造られるようになってきたのである．

　人が集まって住むようになって集落ができ，個々の人々が得た物品を互いに交換する市(いち)ができ，なんらかの力をもつ者がリーダーとなる社会的ヒエラルキーができあがると，人々が実際に集まり話し合いを行うための広い空間が求められるようになっていく．屋外広場の場合は周囲の条件さえ許せばいくらでも大きく広げていくことが可能であるが，屋内の場合はそこを覆う屋根を支える構法を考え出す必要がある．

　柱があると見通しが悪く使い勝手もよくないため，できるだけ柱の数を減らす構法が模索され，さまざまな工夫が試みられてきた．大梁はその部材断面が巨大になり，それを支える柱のスケールも大きくなってしまう．こういった状況の中で開口部の上部を支えるために扇形の石材やレンガをアーチ状に組み合わせる構法が開発され，その技術を応用したヴォールト屋根やドームが生み出されてきた．このような技術的な進化はヨーロッパの教会建築の形態に顕著に現れており，教会建築は広さと高さを兼ね備えて荘厳な内部空間をもつ建築へと発展してきた．そのため，教会は建築としても人気の高い観光対象となっている．

　石やレンガを積み上げて利用するしか選択肢がなかった時代にはアーチのほかに革新的な構法の進化はみられなかったが，装飾面ではさまざまな工夫がみられるようになり，垂直性を強調したゴシック様式，水平性を意識したルネッサンス様式，さらには曲線を多用したバロック様式やロココ様式と呼ばれる複雑で優美な建築様式へとつながっていくことになる．限られた手法を用いて人々がいかに他との違いを演出しようとしていたかを鑑賞するのは興味深い．

　手のこんだ装飾は手間がかかる分だけ費用がかかり高価な建物となるため，豊かな人々でなければ手に入れることができない．そのため，王や皇帝などの居城や公共施設，あるいは多くの人々が帰依する宗教関連の施設等のほかは，一部の限られた資産家の邸宅などにおいてしか立派な装飾はみられないものであった．

　その後，19世紀に入って建物の構造材に鉄が利用されるようになると，簡便に大規模な空間をつくることができるようになったが，鉄骨部材を小さな三角形に組み合わせてつくるトラス構造の出現によってそれまでのスケールをはるかに

凌ぐ大空間を支える梁をつくることが可能になり，柱のない広い空間をつくりだすことができるようになっていった．

　もくもくと煙を吐く蒸気機関車が停車する駅の大屋根や，産業革命によって必要となった大規模な工場の屋根を鉄骨トラスが支えた．日本では学校の体育館や工場の屋根をこのトラス構造で支えていることが多いので比較的なじみ深い．鉄骨の骨組みが荷重を支えるので，屋根や外壁は防水性や気密性を発揮する素材であればよく，ガラスやスレートが建物に多用されるようになった．第1回万国博覧会（1851年開催，ロンドン）の会場となったジョセフ・パクストン設計のクリスタル・パレス（＝水晶宮）などはその代表であり，その後の建築デザインのあり方に大きな影響を及ぼすこととなる．

　豊かになった社会ではオフィスや一般の人々向けの住宅などが次々と建てられていった．人の行動様式に基づいて機能的に室空間が構成され，工業化された建材を多用する建物の形態は地元産の材料を用いて地元職人がつくりだす地域的特色にあふれた建築形態を凌駕し，世界共通のインターナショナルスタイルとして各地に広がっていくこととなる．このため，新たに建設された都市はどこも似たような建物が林立することとなり，地域的な特色を見出すことが難しくなった．

　しかしながら，歴史と伝統を重んじるヨーロッパの国々では，町並みを保存・修復し，利用し続ける文化が根付いており，外部に面した薄皮一枚のファサードを残しつつ，内部をリノベーションもしくはイノベーションして現代的な利用法に合った形状にするという使い方がなされている．

5.2　IT化の進展による建築デザイン手法の変化

　コンピュータの利用技術の発達に伴い複雑な形状の曲面が容易にデザインできるようになり，現代建築の形状は個性的になってきている．その結果，さらに前衛的なデザインの建物が次々と出現し，建築が実用的な機能美を体現する工業デザインから芸術的なファインアートの領域に近づき始めている．

　ファインアートの世界そのものも，コンピュータ・グラフィックスの画面をインタラクティブに操作することでデザインを進めるなど造形技法が進化し，画面上でシミュレートして確認した三次元データから三次元プリンターによって立体モデルを実際につくりだすことで制作過程が大きく変化してきた．その規模の大きさからいったん建設されると移動させられない建築も，リージョナリズムとインターナショナリズムという二項対立的な視点からではなく，立地に依存しない

個々の建築デザインの独自性をアート（芸術）として評価する人々に受け入れられるようになってきた．ただし，異なるデザインが隣り合うことは多様性を示す反面，雑然としたイメージを生み出してしまい，町並みの形成という視点からは新たな課題が発生している．この課題を解決するためには，建物と建物の間に存在する「間(ま)」をいかに扱うかに十分配慮しなければならない．町並み空間の大切な構成要素としての「間」をどのように評価していくかについては，各都市の今後の取り組みに期待する必要がある．

こうして，建築そのものの設計・生産技術が発展し変容するとともに，それらが地域的枠組みを超えて全地球規模で普及するという状況になった．その結果，日常生活の場である住宅もその形態や機能が変化してきており，従来は地域に根ざしてきたはずの伝統的な建築様式が若い世代の人たちには非日常なものとして認識される場合があり，観光対象としてみられる状況になってきている．

5.3　目新しく感じられるかつての日常

畳や板の間で床座の生活をしてきた日本人であるが，洋家具の普及により正座や胡座(あぐら)ができない人も増えており，ワンルームマンションをはじめとした和室のない住宅に暮らす日本人も珍しくはない．このような人たちにとって，伝統的な木造軸組みの在来構法や数寄屋造りでつくられた旅館はすでに非日常な空間となっており，旅館の方が洋室のしつらえのホテルよりもかえって珍しく，魅力的に見えることすらある．もちろん，伝統的な在来木造の日本家屋よりも西洋建築の方が便利で快適にみえたことから洋風化が進んだのであるから，それなりの快適性や利便性が現代の旅館にも備わっていなければ洋室での生活になじんだ利用客には我慢を強いることになる．全ての旅館が不便であるととらえられているわけではないが，あえて不便を味わうことも旅の醍醐味であると考える人は少なからず存在しており，立地や宿泊単価次第でそれなりの需要は存在することから営業が成り立っている．

実際のところ，近年各地に広がり始めているゲストハウスも，ハードウェアとしてはかつて日本に数多く存在した民宿と大きな差はない．宿泊客同士あるいはゲストハウスのスタッフとの間でコミュニケーションをはかることができるという身近さや親しみやすさが魅力となって，設備的な不足を補う要素として前面に押し出されており，若者や外国人旅行者を中心としたバックパッカーなどから人気を得ている．

こういったゲストハウスを運営することで，日常的に多様な旅行者とふれあうことができるという点に魅力を感じ，新たにゲストハウスを開業する人々が出始めており，空き家の利用などを通じて町の活性化につながっている．モノを売るのではなく，地元の日常的な暮らし体験を売るというサービス提供型の事業であるが，地元の人たちもその価値に気づいていなかった自分たちの日常の生活文化体験の魅力を宿泊サービスに付加できることで，新たな宿泊ビジネスが生まれてきている．地元の人々が実際に暮らしていた建物を宿泊施設として活用するという考え方は，地元の人々にとっても「非日常」な場所を観光客が訪れるという，従来の観光行動に対応した観光地からの転換を地元が求め始めたととらえることができる．異なる生活を体験し，互いにコミュニケーションをはかり，相互理解を促進する観光が，理想的な形態へと進化し始めているのかもしれない．

5.4 自然に対する処し方

自然環境や外敵から身を守るために巣を作ることは，野生動物や昆虫でもみられる行為である．ハチの巣などは機能的・構造的にも優れた形態となっており，雨や風を凌げる岩陰や軒下などに作られ，風雨にさらされ直射日光を浴びるような過酷な場所が選ばれることは，外敵からの攻撃を避けるためなどの特別な事情がある場合に限られる．人類も，原始時代においては自然環境に対峙するのではなく，厳しい環境をうまくいなせる場所を見つけ出し，あまり労力をかけずにシェルターとなるような住処を確保してきた．道具を使うようになって木を切り出したり石を割ったり削ったりして組み合わせ，自ら安全で快適な環境を作り出せるようになると，人工的な砦や堤を作り，防衛や防災を意識した住居に暮らすことができるようになってきた．

自然を自由にコントロールすることは今でもまだ難しいが，断熱性の高い建物の中で空調機器を用いれば，限られた空間だけは温湿度環境を保つことができる．空気中の汚染物質を除去したり音環境や光環境をコントロールしたりすることも可能だ．そうした技術を高度に組み合わせた最たる例が宇宙ステーションであり，将来実現するかもしれない月面基地や火星基地である．地球上でも，これまで人間が居住することができなかった場所に暮らしていける環境をつくりだして滞在できるようになってきた．南極などの極地や海中，地下，高山，砂漠などあらゆる場所が，人類の知識と技術によって克服されてきたのである．

ある土地に人が場所を定めて暮らし始めると，周辺環境にさまざまな影響を及

ぼす．ゴミやし尿，汚水，廃熱などによる自然環境への影響は大きく，そこに暮らす人々の数が多ければ多いほどそれは甚大である．下水道が整備されていない富士山の登山道にある公衆トイレから出るし尿の処理が大きな問題になっていたことを考えると，人が住まいを構えなくとも大勢の人が訪れるというだけで環境に影響が生じるということはよくわかる．一方，すでに人間が都市を形成しているような場所においては，人口集積が環境に対していかに影響しているかはかえってみえにくい．ゴミやし尿などは人目につかないところで処理され，自然環境を汚していく現場は隠されている．長期にわたる影響によって川や海の水，そして空気が汚染され，動植物の体内に害毒が蓄積されてきて，その結果，具体的に健康被害が生じて初めて人口集積の間接的な影響が明らかになるのである．

　もちろん，人間だけが環境を破壊しているわけではない．薄紅色の羽根が美しいフラミンゴの生息地となっているケニア共和国のナクル湖は，フラミンゴが群生しているようすを見るために世界中から観光客が訪れる有名な観光地であるが，観光客が何らかの問題を引き起こしているのではなく，膨大な数のフラミンゴが排泄する糞が水際を覆っており，環境を汚染している．しかしながら，糞害は野生動物が生息する自然の営みの結果であり自然現象の一部であると見なされており，対策はとられていない．人が居住したり訪れたりすることによる環境への影響は自然に帰さない人工物を持ち込んでしまう点が動物の糞害とは大きく異なり，同一には扱われないのである．生命体が生息すれば環境に何らかの影響が及ぶことは自然のなりゆきであることを十分に理解しておく必要があろう．

5.5　建築デザインへの自然の取り入れ方

　山や海の景色などの自然環境を眺め，その匂いや空気を味わうことは肉体を癒(いや)し，精神をリフレッシュするのに有効であるとされているが，自然環境の中に人が入っていくだけでなく，自然を人工的に施設の中に取り入れて身近に感じる試みが古くから行われてきた．庭木や築山，水のせせらぎを用いた庭園は人工的に自然環境を敷地内につくりだしたものであり，敷地の外側にある自然環境を借景として利用する技法も日本庭園の作庭では古くから用いられてきた．また，生け花や盆栽などのように植物を切り取る，あるいは剪定することによって生育を誘導し，人工的に仕切った空間の中で鑑賞するというかたちでの自然とのふれ合い方もある．自然環境の中に入り込んでキャンプをするような直接的な関わり方のほか，限られた空間に自然を取り入れ，自然を感じる楽しみ方，そして，自然素

材である材木を取り入れ，視覚的にわざと見える柱や長押(なげし)というかたちで使用することで自然とのつながりを感じる楽しみ方など，さまざまなかたちで人は自然を意識し，ふれながら生活している．木目のプリント合板や造花などがつくりだされ使われるのは，見た目だけであっても人が自然を欲していることの表れであろう．

5.6 都市計画の建築デザインへの影響

　自然発生的な町は，街路が曲がりくねっていることが多い．土地の所有権などが定まっていない時代に家が建つことで形成されてきた集落や村は，土地の境界線も真っ直ぐであるとは限らない．また，人々が獣道のように利用することで形成されてきた道も幅や方向が定まらず地形に合わせて起伏があったり，曲がっていたりする．地域によっては地上に道が存在せず，建物の屋上を共有空間として利用し，他人が自由に歩き回って移動する町（リビアのカダーミスやイランのサル・アガー・セイイェド等）まである．都市を造ることを前提に計画的に道路を配置するような場合，施設配置を機能的に進めるために道路を碁盤の目状に整備するだけでなく，城の防衛を鑑みて道路の見通しが悪くなるようにあえて曲げるような工夫がみられる．中国や京都の都城は比較的平坦な地形を探して都市の建設場所を決めたうえで碁盤目状に街路がつくられているが，アメリカのサンフランシスコなどは土地の起伏を意識せずに碁盤目状の街路が建設され，それが町の景観の特徴となっていたりするので面白い．

　紀元前に古代ローマで都市が建設される際にも，都市計画に基づくまちづくりを行おうとする意識はあったようだ．集会をするための公共広場（フォルム）や都市住民の生活に潤いを与える娯楽施設として劇場，コロッセオと呼ばれる円形闘技場などを配置し，それらを幹線道路で結ぶ計画がなされて，わかりやすい都市形状になるような工夫がなされていた．広場の中央には記念柱やエジプトから戦利品として持ち帰ったオベリスクなどが遠くから見える形で配され，現代の都市計画に勝るとも劣らない計画思想を読み取ることができる．

　その本来の役割をすでに終えた建築物は長い年月を経てその場所に今もなお立ち続ける生き証人として観光客を迎えているが，将来に歴史遺産として観光対象となることを意図して建設されたわけではない．長期の使用に耐えるように堅牢な建造物として計画されたことはあったとしても，後世に観光の対象となることが意図されていたとは考えがたい．

5.7 規制や制限によってもたらされる調和や統一感

　都市景観の構成要素として建物を見てみると，デザイン的調和が図られていたように見えなくもないが，物流面の制約から利用できる建材は地場産材に限られており，それらを使用する同じ構法の建築物は質感も色合いも同じにならざるを得ず，意図せずとも単調になってしまう．これは，見方を変えると統一感のある町並みというようにみられることもある．物流が発達し経済的にも豊かになってさまざまな建材を利用することができ，カラフルな色合いを人工的につくりだせるようになった現代の町並みに暮らす我々からみれば調和のとれたセンスの良い落ち着いた町並みであると感じられることから，観光資源となっている．

　さまざまな手法，材料が利用できる現代において統一感のある町並みをつくりだすためには，何らかの強制力を働かせることが必要だった．高さや容積率，日影についての規制などもなされているが，新たに建設される建物は他とは異なる存在感をいかに主張できるかを目指して個別にデザインされている．東京都心に建つ商業施設を見れば，町並みの調和をつくりだすことがいかに困難であるかは明白である．

　中国の都城制に基づいて町の区割りが行われ，道路に面した間口の幅に基づき税が課された町家で構成される京都の町並みが結果的に統一感をもつことになったのは必然的なことかも知れないが，個性を求める者にとっては実に窮屈な町であったに違いない．長きにわたって都であったことで培われた歴史や文化の厚みに加え，結果としてできあがった統一感のある家並みが美しいと評価されたことがあいまって観光地となったのであり，この町はよそから観光に訪れる者たちからの評価が高まることを期待してつくりだされた町ではないということを十分に理解しておく必要があろう．

　為政者が個別の建物についてそのデザインに美的な観点から関与するようになるのは近年になってからのことである．質素な倹約生活を奨励し奢侈な装飾が規制されるなどしたが，町並みの統一感を意識して規制が行われたわけではない．為政者にとって重要であったのは防衛しやすい都市構造であり，平時の生活が効率的かつ衛生的に行われる都市構造であった．そのためには道路計画やゾーニングは不可欠で，町民の暮らす住宅や商店の防火性や安全性を高める指導を行う必要がある．しかしながら戦乱の時代には，退却時に町をすばやく焼き尽すことができるよう，庶民の家は瓦で屋根を葺かせないと定めた瓦葺禁止令が出されるこ

ともあった．都市を魅力的に見せようとする試みは，まだ開発されていなかった郊外に新たに住宅地をつくりだすエベネザー・ハワードの田園都市論などで現れてくるが，既存の都市を改造して美しくする試みは，国際博覧会の開催をきっかけに外部に対して都市を魅力的に見せるという発想が生まれてからのことであった．

5.8 建築技術を支える社会の変化

　建築は色や形といった意匠だけでなく，構造や仕組み，加工や細工など関連する諸分野の知識や技術の集大成として成り立っている．木を削る大工の技は指物師や桶職人の技に通じるところがあり，左官の技は瓦製作や彫塑にも通じるものである．これらの職人は扱う対象が違っても，互いに切磋琢磨して技術を向上させてきたはずである．優れた建築が存在する社会は優れた道具を生産できる社会であり，互いの仕事の取り合わせをきちんと収めるためには互いのコミュニケーションが高いレベルで緻密に行われている必要がある．優れた建築が存在することは職種を越えた優れたコミュニケーション能力が社会に存在することの証なのである．

　残念ながら近年目にする建設現場は，大型のタワークレーンが林立して荷揚をする大規模な高層ビルの現場でなくとも自走式のクレーンや油圧ショベルが人の代わりに働き，金槌で釘を叩くリズミカルな音ではなく，コンプレッサーを使ったエアガンで建材に釘を打ちつけていく味気ない音しか聞こえなくなってしまった．土や漆喰を水で溶きペースト状にして塗り固めたり，タイルをセメントで貼り付けたりする湿式の工法ではなく，パネルを下地に釘やネジで固定し目地をシリコンコーキングで埋める乾式工法へと変わり，旅館の和室の壁も塗り壁ではなく，塗り壁を模したビニールクロスで仕上げられていたりする．以前は，限りなく平らな表面仕上げを左官職人が仕上げられるようになるまでに相当な修行期間を要したが，ベニヤ板の下地の上にクロスを貼るのであれば技術の習得に時間はそれほどかからない．建材と施工技術の発達のおかげで各種職人の短期養成が可能になっているのである．

　近年，かつて有機的建築といわれた自然造形に基づく建築デザインが世界各地で実現してきている．瀬戸内海の豊島（香川県土庄町）にある豊島美術館（西澤立衛設計）やスイス工科大学のキャンパスに建設されたROLEXラーニングセンター（SANAA（西澤立衛・妹島和世）設計），パリ近郊に建設されたLouis Vuittonミュージアム（フランク・O・ゲーリー設計）等に代表されるような，

三次元曲面を用いた複雑な曲面板構造（＝シェル構造）をとり入れて実現した建築である．このようなデザインを発想する建築デザイナーは古くから存在した．しかしながら，スケッチで描き起こすには相当なデッサン力が必要であり，しかも建築図面にしたうえで構造計算をすることはたいへん困難で，その労力から設計費も，またその建築施工にともなう工事費も莫大なものとなるため現実的な設計とはいえなかった．今はオーストラリアのシドニーの町のシンボルとなっているオペラハウス（ヨーン・ウツソン設計，1973年竣工）も，設計コンペ（建築設計競技）の段階でのデザインは実現したものよりも複雑な曲面形状であったが，建設コストを下げるために大幅に簡略化され比較的単純な形状となっている．それでも，当初の建設費予定額の10倍以上の建設費が必要となり世間の批判を浴びた．この逸話がオペラハウスを観光する際に必ず紹介されているのは皮肉な結果である．

5.9　建築デザインをめぐる新たな動きと観光施設

近年，複雑な曲面形状が実現する背景にはCG（＝computer graphics）技術の進展がある．CGに連動したCAD（＝computer aided design）が進歩し，コンピュータのディスプレイ上で三次元曲面の形状を確認しながら設計を進めることができるようになったことに加え，コンピュータにより曲面板の強度に関する構造計算が容易に行えるようになった．まるで手に持った粘土のスタディモデルを切ったり，つないだり，伸ばしたり，貫通したりするようなシミュレーション操作がディスプレイ上で自由に行えるようになり，見えない裏側の形状まで確かめることが可能になるとともに，その構造計算までもが容易にできるようになったのである．これにより，従来は想像もできなかった形状の組み合わせをデザインし，実際の建築として設計することで建設することが可能になっている．

インテリア装飾に大型液晶モニタやLED，大型アクリルパネルなどさまざまな設備や建材を利用することで，バーチャルな環境を実現することが可能になった．垂直水平で区切られた従来型の空間のように強度を担保したうえで，有機的な生物の臓器や巣のような形を実現することも可能になった．これにより，これまで見たこともないような不思議な形状の建物が建設される可能性が高まっている．

このような建物が自然環境の中に単独で存在する場合，近接する建物がないと互いに干渉することはないが，都市の中の矩形に区分された街区の敷地形状には

合わない．敷地に比べて建物の建築面積を相対的に小さくし隣棟間隔を大きめにすることで問題を解決することはできるが，地価の高い現状では容積率を十分利用する設計が求められることが多く，容易ではない．都市への人口集中や機能集中が緩和されないと，新たな都市の姿の実現は困難なことかもしれない．

　このようななかで，観光に関わる施設は形状を変化させてきている．バブル期ほど景気が活況を呈していなくとも，国際化を進める社会の動きのなかでグローバルスタンダードを目指す宿泊施設が都市部で次々と建設され，資本の国際流動化に伴って外資系ホテルが日本国内に数多く進出した．不動産の証券化等が進みプロジェクトが大規模になっていくと，その建物の用途は複合化したものとなり，ホテルが組み込まれることがプロジェクトのイメージ形成のために，また，経営の安定化のためにもごく一般的ななりゆきになっている．建設資金の調達方法やホテルの運営・管理・経営の分離が進んだ結果，外資系ホテルを組み込んだ大型複合開発プロジェクトが続々と実現してきているのである．さらに，訪日外国人旅行者を増大させようとする政策も宿泊施設の増加を後押ししている．旅行者が増加し多様化するのに伴い，客室数だけでなく，旅行目的や予算に応じた多様なタイプの宿泊施設が求められるようになってくる．現代的なデザインと最先端の設備を備えたホテルだけでなく，ごく普通の日本人の生活が垣間見える民泊施設も増加してきている．飲食施設や娯楽施設も含め，日本で独自の発展を遂げたあらゆる施設が日本文化を体験できる観光対象となりつつある．

5.10　ま と め

　世の中は大量生産大量消費の時代になり，生産技術もマニュアルで教育できるものへと移行してきた．メイド・イン・ジャパンが輝きを失ったのは海外生産を拡大するためにマニュアル化が進行した時期と一致する．建築も工業化され，良質な建物が大量かつ安価に供給できるようになってきた．しかしながら，その生産を支える日本の社会も変化してしまったのである．各地の建築物をじっくり見ることを通して，その社会がどのくらい熟成，あるいは，衰退しているのか見分ける糸口をみつけることができる．どこの国の影響がどのように及んでいるのかを建物の観察を通して考える旅は，どこにおいても事前の準備なく始められる気軽で奥の深い旅の楽しみ方である．

　観るための施設であったものが，観る対象としてとらえられるようになり，観られるものとして意識的に計画されつくりだされるようになってきた．観られる

5.10 まとめ

　ものを，よりよく見せるための工夫だけでなく，観られるものとそれを観るための施設との関係性を観る者に強く意識させるようにさまざまな工夫がなされ，施設そのものがどのように見えるか，さらには観に来た人を取り込むかたちで施設やその空間がその人たちとともにどのように見えるかが意識されるようになっている．いわば，モノを納めるためのイレモノがモノを取り囲む環境としてモノと一体化し，イレモノの作り手がアーティストとして主張し始めているのである．

　形をもつイレモノを創り出すということは，観る者からすれば作品が生み出されるわけであり，その中で展示されるモノである彫刻や絵画となんら違いはない．また，それらの作品等とスケールが極端に違ったとしても大きな問題ではないのである．

　ファインアートに比べると功利的な機能を備えており実用的であるととらえられるのが建築であるが，なかには穴の空いた屋根をもつことで天空とつながり，自然を建物の中に取り込むことに成功した建物もある．外部環境と屋内環境のつながりという関係性においては，窓の外に見える景色を取り込むことと大きな違いはないが，水平方向ではなく上方の景色を取り込むことで室内に雨が入ってくるため居室としての実用性は低下する．実用性の高い居室空間をデザインすることをもって評価されてきた建築家が，芸術性の高い建築をデザインすることで芸術家としても評価されるようになってきており，人々は建築家に芸術家（＝アーティスト）としての役割をも期待するようになってきたのである．

　観光施設が観光対象となりうるほどに芸術性を高めることは容易ではない．ただし，観光対象とされるものが全て芸術的であるわけではなく，世俗的な大衆性やグロテスクな醜悪さが人々の興味を惹く場合もある．それと同様に建築もその醜悪さやキッチュな胡散臭さ，空虚感，哀愁などを感じさせ，その状態が観光対象となることもあるのである．

　芸術的な造形となることを意図してつくりだされた施設だけでなく，機能を追求してつくられた施設が芸術的な観点から評価を受けたり，人工造形物が経年劣化によって朽ちていくようすに芸術性が見出されたりして評価され観光対象となってきたものも存在している．人々が何に興味をもつかはわからない．形として存在する建築物はすでに認識されている機能以外にもさまざまな観点からその特徴をとらえることができ，今後何が魅力として見出され，どのような観点から観光対象となっていくかは，人々が抱く興味に委ねるしかない．　　　　［毛谷村英治］

6　文化ツーリズムの基礎としての都市計画とまちづくり

6.1　観光の基盤をつくる都市計画・まちづくり

　都市計画やまちづくり分野の大きな特徴は，都市空間を守り，作り，使いこなすことに直接関与するための方法や技術に重きをおいていることである．そこで本章では，都市や地域を計画する都市計画やまちづくり分野の特徴や有する手法を概説しつつ，観光にアプローチする考え方や方法を示したい．

6.1.1　都市計画とまちづくりの定義

　はじめに，専門領域としての都市計画とまちづくりという用語を説明しておく．「都市計画」とは，公共の福祉の観点から都市の空間像を「計画」し，その計画を実現するために「規制や誘導」という方法で都市の秩序が保たれるように市民や企業の土地利用や建設行為をコントロールしたり，「事業」というかたちで開発や再開発を行う一連の行為である．日本では，少し前までは，公共の福祉は行政が担う責務があるとされ，「都市計画」は長く行政主導で行われてきた．しかし，この広域的な，あるいは全国一律の法律に基づく方法による「都市計画」がつくってきた都市空間・生活空間は，しだいに急激な都市化や，都市活動の複雑化・多様化に対応できなくなっていく．この不満や課題を，地域の住民が地域独自の方法で解決していこうという運動が「まちづくり」である．いまや「まちづくり」という言葉は広くさまざまな意味で使われているが，たとえば，日本建築学会（2004）の「まちづくり教科書」では，まちづくりとは「地域社会に存在する資源を基礎として，多様な主体が連携・協力して，身近な居住環境を少しずつ改善し，まちの活力と魅力を高め，『生活の質の向上』を実現するための持続的な活動」であると定義されている．住環境改善，町並み保全，防犯，防災，少子高齢社会における地域での支え合い活動，景観形成，産業振興などについて，地域住民や，地域の存立基盤がある事業者の視点から分野横断的に取り組まれるものになって

いる．都市計画とあえて対比させると，住民主体で地域視点での運動であることが特徴である．

　現在は，都市の魅力を保全，創出したり，課題を解決するには，行政が主導して進める「都市計画」と，民間企業の事業や市民の活動・運動といった「まちづくり」までの幅広い取り組みが必要であるので，今や「都市計画」と「まちづくり」は不可分の関係にある．

6.1.2　文化ツーリズムと都市計画・まちづくりとの関係

　1970年代から始まる歴史的町並み保全まちづくりにおいても，すでに観光という視点が入っているが，近年では，特に観光とまちづくりの関係は着目され，「観光まちづくり」という用語も生まれている．観光者から得られる収入が地域経済の基盤になっている観光地のように観光を経済面だけでとらえるのでなく，観光という行為や現象が生む，地域資源の見方を変えて価値を見出すことや，地域内外の人が交わる交流に価値を見出すこと等が着目されている．そして，「住んでよし，訪れてよし」と言われるように，地域の行政や住民自身が住みよいまちにするという「まちづくり」のために観光を活用するという考え方である．このような，まちづくりに軸足をおいた観光の進め方は，多くの場合，①地域の魅力資源を発掘し，②その資源を守り育て，③地域の多くの人でその資源の価値を共有し，④資源を活かす活動やビジネスが生まれ，⑤魅力資源を観光対象にする多様な取り組みが行われる，というように展開していく．もちろん多様な展開の仕方があるので，あくまで基本的なイメージではある．

　さて，文化ツーリズムの主たる対象である建造物や都市空間，そこでの地域固有の生活や生業（産業），祭などの行事を育み，保全してきた取り組みは，①〜④の取り組みと重なる．景観整備や交通・都市施設の整備，公共空間の使い方や商売のルール，コミュニティ形成などである．こうした観光を意識せず，都市計画やまちづくりとして地域住民がやってきたことが，⑤という取り組みを加えることで観光につながった事例も多い．

　すなわち，文化ツーリズムの対象となる地域資源を，発掘，価値化，保全，整備していくことに，都市計画やまちづくりは深く関わっているといえよう．

6.1.3　地域の魅力資源の観光対象化

　さらには，上記の⑤地域の魅力資源を観光対象化する多様な取り組みでも，都

市計画やまちづくりは深く関わる．この説明をする際には，地域の魅力資源を「観光資源」として発掘し，さまざまな「仕掛け」によって「観光対象」とするという関係を，これらの言葉を使い分けることを通して明確にしておきたい[*1]（図6.1）．な

```
観光資源      →   観光対象
resources          attractions
                ↑
仕掛け      （施設、サービス、手法）
facilities
```
図6.1 観光資源と観光対象の関係

ぜなら，地域に魅力的な資源があってもその存在が知られていなかったり，たどり着けなかったりしたら，あるいは，お金をかけて行きたいと思う魅力のレベルになかったりしたら，それは可能性のあるという意味で観光資源ではあっても実際の観光対象となっていないからである．

地域の魅力資源を観光対象化する多様な「仕掛け」としては，観光事業者や，日本の多くの観光協会が行っているような，観光ルートやツアーを造成することや，観光マップやウェブサイトを作って宣伝するだけではなく，心地よく見たり体験できるように環境を整備する，魅力を伝える施設を整備する，人や組織を育てるといったハード整備やソフト的な取り組みも持続的な観光に取り組むうえで必要なことであり，こうした手法や経験は，都市計画やまちづくり分野に蓄積がある．

6.1.4 問題解決型の目標設定から実現までの計画手法

以上のような，文化ツーリズムの資源の保全・育成や，その観光対象化に深く寄与している都市計画やまちづくりが有している手法について，ここから概説する．

文化ツーリズムの主たる対象である都市の建造物や空間，そこでの生活や生業（産業）[*2]の魅力や課題，現象を理解する「地域の調査や解析」を行うことにおいては，地理学や文化人類学，社会学との共通点も多い．それらに対して，「工学」

＊1： Harris and Howard（1996）によれば，resources＝観光資源，attractions＝観光対象，と使い分けられている．

＊2： 「歴史的風致」の維持および向上を図るために制定された「地域における歴史的風致の維持及び向上に関する法律」（愛称：歴史まちづくり法，2008年制定）では，歴史的風致を「地域におけるその固有の歴史及び伝統を反映した人々の活動とその活動が行われる歴史上価値の高い建造物及びその周辺の市街地とが一体となって形成してきた良好な市街地の環境」（第1条）と定義し，ここでの建造物とは建築物にとどまらず，都市，乗り物，遺構，庭園等，人工的なものの総称であると解説している．本章では，文化ツーリズムの対象として，この「歴史的風致」の定義を援用した．ただし，歴史上の価値のとらえ方については幅があってよいと考える．

としての都市計画やまちづくりは，人々が集まって住む都市で安全・安心で，豊かに生活することを目指して，地域の魅力や課題の調査に基づき，これをどのように保全・改善し，あるいは新たな魅力を創出していくのかを考える学問であり，現場での実践である．

そのため，都市計画やまちづくりは，何を改善・創出したいのかという「問題解決型の目標」が立てられ，それを「実現する」までが強く意識される．そして「実現する」ために必要になるのが「計画」という行為である．

一般に，工学的な計画をする際の検討要素は，課題や問題，目標や目的，対象（規模や範囲を含む），主体（意思決定者，担い手），実現手段（代替案提示・選択），期間，予算，評価，条件や制約，といったものがある．これらのなかでも，都市計画やまちづくり分野の計画行為では，都市空間をつくるための事業や，土地利用をコントロールするためのルールの計画だけではなく，実現のためのプロセスや，責任をもって関わる人や団体といった主体づくりも重要な計画要素であり手法の蓄積がある．また，政策や制度との強い関わりや連携が必要ともなる．それは，日用品や工業製品をつくることに比べて，都市をつくる行為は一般的に大規模であり，長期にわたり多くの人，多様な主体が関わり，大きな予算が必要になるからである．

そこで，都市計画・まちづくりの学問や実践の範囲は，図6.2のように，政策や法制度から，具体的な都市空間を整備，コントロールする規制・誘導・事業といった方法，合意形成や多様な人がいる場合の効率的な話し合いの進め方，主体形成の手法，それらを支える地域の継続的モニタリング調査などに広がり，課題や不足面はありつつも，法制度のもとに一定程度は体系化されている．観光分野の政策はまだこうした点が弱い．以降，こうした都市計画・まちづくりの基本的な手法として，その計画プロセス，主体，事業，規制・誘導，マネジメントに分けて概説しつつ，観光にアプローチする考え方や方法を示したい．

6.2　都市計画・まちづくりの手法

6.2.1　都市の計画から利用・運営までの「プロセスデザイン」

先に述べたように，計画の範囲が大きく，長期にわたって多様な主体が関わる都市・地域づくりは，その計画から実現までには，段階的なプロセスを踏むのが一般的である．行政が主導して進める「都市計画」では，通常，都市や地域の目指す生活像や空間像を示す「ビジョン（Vision）」を定め，さらに「基本計画（＝

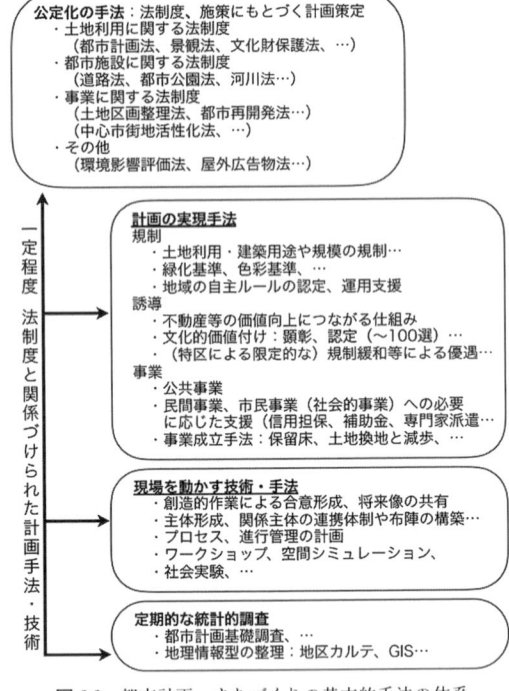

6. 文化ツーリズムの基礎としての都市計画とまちづくり

```
公定化の手法：法制度，施策にもとづく計画策定
・土地利用に関する法制度
  （都市計画法，景観法，文化財保護法，…）
・都市施設に関する法制度
  （道路法，都市公園法，河川法…）
・事業に関する法制度
  （土地区画整理法，都市再開発法…）
  （中心市街地活性化法，…）
・その他
  （環境影響評価法，屋外広告物法…）
```

```
計画の実現手法
規制
  ・土地利用・建築用途や規模の規制…
  ・緑化基準，色彩基準，…
  ・地域の自主ルールの認定，運用支援
誘導
  ・不動産等の価値向上につながる仕組み
  ・文化的価値付け：顕彰，認定（～100選）…
  ・（特区による限定的な）規制緩和等による優遇…
事業
  ・公共事業
  ・民間事業，市民事業（社会的事業）への必要
    に応じた支援（信用担保，補助金，専門家派遣…
  ・事業成立手法：保留床，土地換地と減歩，…
```

```
現場を動かす技術・手法
  ・創造的作業による合意形成，将来像の共有
  ・主体形成，関係主体の連携体制や布陣の構築…
  ・プロセス，進行管理の計画
  ・ワークショップ，空間シミュレーション，
  ・社会実験，…
```

```
定期的な統計的調査
  ・都市計画基礎調査，…
  ・地理情報型の整理：地区カルテ，GIS…
```

一定程度，法制度と関係づけられた計画手法・技術

図 6.2 都市計画・まちづくりの基本的手法の体系

マスタープラン），実施計画（Plan）」と徐々に計画を具体化・詳細化させ，「建設やルール整備（Construction）」，「実践＝管理・運営・利用（Management）」と進んでいく．一方，住民が主体となるまちづくりでは，進み方はさまざまである．実験的あるいは運動的に都市空間を利用したり改善したりしていくこと（M）を通して，ビジョン（V）が生まれる場合もある．成熟期にある日本の都市では，基本的な都市施設や公共空間はすでに整っているので，最近は，有志の市民や企業が自主的に始めるまちづくりを行政計画に位置づけて支援していくということも一般的になりつつある．行政計画にある時点で位置づけられると（VやP），まちづくりの取り組みに法的な担保が得られたり，地域での信頼が得られたり，助成金を得られるなど，官民連携の動きを促進することになる．

　観光施設の運営や，まちの公共空間を使った音楽フェスティバルや，オープンハウス・オープンガーデン・オープンファクトリーといった地域資源の一斉公開

6.2 都市計画・まちづくりの手法　　61

従来型の計画から実践までの進め方（マスタープラン主義）

ビジョン Vision → 基本計画 Master Plan → 建設・ルール整備 Construction → 実践（管理・運営）Management

つくれば使うだろう…

市民参加のまちづくりが工夫してきたこと：
計画段階のはやい段階での管理運営の検討や主体の育成　（計画遂行が前提）

ビジョン Vision → 基本計画 → 建設・ルール整備 → 実践（管理・運営）Management

今後の、公民連携による事業性、主体性を強く意識した進め方（事業性主義）

ビジョン Vision ⇔ 実践（管理・運営）Management → 基本計画 Master Plan → 建設・ルール整備 Construction

社会実験（短期・仮設のイベント、取り組み）で
事業性や事業主体を確認し、またビジョンを鍛える

使われるものをつくる

→ 実践（管理・運営）Management

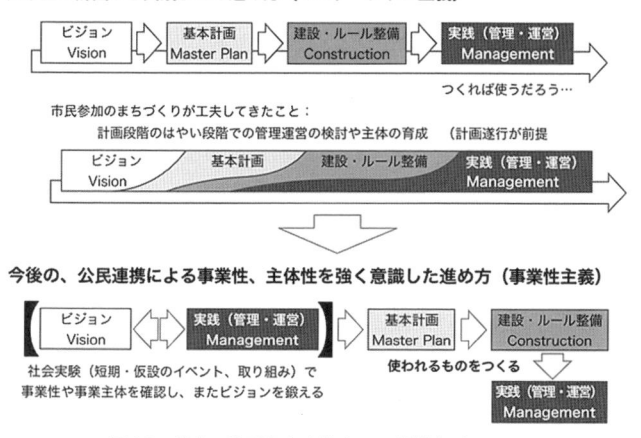

図 6.3　都市の計画から実践までの多様なプロセス

イベント[*3]などの観光イベントは，都市空間の運営利用（M）にあたる部分とみることができよう．観光と都市計画の専門家や実践者が協力していくことで，文化ツーリズムを通してみえた課題やビジョン（V）を，都市計画・まちづくりの計画や事業（P, C）に反映させていくということが，観光まちづくりの一つの方法となりうると考える（図6.3下）．このように都市・地域づくりのプロセスを考えることも計画という行為の重要な要素であり，「プロセスデザイン」と呼ばれる．

6.2.2　地域の「主体性」を生む「参加のデザイン」による計画策定

近年，観光まちづくりや，「着地型観光[*4]」という観光の目的地である地域の側が観光の企画や事業に大きな役割を果たそうという観光の形態が盛んになり，これまで観光に関わりのなかった地域住民や企業が，観光の担い手になり，地域ぐるみで観光を考える場面が増えている．この際，地域におけるさまざまな立場の人が話し合い，地域でどのような観光を目指すのかを合意することが大切である．

[*3]: オープンハウスについては岡村ほか（2015），オープンファクトリーについては，岡村ほか（2014）の論考が詳しい．

[*4]: 尾家（2008）は，着地型観光を「地域の人々が，地域の資源を活かした付加価値の高い体験型プログラムを販売・運営することで，地域の文化を発信し自らの生活の質を高める新しい観光の形態」と定義している．

都市計画・まちづくりの分野に蓄積された,「参加のデザイン」の技術は,そのような話し合いや合意形成の方法である.

参加のデザインは,1990年代に,東京都世田谷区の世田谷まちづくりセンター（現在,一般財団法人 世田谷トラストまちづくり）によって紹介され（浅海義治ほか,1993～2002）,それまで行政が担ってきた都市施設や都市空間の計画づくりに,市民が参加する具体的な手法として普及し始めた.この参加のデザインは,多様な民族が住むアメリカ合衆国のコミュニティづくりを進めるために生まれた協議手法を取り入れており,ワークショップと呼ばれる,カードや地図,付箋紙,模型を使った作業型の創造的で多様な協議手法が,これまで日本の大学やまちづくりの専門家によって開発されてきた（佐藤ほか,2005；木下,2007）.もっている情報レベルや関心事が違う人の間で,また異なる意見をもつ人と感情を交えずに話し合うため,また誰もが自由な雰囲気のなかで発言でき,限られた時間のなかで成果を出せる会合となるようにさまざまな工夫がある.

現在では,こうした手法の普及も一要因となり,また阪神淡路大震災以降,NPOなどによる公益的な市民活動が広まり,「行政施策への住民参加（市民が意見を述べる）」から,さらには「市民提案」「市民運営」というかたちで,市民が公共の福祉の担い手として活躍する領域や役割が拡大し,市民協働社会が展開している.

注目すべきは,将来の当事者や関係者を集めて,適切に議論していくことで,将来の運営者を育むことにつながることが多い点である.一部の当事者だけで計画を作っても,観光のように多分野,多様な主体で進める必要のある計画は,実行に困難が伴うことが多いが,はじめから多様な当事者で適切に議論を積み上げつつ一緒に計画を作ることができれば,計画が実現しやすくなる（図6.3中段）.

また,地域の住民や事業者が,こうした参加のデザイン手法によって観光の計画主体として加わり,地域が主体性をもつことができるならば,十代田（2010）が指摘するように,観光という巨大マーケットから自らの地域を守る手段にもなり,一過性のブームに左右されない持続的な観光や,観光客の量や行為のコントロールにもつながることが期待できる.

6.2.3　都市空間の魅力を保全,創出する「規制・誘導」

目標とする都市の生活像や空間像の計画を実現する手段として「規制や誘導」という方法がある.建物の建て方や道路や民地での空間の使い方のルールを決め

6.2 都市計画・まちづくりの手法

るものである．

「規制」は，まちをよくするために，あらかじめ，土地利用やまちの空間の使い方を決めて，個人の活動をある範囲に制限するものである．たとえば，建物の大きさ高さ，色，用途などを限定して住環境や商業環境が良好な状態に保たれるようにコントロールしたり，歴史的な建造物の改修範囲を制限するなどである．

「誘導」は，まちなみなどの都市環境をよくするために，色や材料，デザイン等を推奨する方法である．「都市計画」の制度としては，たとえば，高層ビルを建てる際に，まちの公共空間に貢献するオープンスペースや施設を作ったり，歴史的建築物を保全したりするなどにより，建物が建てられる大きさ（容積率という）を一般的に定められているものより緩和する方法がある．行政の都市計画に沿う開発ならば，経済的メリットを生むような要件を用意することで誘導を図っているのである．

その他，都市景観賞や「〇〇100選」のように「顕彰する」ことで，地域資源の価値を明確化し皆で共有することを通して，取り組みの活性化を図る方法も誘導の一手法である．

こうした規制・誘導のルールには，行政が都市計画法や建築基準法などの法的根拠をもって行う方法と，地域の住民・企業による法的に担保のない自主ルールの形をとる方法がある．都市計画法や建築基準法などの法制度による規制は，具体的な内容や数値を決めて厳格に運用したり罰則を定めたりできるので，経済的利益を優先させて地域の生活のことを軽視するような外部の事業者などに対抗する強い規制とすることもできる．

一方，市民による自主的なルールは，禁止事項を規定する規制から，まちづくりの基本的理念を謳った「憲章」や，まちをよくするためのアイデア集やおすすめの方法を例示した「ガイドライン」といわれるものまで幅が広い．店先に花を植えようとか，看板を手作りのものにしようといったことは，こうした自主ルールによる方法が向いている．自主ルールの運用を確かなものにするには，地域の皆で合意したという事実と，まちづくり協議会といった運用組織の力量にかかっている．実際の現場では，規制と誘導の双方や，法的規制と市民組織の自主ルール（自主規範）が組み合わされて取り組まれていることが多い（図6.4）．

文化ツーリズムの対象となる事例としては，伝統的なまちなみ景観の保全や修景のためのルールづくりなどがある．観光者のマナーの向上を図るのに，禁止事項をまちの中に掲げる方法ではなく，自然と望ましい行動をするような，遊びの

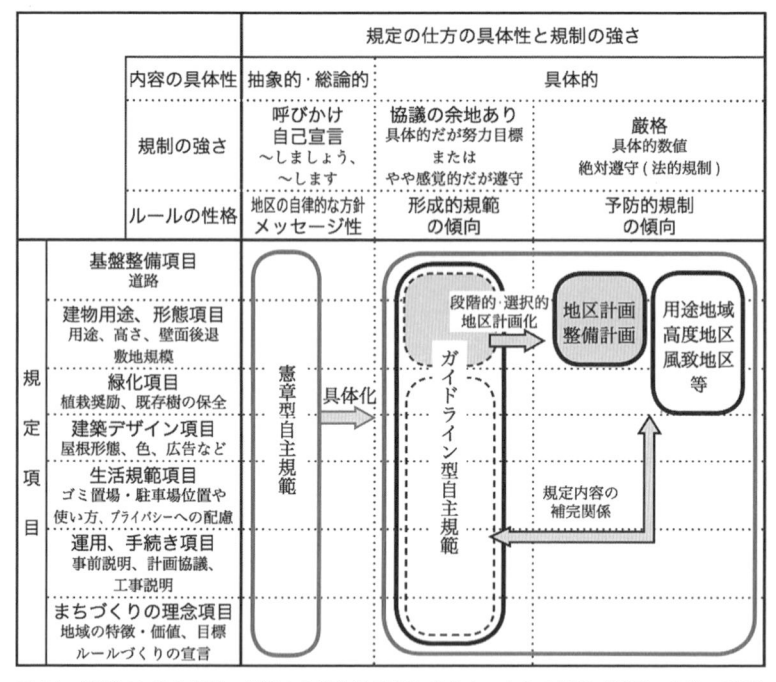

図6.4 地区における規制・誘導の内容と法制度と自主ルールとの関係（川原・佐藤, 2005）

要素を取り入れて誘導の仕掛けを作ることを考えるのも有効な実現手法であろう．

6.2.4 都市空間を大きく改造する「事業」

目標とする都市像を実現する都市計画の手法として，実際に空間整備を行うのが「事業」である．参道や商店街の街路整備，駅前広場などの交通基盤整備，河川整備などの公共空間整備や，街区スケールで住宅や商業・業務施設などを整備する市街地再開発事業，区画整理事業などがある．これらの事業は，モータリゼーションや人口増加，工場移転後の土地利用転換，防災対策，都市の魅力をつくるための全く新しい都市空間の創出など，大きな社会変化やニーズに都市を対応させるために大きな都市空間の改造を行うときに使われてきた．

都市空間を大きく改造する「事業」では，社会・地域のニーズを的確に把握する計画論と，魅力的な都市空間を生み出す空間論（デザイン論），大きな事業費を先行投資し整備後の収入で投資を回収するための事業論の三つが重要である

(藤本，1998)．

　計画論は，地域でのさまざまな調査を根拠に組み立てられる．住環境や福祉，産業面からのニーズ把握などである．観光のニーズを計画に反映させることも当然ありうる．たとえば観光施設ではこれまでも観光者のニーズや行動は調査されてきた．しかし，公共空間の計画においては，歩行者や車の円滑な流動や安全確保面からのニーズや行動に関する調査・研究に基づくものが中心であった．しかし今後は都市の魅力がますます重視される時代である．観光者の行動把握，イベント時の都市空間の使われ方の調査[*5]など，観光のニーズや行動を把握し，これを都市空間の計画論につなげる方法は，今後より開発されるべき分野である．

　空間論もさまざまにあるが，都市全体のなかでの見え方やまちなみ形成に配慮する景観論・景観工学や，人々が心地よく滞留することができたり，公共空間のにぎわいを生み出したりするための中間領域や回遊性といった空間形成概念がある．都市の魅力につながるこれらの空間論，空間デザインの技術は，都市デザインや建築デザインの専門家がこれまでさまざまな実践を通して論じてきており，多くの書籍や文献が出されている．

　事業論としては，事業の結果として，土地の集約化等により利用価値の高い敷地を生み出し，より高い土地の売却益や賃貸料が得られるようにしたり，事業主の自身の商売での収入や，テナントからの賃貸料を得るなどして，先行投資した開発資金を回収し利益が出るようにしたりする事業のスキームが必須である．人口減少期の日本においては，補助金の要件等にとらわれて規模をいたずらに大きくして，「作れば売れるだろう，使うだろう」という見込みのもと，失敗している多くの都市開発プロジェクトを反省し，さきに述べたように，短期的な社会実験プロジェクトを実施するなどして市場性を確認し，また，誰が責任を持って実施するかの事業性と事業主体を確認し，「使うもの，継続できることを事業化する」進め方がより重要になっている（図6.3下図）．

6.2.5　都市空間を運営する「エリアマネジメント」

　近年，より積極的に都市空間を使いこなし，地区全体の価値を維持・向上させていく「エリアマネジメント」という取り組みが普及し始めている．一定地区内

[*5]：たとえば，都市祝祭空間研究（主査：川原　晋）では，神社の祝祭時の都市空間の使われ方の分析から，景観整備や公共空間や視点場整備の方法論を示している．

の住民や地権者，企業，開発事業者などの民間が主体となったエリアマネジメント組織を作り，まちのにぎわいを創出するイベントを定期的に開催したり，まちのPRをする情報発信をしたり，有効性の高い防犯・防災活動を実施したりする活動を通して，都市間競争のなかで生き残るための魅力づくりや地域の資産価値の向上を期待する取り組みである[*6]．東京駅周辺の地権者・事業者により2002年にエリアマネジメント協会を設立した大手町・丸の内・有楽町地区（大丸有地区）の取り組みはその先駆けである．休日は人通りが少なかった1970年代のオフィス街の時代から，世界的な業務地区としての価値を高めるために，ハード整備を進めるだけでなく，イベント，ガイドツアー，モニターリサーチ，広報活動などのソフト面の取り組みも充実させたことで新たな事業者を惹きつけ，現在は商業地・観光地として夜や休日もにぎわう地区へと大きく変貌した．近年は商業地区だけでなく，開発住宅地区でもこうした取り組みが行われている．

近年，観光分野でも，観光地の事業者や行政，住民が主体となった観光地マネジメントのための組織であるDMO（destination management organization）の必要性がいわれている．その組織像や活動像として，都市計画・まちづくり分野においてここ10年ほどで培われてきた各地のエリアマネジメントの事例は参考になる．突発的な浮き沈みのある観光市場に翻弄されず，地元が恩恵を受ける形での持続的な観光地づくりを推進するためにも，観光地型のエリアマネジメント組織を形成し，ハード面，ソフト面が一体となった取り組みを進めることは有効と考える．観光地としての目標像を地域内外に示し活動をすることや，また，観光地運営の取り組みに共感した人々が，地域資源を活かした店舗やツアーなどの小さなビジネスを興こすことを地域が受け入れていくこと（宗田，2009）で，多くの地域が期待する「観光による地域活性化」につながっていくことになる．

6.3 ま と め

以上，本章では，都市計画・まちづくりの手法が，文化ツーリズムの基盤づくりや推進に寄与していることと，その具体的手法の一部を紹介した．一方，ツアーやイベント造成，外部へのプロモーション，観光者数のコントロールといった観光独自の手法も，都市・地域づくりに生かせることも多々あると考える．文化ツーリズムを進めるためには，多くの研究や現場での実践により，観光と都市計

[*6]：国土交通省「エリアマネジメント推進マニュアル」や小林ほか（2015）など参照．

画・まちづくりの双方の概念や方法論が融合していくことを期待したい．

[川原　晋]

●まちを舞台に見立てる

　本章で述べたハードとソフトの計画要素を考えながら観光まちづくりを検討するには，「空間の計画＋活動の計画＋運営組織（担い手）の計画」を一体的に考えるとよい．このとき，まちを「舞台」に見立てるとわかりやすいだろう（図6.5）．

　たとえば，まちなかの環境を活かした誘客イベントを行おうと考えたとき，まちの特徴を表すような場所（ステージ）はどこか，そこで誰がアクター（演者）になり，何を表現するかを考える．その場所選びのときは，ステージの背景になるまちなみやよい眺望景観があるかを考慮する．観光客（観客）はどこから見たらいいのか，という観客席にあたる場所にも気を配る．さらに，このイベントを企画したり，当日運営するスタッフは，まちの誰が担うのか，楽屋や舞台裏になるまちなかの場所はどこなのか，等々….

　図6.6は，商店街の通り空間を市民の活動舞台としての「みち広場」であると考えて，行政と商店街との議論を重ねながら整備した例である．月1回のナイトバザールでは，多くの屋台が出たり，踊り祭りが行われたりするが，そのアクターは，さまざまな市民や商店街以外の店舗である．その出店や運営を支えるスタッフ役をこの商店街振興組合やまちづくりNPOが担っている．日頃は遊休地のような場所がバザールの時は屋台村になる．通りのなかでの踊りの場は，レトロな建物の前が選ばれる．歩道と車道全体が観客席になるので，道

図6.5　まちを舞台に見立てたときのまちづくりの計画要素

路は段差がないように整備されている．こうした，ハード，ソフトをあわせた取り組みによって，観光客にも魅力的な「懐かしくて新しいナイトバザール」が，20年以上続けられているのである（川原，2013）．

図 6.6 「みち広場」としての活用を意識して設計され，運用されている商店街通り（山形県鶴岡市山王商店街）

文献

饗庭 伸ほか（2008）：初めて学ぶ都市計画，市ヶ谷出版社．
浅海義治ほか（1993～2002）：参加のデザイン道具箱（Part 1～4），世田谷トラストまちづくり．
岡村 祐・野原 卓・川原 晋・大田クリエイティブタウン研究会（2014）：東京都大田区における大田クリエイティブタウン構想と実践．季刊まちづくり，42：104-115．
岡村 祐・野原 卓・田中暁子（2015）：建物一斉公開プログラム「オープンハウス」の地域資源マネジメントにおける教育・啓発手段としての可能性．日本建築学会技術報告集，21：1241-1246．
尾家建生・金井万造 編著（2008）：これでわかる！着地型観光―地域が主役のツーリズム―，学芸出版社．
川原 晋主査：都市祝祭空間研究．http://www.comp.tmu.ac.jp/ssm/project/festival/festivalscape-top.html
川原 晋・佐藤 滋（2005）：地区計画と住民の自主規範を併用した地区環境の保全・改善の実態に関する研究―行政と住民の協働による地区環境マネジメントの実現のための段階的なルール作りのプロセスデザイン．日本建築学会計画系論文集，598：71-78．
川原 晋（2013）：中心市街地に様々な活動とそのアクターを呼び込む空間整備と組織づくり―山形県鶴岡市山王商店街まちづくりの10年の取組み．観光科学研究，(6)：25-33．
木下 勇（2007）：ワークショップ―住民主体のまちづくりへの方法論，学芸出版社．
国土交通省：エリアマネジメント推進マニュアル．http://tochi.mlit.go.jp/jitumu-jirei/area-management-manual
小林重敬ほか（2015）：最新エリアマネジメント―街を運営する民間組織と活動財源―，学芸出版社．
小林郁雄・伊藤雅春・澤田雅浩・野澤千絵・山本俊哉・真野洋介（2011）：都市計画とまちづくりがわかる本，彰国社．

佐藤　滋ほか（2005）：まちづくりデザインゲーム，学芸出版社．
宗田好史（2009）：創造都市のための観光振興―小さなビジネスを育てるまちづくり，学芸出版社．
十代田朗ほか（2010）：観光まちづくりのマーケティング，学芸出版社．
日本建築学会 編（2004）：まちづくりの方法（まちづくり教科書第1巻），丸善出版．
藤本昌也（1998）：大地性の復権―集住空間づくりの戦略，住まいの図書館出版局．
Harris, R. and Howard, J. (1996)：Dictionary of Travel, Tourism and Hospitality Terms, Hospitality Press.

7 文化ツーリズムとヘリテージツーリズム

7.1 はじめに

　ヘリテージツーリズムとは，『観光学辞典』によれば「歴史的遺産を含む文化遺産に限らず，自然遺産をも含めて，人類の遺産を訪れる観光」と定義される．しかし日本では，この用語が近代化遺産観光とほぼ同義に使われることが多い．1990年代以降の日本において，産業遺構の保存や活用と観光産業を結びつけようとする実践のなかで，ヘリテージツーリズムという用語が頻繁に登場した．こうした背景から，日本では当該タームが限られたコンテクストのなかで使用されてきた．

　ここではヘリテージツーリズムを，英語「heritage」がもつ本来的な意味を尊重し「受け継がれる遺産の観光」という視点からとらえる．グローバルな視野から眺めたとき，受け継がれる（べき）遺産としては，まずユネスコ（国連教育科学文化機関）が認定する世界遺産が連想される．世界遺産委員会によって「卓越した普遍的価値（outstanding universal value）」をもつと認定された対象がユネスコの世界遺産リストに登録される．本章では，ベトナム中部の世界遺産ホイアン歴史地区を事例として，いかにヘリテージツーリズムが創出され，実践されているのかを記述していく．

7.2 ホイアンと世界遺産

7.2.1 ホイアンとは

　ベトナムは東南アジア大陸部に位置し，東側を南シナ海に接する約3400 kmの海岸線を有する．なかでもベトナム中部は，海のシルクロードの拠点として朱印船貿易でも歴史的に重要な役割を果たした．ホイアンはその貿易港として栄えた都市である（図 7.1）．ホイアンは，歴史的なまちなみが1999年12月に世界遺産に登録されて以降，旅行ガイドブックなどで文化遺産という概念と結合したイ

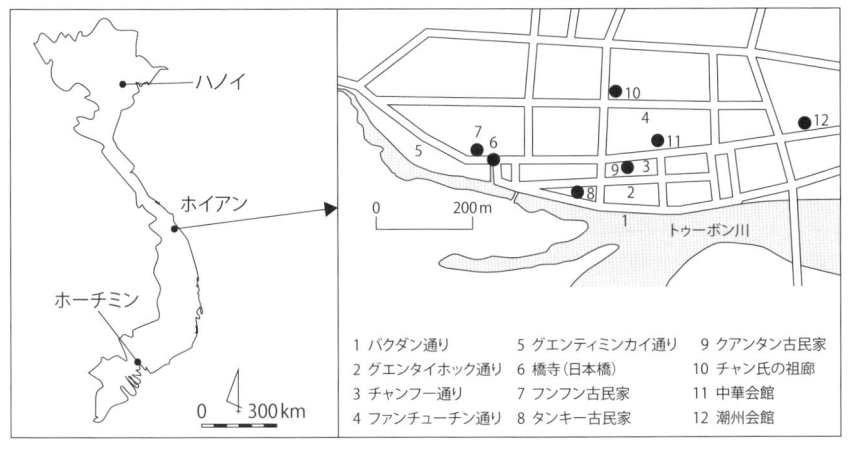

図7.1 ホイアンの位置と町並みの概観

1 バクダン通り　　　5 グエンティミンカイ通り　9 クアンタン古民家
2 グエンタイホック通り　6 橋寺(日本橋)　　　10 チャン氏の祖廟
3 チャンフー通り　　7 フンフン古民家　　　11 中華会館
4 ファンチューチン通り　8 タンキー古民家　　　12 潮州会館

メージで紹介されるようになった．

　ただし，ホイアンは，世界遺産登録以前にも観光というコンテクストのなかでしばしば登場してきた．たとえば，ダイヤモンド・ビッグ社の『地球の歩き方』シリーズで初めてベトナムが書名に出た，1989年刊の『地球の歩き方フロンティア ベトナム』において，ホイアンが観光地として取りあげられている．ガイドブックの中でホイアンは，「ダナン市から30km離れた所にある町．人口6万5千人．17世紀に日本人町を形成したゆかりのある町である」と紹介されている．つまり，ホイアンという町は，世界遺産登録以前からすでに観光地として対象化されていただけでなく，その一つの特色が「日本とのゆかり」，すなわち日本町の「痕跡」にあったことがわかる．

7.2.2　世界遺産登録のプロセスとホイアンのまちなみ

　世界遺産という概念は，1972年にユネスコが採択した「世界の文化遺産および自然遺産の保護に関する条約（通称，世界遺産条約）」によって制度化された．
　ホイアンが世界遺産に登録された個別の要因としては，まず，交易都市として栄えた当時の建造物を保存してきたという歴史的事実があげられる．次に，ホイアンがベトナム中部に位置しているという地理的条件があげられる．ドイモイ政策以降，経済成長を続けるハノイ（北部）やホーチミン市（南部）と比較して，中部は経済的に「遅れた」地域と見なされてきた．ベトナム党・政府は，全国の

均等な発展を目指しており，北部山岳地域や中部地域に多くの開発資金を投入してきた（中野，1998）．世界遺産登録を含めた観光開発は，こうした国内の経済格差を是正するため，つまり中部を経済的に発展させるための一つの手段ととらえられる．

さらに，ベトナムと日本とのホイアンに関する保全や研究をめぐる協力関係の構築という点があげられる．組織的な活動としては，1990年にダナンで開催された「古都市ホイアンに関する国際シンポジウム」を指摘できる（日本ベトナム研究者会議編，1993）．この国際シンポジウムは，ベトナム側の要請を受け，それに日本が協力するかたちで行われた．シンポジウムでの成果がホイアンの世界遺産登録へ向けた学術的基礎を提供した．その後，日本の文化庁が当該地区の保存に協力し，昭和女子大学のグループがまちなみの保存に関する大がかりな調査を行った（芹澤，2006）．

一方，ユネスコ側は，世界遺産登録制度の理念のなかに西洋中心的な考えが色濃く反映されていると批判を受けていた．具体的には，世界遺産に占める西洋諸国のそれの割合が高いこと，文化遺産のなかに（西洋的な）石造建造物の割合が高すぎることなどである（青柳・松田，2005）．こうした批判は，ユネスコ世界遺産の選定にも影響を与え，非欧米地域で，かつ木造建造物を擁するホイアンにとって有利な状況をつくり出した．

以上をまとめると，ホイアンは，18世紀から現存する歴史的な国際貿易港としての木造建築のまちなみがよく保存されているという地域的な特徴を生かしたこと，ベトナム国内における政治地理的状況が有利に作用したこと，保存や研究に関するベトナムと日本との協力関係が築かれたこと，ユネスコ側の世界遺産の選定に関する認識が変化したことなどの条件が重なり，世界遺産として登録された．

文化遺産に分類されるホイアンのまちなみは，「中国の味付け」をしたベトナム様式の建築と指摘されるように（福川・内海，2003），建築学的に分析すると，中国様式を取り入れたベトナム建築ととらえられている．現在のホイアンのまちなみは，およそ18世紀から20世紀前半までの期間に形成されたもので，中国様式だけでなく，フランス統治下のコロニアルスタイルも観察されるものの（ホイアン町並み保存プロジェクトチーム編著，1997），日本の建築様式が折衷されているという積極的な指摘はみられない．

7.3 日越旅行ガイドブックにみるホイアン表象

7.3.1 日本―世界遺産登録前後

　日本のガイドブックにみられるホイアン歴史地区についての日本表象の変遷を表7.1に示した．ここから，いくつかの特徴を指摘することができる．第一に，ガイドブックにおいてホイアンは，常に「日本町・日本橋（もしくは来遠橋）・日本人の墓」の3点セットで語られているという点である．日本人の墓とは，かつてホイアンに住んでいた日本人のものといわれ，ホイアンの旧市街地周辺に点

表7.1 日本のガイドブック（ダイヤモンド・ビッグ社刊行『地球の歩き方フロンティア』および『地球の歩き方』各年版[1]）にみるホイアンの日本表象の変遷

出版年	総頁数	頁数[2]	記載内容[3]							
			日本町	日本橋	日本人の墓	古民家・祖廟				世界遺産
						Nha co Quan Thang	Nha co Tan Ky	Nha co Phung Hung	Nha tho toc Tran	
1989	158	1	○	○[4]	○	—	—	—	—	—
1992	155	1	○	○[4]	○	—	—	—	—	—
1994	232	2	○	○	○	×	—	—	—	—
1995	248	2	○	○	○	×	—	—	—	—
1996	264	3	○	○	○	×	×	—	—	—
1997	296	4	○	○	○	×	×	—	—	—
1998	322	8	○	○	○	×	○	—	—	—
2000	341	8	○	○	○	×	○	○	○	○
2001	355	10	○	○	○	×	○	○	○	○
2002	354	11	○	○	○	×	○	○	○	○
2003	387	12	○	○	○	×	○	○	○	○
2004	403	13	○	○	○	×	○	○	○	○
2005	403	13	○	○	○	×	○	○	○	○
2006	409	13	○	○	○	×	○	○	○	○
2007	409	13	○	○	○	×	○	○	○	○
2008	453	17	○	○	○	×	○	○	○	○
2009	453	16	○	○	○	×	○	○	○	○
2010	453	17	○	○	○	×	○	○	○	○
2011	453	17	○	○	○	×	○	○	○	○
2012	453	17	○	○	○	×	○	○	○	○

1) 1989・1992『地球の歩き方フロンティア』，1994〜『地球の歩き方』．
2) ガイドブックのなかでホイアンを取り上げている部分の頁数．
3) ○：記載あり＋日本（人）との関連記述あり，×：記載あり＋日本（人）との関連記述なし，—：記載なし．
4) 別名の「来遠橋」による記載．

在する．

　第二に，ホイアンが世界遺産に登録されて以降，日本との関連を示す記述が増えたことである．世界遺産登録を示す記述は，『地球の歩き方』では2000年版に初めて登場する．それと同時に，日本との関連，具体的には日本の建築様式を取り入れた（と考えられる）建造物に関する記述が加えられた．フンフンの古民家（Nha co Phung Hung），およびチャン氏の祖廟（Nha tho toc Than）がそれである．また，タンキーの古民家（Nha co Tan Ky）は，1996年版に初めて登場したが，その後1998年版で日本の建築様式を取り入れた建築であることが加筆されたことも興味深い．

　なお，クアンタン古民家（Nha co Quan Thang）は，日本との直接的なつながりを示す記述がないにもかかわらず，1994年から現在にいたるまで紹介されている．1994年のガイドブックで「チャンフー通り77番の家」と呼ばれていたクアンタン古民家の紹介文には，「ホイアンの町並みの特徴は，京都の「うなぎの寝床」と呼ばれる長屋に似て」と記述されている．つまり，建築様式など直接的な日本との関わりの記述はないもの，間接的には日本のイメージと結びつけられている．「京都の「うなぎの寝床」」という表現は，2015年版の最新号まで使用され続けている．

7.3.2　ベトナム

　表7.2に，ベトナムで出版されているガイドブックのホイアンの記述について示した．表7.1と同じようにベトナム全体を網羅しているガイドブックを取り上げ，表7.1で言及した建造物などがどのように記載されているかのみを示した．

　3冊のガイドブックすべてにホイアンに関する記述があるが，日本のガイドブックとは記載内容がかなり異なる．具体的には，日本との関連を示す記述が非常に少ない．古民家・祖廟に関しては記載がほとんどなく，紹介があっても「日本建築と関連がある」との記述はない．英語版のガイドブックでのみ，タンキー古民家に日本的な建築様式がみられることが記載されている．

　日本橋（別名で橋寺，来遠橋）については，3冊ともに，その由来が日本との関係も含め記述されている．日本町に関してみると，3冊目のガイドブックで，日本町がかつて存在したことが記されている．その他の2冊のガイドブックには日本町が存在したという記述はない．ただし，世界各地の商人に混じって日本の商人がホイアンで交易していたことは示されている．3冊のガイドブックでは，

7.4 日本人によるホイアンの表象

表7.2 ベトナムのガイドブックにみるホイアンの日本表象

書 名	出版年	言語	記載内容[1]			古民家・祖廟				世界遺産
			日本町	日本橋	日本人の墓	Nha co Quan Thang	Nha co Tan Ky	Nha co Phung Hung	Nha tho toc Tran	
Non Nuoc Viet Nam	2009年(第10版)	越語	—	○	—	—	—	—	—	○
Vietnam Tourist Guide[2]	2008年(第5版)	英語	—	○	—	—	○	—	—	○
Du Lich 3 Mien_tap 2 Trung	2008年(第4版)	越語	○	○	—	×	×	×	×	○

1) ○：記載あり＋日本（人）との関連記述あり，×：記載あり＋日本（人）との関連記述なし，—：記載なし．
2) タンキー古民家については，2011年出版（第6版）にも記載あり．

日本橋以外の観光スポットとして，主として中国系移民が建立した会館や寺院などが紹介されている．

日本で出版されたガイドブックでは，日本町，日本人の墓や日本の建築様式に言及することで，ホイアンと日本との「つながり」が語られ続け，特に，ユネスコ世界遺産に登録後，その傾向が顕著になった．これに対して，ベトナムのガイドブックでは，ホイアンが世界遺産に登録された町であり，歴史的な交易都市であったことが記述されている．日本は，交易都市の歴史的な一要素としてのみ登場する．例外的に日本橋は，3冊のガイドブックすべてに記載されており，ホイアンを象徴する建造物の一つと考えられていることがわかる．

7.4 日本人によるホイアンの表象

7.4.1 日本語「文献」にみる語り

紀行文などを含めて文献として残っている範囲だけをみても，20世紀初頭から多くの日本人がホイアンを訪問している．前述の1990年の国際シンポジウム以前に発表された研究[*1]に限定すると，以下の2点が特徴として指摘できる．

---

*1: 小島（1915）は，ホイアンにあった日本人の多くの墓が鉄道工事などで破壊されたことを現地報告している．その後，黒板（1929）や藤原（1943）は，ホイアンを訪問し，碑文の読解を行うとともに，まちなみを観察している．梅棹（1979）は，ベトナム共和国時代のホイアンを訪れ，日本橋や日本人の墓の

第一に，現地住民が「日本との接点」を強調する点があげられる．たとえば，現地の役人などの案内者が「日本との文化交流を深めたい」(富山, 1987)，「歴史的にみてホイアンと日本（人）との関係が深い」(梅棹, 1979；小倉, 1989)と意見を述べ，住民が「日本の人の墓を守ってきた」(小島, 1915)，「日本との関連を示す歌が残っている」(内海, 1964) と発言する．

もちろん，ホイアンを訪れたこれらの執筆者たちが日本的なものを探し求めた結果として，そういった要素が強調され，現地住民によって語られたという面も否めない．しかし，同時に当時のホイアンに，日本的なものを語れる社会的な雰囲気があったこともまた指摘しうる．たとえば，現地の案内人が矢継ぎ早に紹介する日本的な建物に対して，その建造物の日本的要素を，部分的であれ懐疑的にみる記述も存在する（梅棹, 1979；小倉, 1989).ここには，受け手が必ずしも日本的なものを求めていないにも関わらず，現地住民が日本を語る姿，つまり，現地住民の方が積極的に日本を語ろうとしている姿勢も垣間見られる．

第二に，分析的に記述しつつも，日本とのつながりをノスタルジックに語っている文献が多い点があげられる．たとえば，「〔ホイアンの〕(引用者）日本町は実際殆んどその痕跡を留めていないといってもよい程，変って了って居るのに失望した」(黒板, 1929)，「〔橋寺が（引用者）〕昔もっていたと言われる日本的な俤を止めていないのは何だか寂しい様な気がする」(藤原, 1943) など，ホイアンの町に日本を「発見」できなかった点を惜しむ記述がみられる．また，平松（平松編, 1965）や菅野（1978）はホイアンに日本を見出したことをノスタルジックに回想している．具体的には「日本人町の古い建物には日本の田舎を連想させる何軒かがあった」(菅野, 1978)，「町の美しさにうたれました．そして，この町の内外に，室町時代から江戸にかけての，日本人を発見した」(平松編, 1965) などである．

7.4.2 ホイアンにおける日本の表象

ベトナムの新聞『トゥオイチェー』紙によれば，2009年8月14〜16日に開催

案内を受けている．さらに，内海（1964）や平松（平松編, 1965）は，第二次世界大戦を前後した時期にベトナムに長期滞在しており，ホイアンの地名や日本橋，墓を通じて，日本とのゆかりを記述している．菅野（1978）は，南北統一後のホイアンを団体旅行で訪問し，その感想を残している．そして，富山（1987），小倉（1989）は，ドイモイを前後する時期にホイアンで調査を行い，現状を報告し，日本町のさらなる調査・保存の必要性を述べている．

された「ホイアン-日本祭り」のなかで在ベトナム日本大使が「この夏の祭りのなかで400年前にホイアンにあった日本町が再現された」と発言した（Tuoi Tre online, 2009年8月17日付）．2003年に始まったホイアン-日本祭りは，2015年に13回目を迎え，ホイアンで日本を「表現」する一つの機会になっている．

2009年当時の祭りでは，シンポジウムの開催と並行して，日本文化とベトナム文化を紹介するイベントが実施された．日本文化では，もちつき，浴衣，茶道，書道などが古くから日本に伝わるものとして紹介されていた．もちつきは日本橋の周辺で行われ，試食もできた．また浴衣は，実際に試着し，日本橋を背景にした写真撮影ができ，茶道・書道なども実際に体験できるようになっていた．

ここで，イベント自体の内容が日本的であるかが問題ではなく，ホイアンの地で実施された各種イベントが「伝統的な日本のモノ」と位置づけられていることが注目される．つまりこの祭りは，日本の伝統の紹介を通して，日本大使の発言にもみられるように，かつての日本町の「痕跡」を今のホイアンに投影ないし反映させようという行為と考えられる．2003年の最初の祭りで実施された事業の一つが日本人の墓の修復であったことは，「日本的なもの」をホイアンに「保存」しようとする象徴的な出来事といえる．

こうした実践は，日本の観光客にもみられる．たとえば，日本橋を見学していたある観光客は，橋の天井にある木組みを観察しながら「これは日本〔の木組み（引用者）〕とよく似ている」と会話を交わしていた．この状況でも，建築学的な知識が問題なのではなく，日本らしさを映し出せる「鏡」の存在が重要なのである．ノスタルジーを喚起させるものを求める日本の観光客には，ホイアンのまちなみが木造建築であることも，大きな魅力になっている．

以上から，ホイアンに関して文章を残した人々や観光客が日本的なものをホイアンのまちなみに積極的に見出し，さらに墓に代表される日本的な要素を「保存」しようとしていることがわかる．

7.5 ローカルなツーリズム実践

7.5.1 「公式」な見解

ホイアン市が位置するクアンナム省では，ガイドブック『クアンナム――一つの観光地にある二つの世界文化遺産』をベトナム語と英語で出している．これは地方行政機関が発行する官製ガイドブックで，無料配布されている．手元にある2008年版の同ガイドブックで，表7.1で取り上げた日本的要素をもつとされる建

造物群，具体的にはタンキーおよびフンフン古民家，チャン氏の祖廟に関してみると，以下のようなことがわかる．

まず，これらの建造物群の解説に「日本の建築様式が折衷されている」という記述はみられない．具体的には築年数，建物の使用目的，建築様式，歴史的な変遷過程などが紹介されるものの，「日本とのつながり」をその記述のなかに見出すことができない．次に，ホイアンの町を紹介するなかで，まず中国系移民の会館が紹介され，次に古民家・祖廟の記述が続いている．

この官製ガイドブックの記述と比較すると，古民家や祖廟の入り口にある案内板の説明書きはかなり興味深い．タンキー古民家をみると，「ホイアンで初めて国家遺産に指定された古民家」「国内外の要人が訪問した唯一の古民家」「ベトナム，日本，中国の建築様式がうまく調和」と紹介されている（2009年8月の調査時．2012年12月に確認した時点ではこの案内板は撤去されていた）．またチャン氏の祖廟では，「ザロン帝時代の官吏が建築した祖廟．中国，日本，ベトナムの建築様式が調和している．この祖廟は，2世紀前のようすをとどめている」と説明されている．

ここから，まず，官製ガイドブックではホイアンのまちなみのなかに日本的なものを「発見」しようという積極的な姿勢がみられないことがわかる．この記述スタイルは，1990年に開催された国際シンポジウム以降の学術研究の成果を踏襲している．これに対して，観光客が直接的に目にする可能性が高い建造物群の案内板では日本的要素が登場する．また，表7.2でもみたように，ベトナムのガイドブックでは，ホイアンという観光地において，会館が中心的な観光スポットと認識され，古民家・祖廟が副次的に扱われていることが指摘できる．

7.5.2　ツーリズムのなかのホイアン

前述のように，日本橋はホイアンのシンボルとされ，来遠橋，橋寺とも呼ばれる．この橋の名称は，文脈依存的に使い分けられている．具体的には，観光客に説明されるときには，日本橋ないし来遠橋のどちらかの名称が使われ，現地住民の間では橋寺の名称が用いられる．橋でチケットを切っていた従業員から「観光客に対しては，日本橋と説明する．地元住民間では橋寺と呼ばれる．来遠橋という名称は現地ではほとんど使われないため，現在その意味を知らない現地人も多いはず」と説明を受けた．実際にベトナムの新聞・ガイドブックでは，その見出しに橋寺と表記されるか，橋寺と日本橋とが併記される場合が多い．

7.5 ローカルなツーリズム実践

次に，表 7.1 で日本的要素が強調されていた建造物群において，そこで働く従業員・案内者などは，次のように当該建築を説明する．まず，フンフン古民家では，チケットを切った後 2 階に案内される．案内人は，前家と後家をつなぐ部分の吹き抜け屋根の前で立ち止まり，この屋根を日本様式だと観光客に説明する．「この屋根」とはベトナム語で mai tu hai，または mai nha bon huong と呼ばれ，屋根が 4 枚ある建築，つまり入母屋造りをさしている．言い換えれば，この古民家では，入母屋造りが「日本の建築様式」として語られている．

タンキーの古民家でも同じような語りがみられる．ここでは，家に入ると，クリアケースに入った説明文（日本語）が渡される．説明文には，この家の彫刻に関する解説に続いて，「この建築様式が中国，日本の様式にほんの少し西洋の様式をミックスさせたものだということがご理解いただけると思います」と記されている．タンキー古民家では，この家の断面図が販売されている．図面を販売した家の案内者は，同図にあるチョンズオン（chong ruong）という小屋組が日本の建築様式だと説明した．なお，チョンズオンの小屋組は中国様式と指摘されている（ホイアン町並み保存プロジェクトチーム編著，1997）．

また，ホイアンにおいて日本的なものは，今現在も「発見」され，生産され続けている．たとえば，2008 年版の『地球の歩き方 ベトナム』における潮州会館の解説の中に「一番奥の扉に施された女性は，日本髪を結った中国人といわれている」と記載されている．これ以前の『地球の歩き方』に潮州会館は紹介されていない．つまり，同会館に「日本髪を結った中国人の彫刻がある」という情報が得られた結果，言い換えれば潮州会館に日本的なものが「発見」された結果として，ガイドブックに記載されるようになったともとらえられる．筆者は実際に潮州会館へ行き，「日本髪の中国女性の彫刻はどこか」と質問すると会館の人が案内してくれた．

さらに，2010 年版の『地球の歩き方』には，該当する透かし彫りの写真が登場し，「日本髪を結った女性の透かし彫り．この地で暮らした日本人女性達の姿が目に浮かぶようだ」という記述が付け加えられた．これは，ベトナム人の案内者によるローカルな実践だけでなく，日本のメディアがホイアンの歴史的記憶に日本を埋め込もうとする事例ともいえる．

以上から，ホイアンにおける日本／日本人に関して，現地のガイドブックでは，科学的知識に依拠した語りがなされ，観光の現場では，そうした科学的知識からずれた日本／日本人が表象され，語られていることがわかる．

7.6 ま と め

　本章で論じた歴史的遺産としてのホイアンは，日本町の記憶とともに観光地化され，世界遺産登録によってその表象が前景化してきた．世界遺産ホイアンは，考古学・歴史学からの研究の結果，朱印船貿易などを通した日本との交流が明らかにされ，日本町の存在が確認された．また，現在の建築景観のなかに日本的要素は見出されていない．

　しかし，ホイアンの日本町は，歴史的事実として語られるだけではなく，現存するまちなみの建築要素としても語られ，表象される．こうした語りは，日本のガイドブック（『地球の歩き方』）や現地住民の観光ガイド，日本人の観光行動のなかに見出される．これに対して，ベトナムのガイドブックでは，ホイアンが歴史的な交易都市，ユネスコ世界遺産に指定されている都市と記述され，日本はその構成要素の一つとして扱われる．つまり，観光の現場において「かつてホイアンに日本町があった」という歴史的記憶は，現地社会の文脈のなかで選択的ないし状況依存的に流用されていることがわかる．

　こうしたホイアン日本町の記憶を流用した語り／表象は，観光地としての差別化，ノスタルジーの喚起という点から説明しうる．前者については，ホイアンが中国系移民の趣が残るまちなみであることと関連する．ホイアンには多くの中国系の会館が残っており，また建造物群のなかにも中国的様式が取り入れられている．こうした中国系移民が造ったまちなみはベトナム各地（たとえば，チョロン）に存在している．したがって，観光地として他と差異化するために，日本を積極的に表象していると考えることができる．

　ただし，日本的なものの表象を，観光という文脈のみに換言することはできない．歴史的・社会的にみて，ホイアンにおいて日本が積極的に語られ，記憶として残されていた．前述した文献の事例以外にも，1990年代を前後した時期にホイアンを訪れた日本の写真家に対して，同地の人びとが「日本人がホイアンのことを忘れてしまうのではないか」という危機感をもっていたという例があげられる（芹澤，2006）．

　第二に，ノスタルジーの喚起という点は，日本人によるホイアンへの日本的なものの「保存」活動ととらえることができる．日本のメディア・観光客は，ノスタルジックな景観を求め，ホイアンにさまざまな日本を投影しようとする．こうした語りや活動は，「かつてここに日本町があった」という歴史的記憶，言い換

えれば歴史的事実，さらには世界遺産に登録されたという「お墨付き」によって，ホイアン旧市街が「本物」のまちなみと分類できることと相関関係をもっている．

［大塚直樹］

注記：本章で使用したデータは主として2009年8月のフィールド調査に基づく．また2012年12月に補足調査を実施した．

●**戦争遺産とツーリズム**

　すべての戦争に厳密な意味での勝者と敗者が存在するわけではない．しかし，戦勝国や敗戦国という言葉が使われるように，ある基準での勝敗は措定できる．「アメリカ軍を撤退させ，当時の南ベトナム政権を打倒した」という基準において，現行体制のベトナムは戦勝国ととらえてよいだろう．20世紀を通じて多くの戦争・紛争を経験したベトナムには，戦争当時の戦跡が各地に残っている．現在，こうした戦争遺跡をめぐる戦場観光（ダークツーリズムとも呼ばれる）がみられる．たとえば，クチトンネルのツアーがあげられる．クチは，ホーチミン市の北西約70kmに位置し，南ベトナム解放民族戦線の拠点となった．クチトンネルは，解放戦線によって軍事目的で作られ，当時その全長が約200kmにも及んだ．

　クチトンネルツアーは，日本の旅行ガイドブックにも掲載されており，知名度が高い．また，日本の旅行会社が企画するホーチミン市を中心としたパッケージツアーのチラシをみると，クチトンネルを訪問するオプションがついている．さらに，ホーチミン市内の主として外国人向けの現地旅行会社のツアーをみると，必ずクチトンネルツアーが企画されている．以上のように，クチトンネルには外国人向けツアーのイメージが定着しつつある．

　しかし，クチトンネルには多くのベトナム人が訪問している．たとえば，2007年の訪問者数の内訳をみると，外国人が約38.7万人であったのに対して，ベトナム人が約50.5万人であった（クチトンネル公式ウェブサイトより〈2009年6月20日閲覧，ただし現在は閲覧不可〉）．戦争に勝利したベトナムにとって，戦跡は勝利の記録かつ記憶ととらえられる．クチトンネルはそうした記憶を動員する旅を提供している．言い換えれば，「戦勝国ベトナムの国民」というナショナリズムの再生産に寄与している．実際，クチトンネルを紹介したパンフレット（2008年3月入手）には，社会教育の一環であろうか，当該地域を訪問するベトナム人生徒の集団写真が掲載されている．

　では，敗戦国日本における戦場観光はどのように展開しているだろうか．広島の原爆ドームに代表されるように，日本の戦跡は，負の遺産として平和主義や反戦と結びつけられ，記憶されている．しかし，ナショナリズムと無縁とは

限らない．一例をあげれば，8月6日の首相の広島訪問が物語るように，原爆ドームは「ヒロシマの犠牲」としてだけでなく「国民の犠牲」としてその記憶が動員される側面ももつ．

　戦争の勝敗から戦場・戦跡観光をとらえると，個別の歴史的文脈により，同じ戦争遺産という資源の利用のされ方にズレや共通性がみえてくる．戦跡の歴史や地理を理解したうえで，読者にもぜひ自らの「戦争の記憶」をとどめる旅を経験してもらいたい．

文　献

青柳正規・松田　陽（2005）：世界遺産の理念と制度．世界遺産と歴史学（佐藤　信 編），山川出版社，5-25．
内海三八郎（1964）：南ヴェトナム風土記，鹿島研究所出版会．
梅棹忠夫（1979）：東南アジア紀行（上・下），中公文庫．
小倉貞男（1989）：朱印船時代の日本人―消えた東南アジア日本町の謎，中央公論社．
黒板勝美（1929）：安南普陀山霊中佛の碑について．史学雑誌，**40**(1)：103-108．
小島昌憲（1915）：安南国の日本人町と其墳墓．歴史地理，**26**(1)：50-56．
菅野成子（1978）：統一ベトナムの素顔，三修社．
芹澤知広（2006）：世界遺産の保全と活用を支える社会的ネットワーク―岐阜県白川村とベトナム・ホイアンの事例から．総合研究所所報，**14**：75-95．
地球の歩き方編纂室 編（1989～1992）：地球の歩き方フロンティア ベトナム（初版～改訂新版），ダイヤモンド・ビッグ社．
地球の歩き方編纂室 編（1994～2015）：地球の歩き方 ベトナム（初版～改訂第21版），ダイヤモンド・ビッグ社．
トゥオイチェー（Tuoi Tre online），2009年8月17日付　http://www.tuoitre.com.vn/Tianyon/Index.aspx?ArticleID=332153&ChannelID=10〈2009年11月1日閲覧〉．
富山栄吉（1987）：ホエアンの合同調査．東亜，**246**(12)：7-9．
中野亜里（1998）：ベトナム―「工業化・近代化」と人々の暮らし，三修社．
日本ベトナム研究者会議 編（1993）：海のシルクロードとベトナム―ホイアン国際シンポジウム，穂高書店．
長谷政弘 編著（2001）：観光学辞典，同文館．
平松冕郎 編（1965）：ヴェトナムの断層，角川新書．
藤原帰一（2001）：戦争を記憶する―広島・ホロコーストと現在，講談社．
藤原利一郎（1943）：佛印紀行の一節―ユエよりツーラン・フェフォへ．東洋史研究，**8**(3)：40-48．
ホイアン町並み保存プロジェクトチーム 編著（1997）：ベトナム・ホイアンの町並みと建築，昭和女子大学国際文化研究所（昭和女子大学国際文化研究所紀要，Vol. 3，1996）．
福川裕一・内海佐和子（2003）：日本人町があった国際交易都市ホイアン．ベトナム町並み観光ガイド（友田博通 編），岩波書店，103-120．
Buu Ngon (2008)：Du Lich 3 mien Trung (Tap 2, tai ban lan 4), Nxb Tre.
Tong Cuc Du Lich (2009)：Non nuoc Viet Nam, Ha Noi.

Viet Nam National Administration of Tourism (2008): Viet Nam: tourist guidbook, The Culture Information Publishing House.

8 文化ツーリズムと聖地巡礼

8.1 巡礼の起源

8.1.1 世界の巡礼

　聖地や霊場を巡って参詣の旅をし，信仰を深めることを目的とする巡礼は，古今東西，世界各地でみられる現象である．イスラームであれば，巡礼とはメッカ巡礼（ハッジ）をさすだろう．メッカ巡礼は，すべてのムスリムに課せられた信仰行為である五行（信仰告白・礼拝・喜捨・断食・巡礼）の一つであり，イスラーム暦（ヒジュラ暦）の巡礼月になると，毎年200万人以上の巡礼者が預言者ムハンマドの生誕地であるメッカを訪れる．キリスト教では，聖地エルサレム，バチカン，サンティアゴ・デ・コンポステーラ（スペイン）が三大巡礼地として有名である．特にエルサレムは同時にユダヤ教やイスラームにとっても重要な聖地であり，世界中から数多くの人が巡礼に訪れている．キリスト教ではこの他にも，ルルド（フランス）やグァダルーペ（メキシコ）のように，聖母マリアの出現地として知られる巡礼地があり，奇跡を求める巡礼者が後をたたない．チベット仏教の聖地・カイラス山（標高6655 m）では五体投地（両手・両膝・額を地面に投げ伏して行う礼拝）による巡礼者を現在でもみることができる．ヒンドゥー教であれば，バラナシ（インド）にて，聖なる川・ガンジスで沐浴する多数の巡礼者をみることができるし，ウルル（オーストラリア）はアボリジニの人たちの聖地であり，祖先や精霊との交流が図られる場所であり続けている．このように神や精霊と交流できる場所，聖人などにゆかりのある場所，民族の起源や神話において重要とされる場所といった特別な意味をもつ聖地が世界各地に存在し，人々は古今東西を問わずこうした聖地への巡礼を続けてきた（松井，2013）．

8.1.2 日本の巡礼

　日本で巡礼といえば何が想起されるだろうか．さしあたりテレビでもおなじみ

の，四国八十八ヶ所の札所を巡る「お遍路さん」の姿が思い浮かぶ．白衣に手甲，脚絆をつけ笠をかぶり，杖をついて歩く姿は，室町時代の参詣曼荼羅にも描かれた習俗であり，特に白衣・笠・杖の3点セットは巡礼のシンボルともなっている（中山，2004）．

日本語で巡礼とは字義通り，「巡り礼拝する」ことを意味する用語であり，参り，詣，廻国，順礼，遍路などといった言葉も用いられてきた．巡礼という語は平安時代初期，円仁の『入唐求法巡礼行記』（838〜847年）で使用されたことを嚆矢とする（星野，2001）．日本で巡礼の慣行が発生したのは平安時代中期から末期の頃で，宋代に中国へ渡り五台山などを巡礼した僧侶が帰国後に巡礼の風習を教えたためとされる（前田，1971）．その後，貴族による南都七大寺巡礼（東大寺・興福寺・元興寺・大安寺・薬師寺・西大寺・法隆寺）の盛行がみられた（中山，2004）ほか，京都の百塔巡礼や七観音寺院（清水寺，六波羅蜜寺，六角堂など）参詣，比叡山延暦寺の三塔巡礼などが古い起源をもつ（前田，1971）．中世になると，聖による霊山・霊場などを修業しながらの歴遊や，修験道における山中の数多くの霊所を礼拝して歩く峰入り修業などが巡礼として知られている．いずれも数多くの聖地・霊所を巡る行為であるが，一方で平安時代の貴族の間では，遠方にある聖所に参り，参篭して夢見を得るスタイルの寺社詣も流行した．近世になると，陸上・水上交通も整備され，庶民によるさまざまな聖地を対象とする巡礼が隆盛を迎えた（星野，2001）．

a. 四国遍路

数ある日本の聖地巡礼において，特に人気があるのは四国遍路と観音巡礼である．四国遍路は弘法大師（空海）が修業のために巡った道であり，大師ゆかりの聖跡を巡拝する（図8.1）．開創伝承は815年（大師42歳の厄年）とされるが，史実であるかは別としても，大師が室戸岬をはじめ四国内のいくつかの聖地で修業をしたことは知られており，大師の入定後，遍路として組織化されたものである．弘法大師ゆかりの巡礼では四国遍路の移し巡礼として，新四国霊場が全国各地に分布している．なかでも小豆島（香川県），知多（愛知県），篠栗（福岡県）は有名である．

b. 観音巡礼

三十三ヶ所の観音霊場を巡る観音巡礼は，全国各地で100以上知られている．なかでも那智山青岸渡寺（和歌山県那智勝浦町）を一番札所とし，紀伊，和泉，河内，丹波，丹後，山城，摂津，播磨，近江と巡り美濃の谷汲山華厳寺を三十三

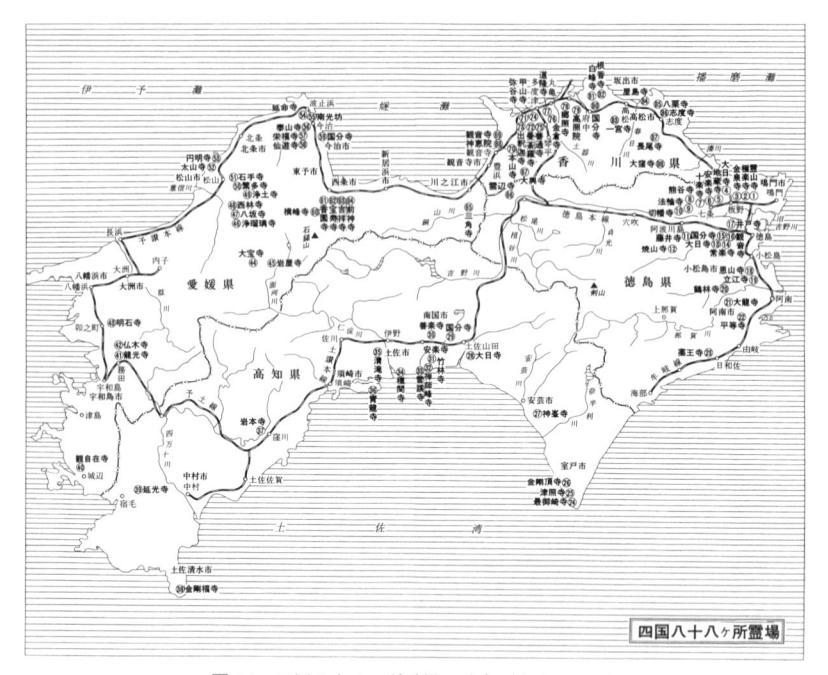

図 8.1 四国八十八ヶ所霊場の分布（中山, 2004）

番札所とする西国巡礼が有名である（図 8.2）. 平安時代末期の 12 世紀半ば頃に成立した西国巡礼に東国の人々が多く出かけるようになったことから, 関東地方にも観音霊場が起こった（佐藤, 2004）. 鎌倉時代初頭に坂東観音霊場（三十三ヶ所）が開創されると, 次いで秩父観音霊場（三十四ヶ所）が成立した. 江戸時代に入ると, 江戸市民にとって近郊にあり関所もなく, 景勝地であった秩父霊場に人気が集まり, やがて西国, 坂東, 秩父の三つが日本三大観音霊場として発展した（佐藤, 2004）.

c. 巡礼と社寺参詣

これらのほかにも不動明王の霊験にあやかる不動巡礼, 七体（弁財天・大黒天・毘沙門天・寿老人・布袋尊・恵比寿・福禄寿）の神仏をまわる七福神巡りなど, 巡礼という現象は現代日本人の生活のなかにも息づいている. 巡礼は聖地や聖なるものに対する旅であるといえるが, 必ずしも複数の聖地を巡るものではなく, 特定の聖地を参詣する場合も巡礼に含めて考えることができる.

巡礼は, 居住地から離れ非日常的な場所への移動を伴う行為であり, 信仰的な

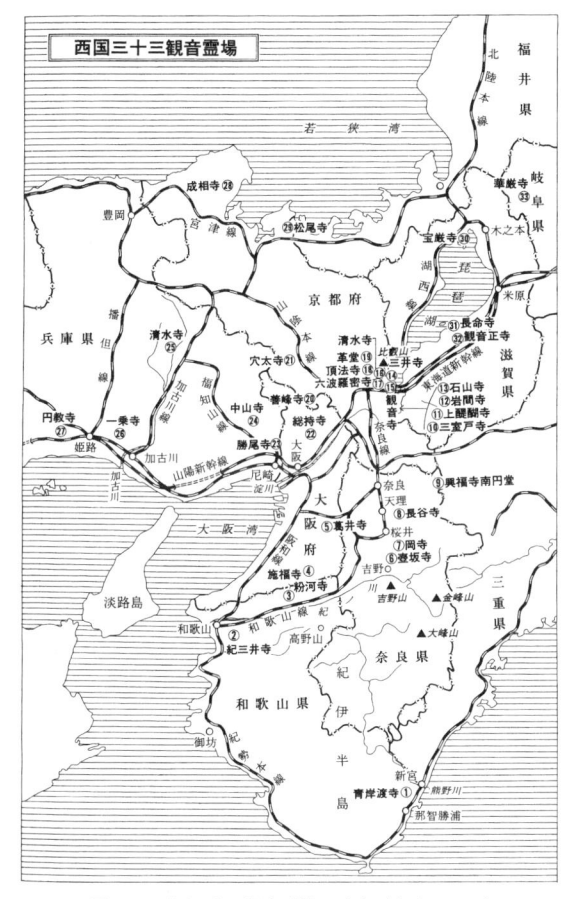

図 8.2 西国三十三観音霊場の分布（中山，2004）

動機に基づいて聖地を参詣する行為であるが，一方で観光的要素も同時に重要な動機であり続けてきた．日本では，中世になると貴族や武士のみならず庶民による社寺参詣も盛んになり，「蟻の熊野詣」とたとえられるような盛況をみた．熊野や伊勢神宮では，御師・先達と呼ばれる宗教者が，地方の信者に対し参詣の世話や布教・配札を行うとともに，参詣者のための宿坊を経営し，宇治山田のような門前町が形成された．江戸時代になると，遠隔地にある有名な社寺への参詣を目的とした講も組織されるようになり，社寺参詣は隆盛期を迎えた．当時の庶民にとって，領外への一人旅にはいくつもの制約があり，講による参詣旅行という形式が基本的な旅のスタイルであった．社寺参詣は同時に名所旧跡を訪ねる観光

行動であり，最新の農業知識にふれ，世情を知るための貴重な機会でもあった．社寺参詣は信仰活動としての宗教的側面とともに，世俗的な余暇活動としての観光的側面を備えており，両者は互いに親和性を保ちながら巡礼の多面的な性格を構成している．現在でも明治神宮（東京都）や川崎大師（神奈川県），成田山新勝寺（千葉県）が正月に約300万人の初詣客を集めることや，浅草寺に年間3000万人もの参詣者があることは，宗教的な聖地が信仰のみならず，余暇活動の対象としても魅力をもっていることを示唆している．このように宗教観光は，現代の観光現象を考えるうえでも重要な要素といえよう（松井，2013）．

8.2 聖地巡礼の類型

聖地巡礼は参詣スタイルや聖地の開放性，廻る聖地の数などによっていくつかのタイプに分類することが可能である（星野・浅川，2011）．

8.2.1 集団型と個人型

第一に「集団型と個人型」である．集団型とは団体による訪問のスタイルであり，多くの場合，リーダーの指導のもとに団体を組んで聖地巡礼がなされる．リーダーはときに宗教者であり，現地ガイドや通訳を務めることもある．ムスリムによるメッカ巡礼はその典型例である．他方，個人で聖地に参るタイプが個人型である．巡礼者がそれまで何度もその聖地を訪問した経験があること，あるいは巡礼者が事前に情報を入手できる状態にある場合，個人型による巡礼がなされる．

8.2.2 閉鎖型と開放型

第二に「閉鎖型と開放型」である．巡礼者の資格が厳しく限定されている巡礼が閉鎖型である．たとえば，メッカ巡礼を行うことができるのはムスリムのみであり，非ムスリムはメッカを訪問することはできない．この場合，信仰目的の性格が強く観光的な要素は相対的に低い．他方，多くの聖地は信徒のみならず一般参詣者に開放されている．開放型の巡礼では，参詣者の動機・目的は多様である．この場合参詣者は観光を主目的とし，歴史的・文化的資源として聖地を消費するスタイルが顕著にみられる．

8.2.3 複数聖地型と単一聖地型

第三に，「複数聖地型と単一聖地型」である．日本では複数聖地型がよく知ら

れている．複数聖地型とは，四国遍路や西国巡礼のように複数の聖地を円環型に巡るものであり，インドや中国などアジアの宗教文化圏の特徴ともいわれる．これに対し，おもな参詣対象となる聖地が1つである巡礼を単一型と呼ぶ．カトリックの三大巡礼地であるエルサレム，バチカン，サンティアゴ・デ・コンポステーラはいずれも単一型である．複数聖地型が円環型の周遊性をもつのに対し，単一型は聖地に対して直線的な移動をすることが多いが，ルート上ないしその周辺にある複数の副次的聖地に巡拝することが一般的である．伊勢参りは単一型の代表的な事例であるが，後述するように参詣者は伊勢と居住地を直線的に往復するのではなく，他の聖地を含めた円環的な巡礼を行っていたことがわかる．

8.2.4 さまざまな類型

星野・浅川（2011）はさらに，独特の興奮や喧噪をもった激奮型巡礼と心静かに聖地を巡拝する静寂型巡礼を類型としてたてている．また巡礼の類型としては，巡礼が行われる空間スケールによって，①村落レベル，②地域レベル，③国家レベル，④国際レベルに分類する方法や，巡拝対象に応じて，①本尊巡礼，②祖師巡礼，③名跡巡礼に区分する方法もある（真野編，1996 a～c）．

8.3 巡礼の構造と観光

8.3.1 宗教儀礼としての巡礼

a. 巡礼の意義

巡礼の旅は，貴族や武士，宗教者から庶民にいたるまで職業や社会階層を問わず流行をみたが，このことから巡礼が人々の生活のなかで社会的意義をもっていたことがわかる．例えば相馬地方の巡礼案内記をみると，社会生活のなかでの巡礼の意義として，以下の三つが記されている（北川，2002）．

(1) 宗教的意義：難行苦行による修業的な体験により，故人の冥福や自己の極楽往生など現世利益を願うための観音信仰そのもの．
(2) 社会的意義：病気治癒，厄除け功徳，家内安全，安産などの日常生活における各種祈願や慰安，娯楽的な要素．
(3) 経済的意義：各地の風物の見物や観光旅行のまたとない機会を利用した学習効果，各地の農業事情の視察，品種交換による作物の改良などの地域経済への波及効果，巡礼地などでの宿泊，休息，土産品の購入などによる消費効果．

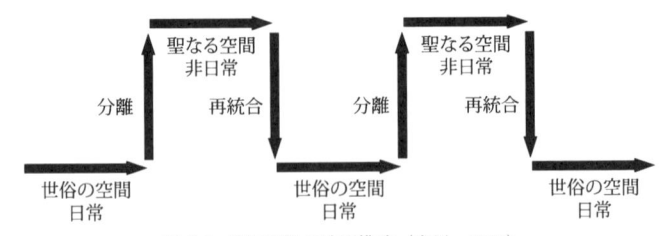

図8.3 聖地巡礼の時間構造（中川，2003）

b. 巡礼の構造

このように巡礼の宗教的意義に加え，社会・経済的意義も喧伝され，流行が広まったが，これを宗教儀礼という視点でみれば，巡礼とは居住空間である日常生活空間（＝俗なる空間）を一時離れて非日常的空間（＝聖なる空間）に入り，そこで聖なるものに近接・接触し，その後再び日常生活空間に復帰する機能を有している（星野，1994）．儀礼は日常と非日常を象徴的に分離する機能をもつものであり，リーチによれば，巡礼は日常的で世俗的な時間を停止させ，非日常的で聖なる時間を作り出す時間的構造としてとらえることができる（図8.3）．同時に，日常的で俗なる空間を離れ，非日常的で聖なる場所を訪れる聖地巡礼は，時間的構造だけではなく空間的な構造としてもとらえられる（中川，2003）．同様にターナーは，巡礼を聖と俗との間の振り子運動ととらえ，地位や役割が固定化された日常としての構造と，そのような差異が融解し，ときに逆転するような非日常としての反構造（コミュニタス）の弁証法的プロセスが社会の変容を促すとし，そのコミュニタス的状況の典型例を巡礼に求めた（浅川，2008）．

8.3.2 宗教ツーリズムとしての巡礼

現代社会において巡礼と観光を区別することは容易ではない．聖地訪問における内的な動機づけや体験という意味で，巡礼者と観光客には差異が存在するものの，聖地で行われる活動，たとえば宿泊や飲食，土産品の購入といった消費活動はむろん，聖地でとる行動（礼拝や儀式への参加などの宗教行動）にも共通性が多くみられ，外見上両者を区別することは容易ではない（Stausberg, 2011；Vukonic, 1996；Swatos and Tomasi, 2002 など）．

巡礼を信仰の旅，観光（ツーリズム）を余暇・行楽の旅とする二項対立的な区別の困難さについては従来から議論がなされてきた．巡礼が観光の起源の一つであるとして，両者の連続性を強調する見方（橋本，1999）がある一方で，スミス

```
   巡　礼            宗教ツーリズム           ツーリズム
a            b              c              d            e
←─────────────────────────────────────────────────→
聖                         信仰／世俗                        俗
                          知識−基盤的
```

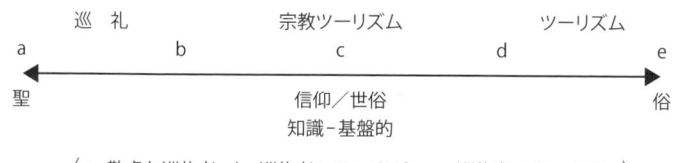

(a. 敬虔な巡礼者, b. 巡礼者＞ツーリスト, c. 巡礼者＝ツーリスト,
  d. 巡礼者＜ツーリスト, e. 世俗的ツーリスト)

図 8.4 巡礼者と観光者の境位（山中編, 2012）

は巡礼とツーリズムにかかわるモデルを提示した（図8.4）．連続する直線上の一方の極を「聖」として敬虔な「巡礼」を措定し，もう一方の極を「俗」として世俗的快楽だけを求める「ツーリズム」を位置づけ，その中間部分に「宗教ツーリズム」を配当するという考え方である．このモデルでは，宗教ツーリズムは聖と俗のいずれの方向性もとることができるものとして位置づけがなされており，こうした信仰の旅とツーリズムとの親和性は日本の巡礼にも看取される（山中編, 2012）．

8.4　伊勢参りと参詣ルート

8.4.1　伊勢参りの歴史

「伊勢に行きたい　伊勢路が見たい　せめて一生に一度でも」とは，伊勢音頭のフレーズだが，伊勢神宮への参拝は江戸時代の庶民社会において親しまれてきた聖地巡礼である（板井, 2012）．近世には，約60年を周期とする「おかげまいり」，「抜けまいり」と称される大量群参の流行もみられた．本居宣長の『玉勝間』には，1705（宝永2）年には，わずか50日間で360万人を超える参宮者があったと記されている．江戸中期の総人口が約1800万であることを考えると，この数値は驚異的であり，平年でもおよそ100万人が伊勢参宮を行っていた（神崎, 2002）．

伊勢参りの隆盛の背景はさまざまであるが，何よりも社会・経済の安定は重要であった．農民は講を組織し，伊勢までの往復旅費と祈祷料を講費として積み立てて講の運営にあてた．

講員は輪番制の代参システムにより，順次参宮が可能となった．旅の大衆化は，街道と宿場といった社会資本の整備により促進された面も見逃せない．さらには，神職にして旅行エージェントの機能を果たした御師の存在が重要であった．江戸時代の伊勢御師は，全国的に師檀（御師と檀家）関係を組織化し，参宮者の旅の

斡旋を行った．御師は神宮大麻の配札や音物（伊勢土産）の準備，参宮者への宿の提供などがおもな商業活動であった（神崎，2002）．

伊勢参りは一世一代の旅であり，旅先で命を落とす者も少なくはなかった．他方，十返舎一九の『東海道中膝栗毛』で描かれた弥次・喜多の珍道中でうかがわれる旅のようすは，「伊勢参り，大神宮にもちょっと寄り」「往きの精進，帰りに観音ご開帳」といった川柳に代表される物見遊山や古市遊郭での遊び的要素も含めた参拝旅行であった．

8.4.2 関東からの伊勢参り

江戸時代における関東地方からの伊勢参りは，およそ2ヶ月にわたる大旅行であった．ここでは小野寺（2012）に基づき，代参講による関東地方からの伊勢参りの特色をみてみよう．1871（明治4）年に御師職が廃止されるまで，伊勢御師は毎年冬季になると檀那場に手代を遣わし，お祓いと配札，さらに伊勢参りの手配を行った．関東地方の農村部における伊勢講は村落の名主層を中心にした組織であり，一つの伊勢講に複数の村の男性が加入していた．一つの伊勢講から2～3名の代参者を選び，同じ伊勢御師の檀那場に属する講の代参者たちは，十数名ほどの団体となって伊勢参りをした．

伊勢参りの旅の記録である「道中記」には，旅程順に天気，昼食先の宿場と代金，宿泊先の宿場の旅籠屋と代金のほか，渡船代，髪結い代，わらじ代，拝観料，案内料などが記されている．ここから，伊勢参りのルートとその変化，関所の通行の仕方，手荷物の輸送システム，案内者の存在，女性の旅のようすなど，当時の旅の実態を読み解くことができる．図8.5は，19世紀における関東地方からの伊勢参宮ルートのモデルを示したものである．道中記にみられる参宮ルートは多様だが，多くは往路東海道，帰路中山道であった．図8.5上段は，伊勢参りのあとで西国巡礼をしているものである．伊勢＋西国巡礼ルートの基本型は，伊勢参宮を経て紀伊半島を南下し，一番札所の青岸渡寺から西国三十三ヶ所観音霊場を巡り，途中海路で瀬戸内海を四国へ渡り金比羅参詣を加えていることがわかる．四国から戻ると，西国最後の札所である谷汲寺から中山道に出て，善光寺を経由して関東に帰るルートである．下段のルートの場合，伊勢から奈良へ出て，奈良・大坂・京都の社寺を巡り，やはり金比羅・善光寺を詣でて帰途についている．このコースは『東海道中膝栗毛』の弥次・喜多とほぼ同一のルートであり，当時の関東地方からの伊勢参宮において一般的なルートであったことが推察される．

8.4 伊勢参りと参詣ルート

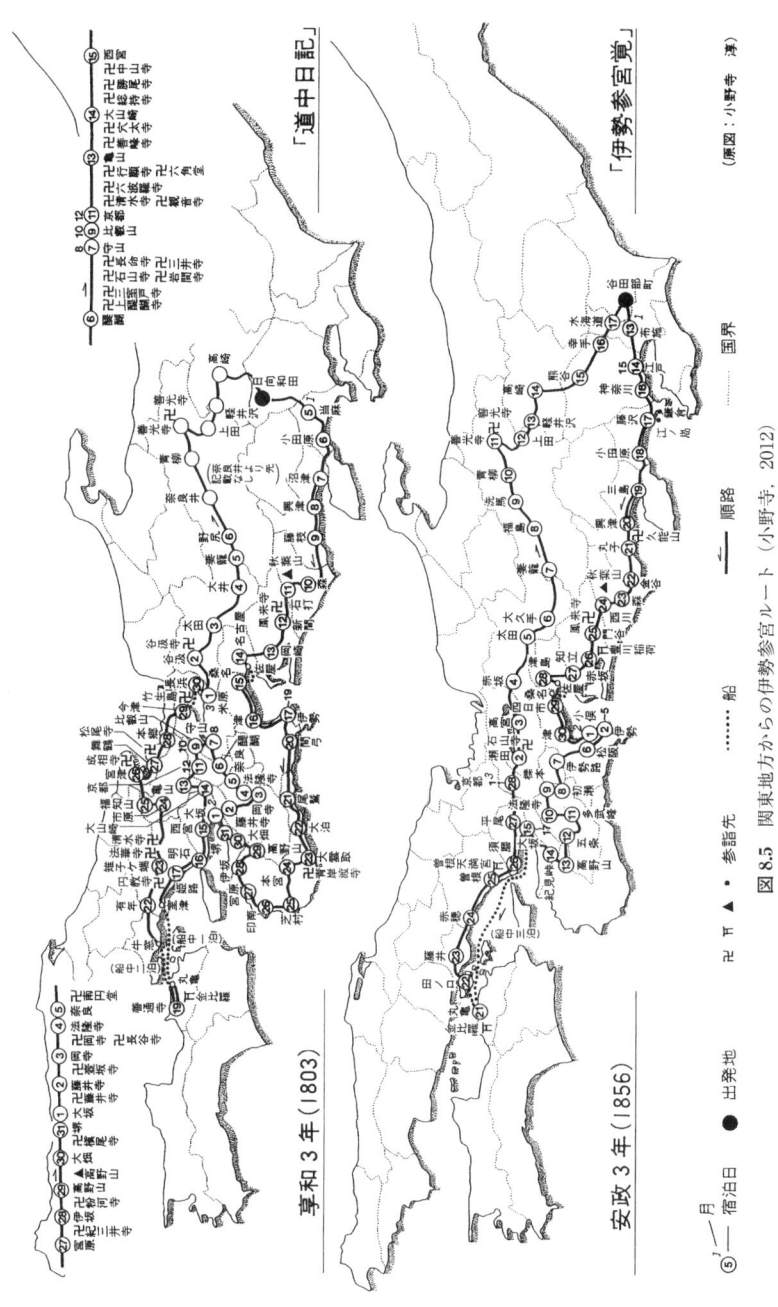

図 8.5 関東地方からの伊勢参宮ルート [小野寺, 2012]
上段：伊勢＋西国巡礼ルート普及型 [出典：滝沢 博 解説 (1974)「合合氏見聞録」多摩郷土研究の会所収 (小林家文書)].
下段：伊勢参宮モデルルート普及型 [出典：小野寺淳 (1981)「伊勢参宮道中日記の分析」東洋史論 2 所収 (大藤家文書)].

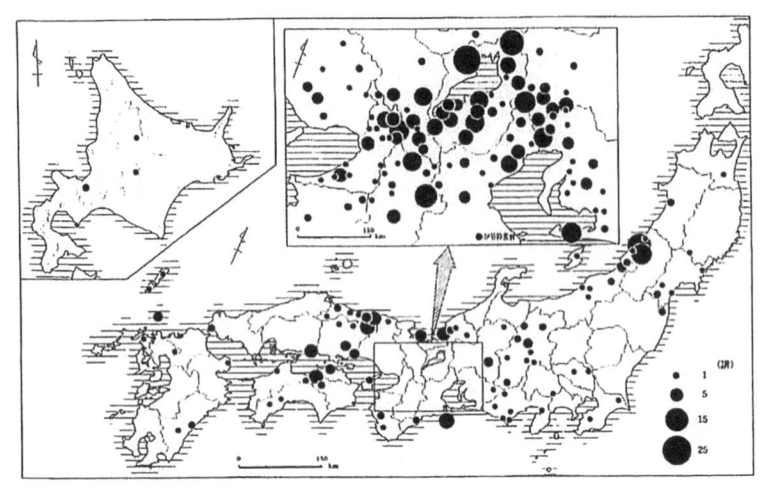

図 8.6 現代における伊勢講の市郡別分布 (1973〜1992 年) (小野寺, 2005)
神宮司廳神楽殿「県別伊勢講台帳」より作成. この台帳は神楽の申し込みをした講のリストであり, 全国の伊勢講の 1 割程度を示すものと想定される.

8.4.3 現代における伊勢参宮

図 8.6 は現代における伊勢講の市郡別分布を示したものである. 分布の中心は近畿・東海地方にあるが, 山形県や鳥取県, 香川県の一部集落にも伊勢講が多くみられる. しかしながら講による集団参拝は現代では僅少であり, 伊勢神宮参拝者の大多数は個人による参拝である. 年間約 500 万〜900 万人が訪れており, 20 年に一度執り行われる式年遷宮にあわせて参拝者は増減している.

8.5 拡張される聖地巡礼

8.5.1 聖地創造の時代

現代の聖地巡礼はもはや, 神社仏閣や霊山といった宗教的な聖地に限定される行為ではない. ある人にとって何らかの特別な意味をもった場所など, その理由はさまざまであるが, 共通点として何か人を惹きつける魅力をもった場所を総称して聖地と呼ぶことが一般化している. スポーツの聖地, 音楽の聖地, 恋人たちの聖地…. 競技者や演奏家, 観客, カップルにとって, 特別な意味をもつ場所が存在し,「○○の聖地」などと呼称される. 時に原爆や戦争, 被災地の傷跡といった負の記号をもつ場所も聖地化される. 聖地の概念は拡張され, 現代社会はあらゆるものが聖地になりうる時代ともいえる.

なぜ現代世界は聖地に満ちあふれているのであろうか．観光によるまちづくりや地域振興の実践にあたって，聖地創造はもはや常套手段である．いかにして来街者・観光客を惹きつけるのか，場所の魅力を発見し付加価値を創造する試みは，全国各地の自治体にとって重要な地域政策の一つとされている．いかに他所よりも魅力的な場所づくりを行うことができるかが，地域政策上の重要な課題となっているのである（松井，2013）．

8.5.2 アニメ聖地巡礼

聖地創造を伴う地域政策のなかでも，アニメを活用した観光振興は近年顕著に増加している．アニメ聖地巡礼とは，アニメに描かれた場所を聖地と見なし，そこを訪れる行動をさす（岡本，2012；2013）．「聖地巡礼」をキーワードにウェブ上で検索すると，おびただしい数のアニメ聖地巡礼がヒットする．アニメ聖地巡礼という行動は，開拓的アニメ聖地巡礼者（開拓者）による舞台探訪から始まる．開拓者は舞台を探し出し，訪問し，写真撮影をして，インターネット上へのアップロードなど，独自のメディアでの情報発信を行う．するとその情報が後続の巡礼者たちへ伝わり，追随者が現れる．

図 8.7 は岡本によるアニメ聖地巡礼のメカニズムの概念図である．アニメの視聴者は，聖地に関する情報を得て聖地巡礼に赴く．巡礼中は，現地で地域住民と出会ったり，ファンどうしの交流がなされたりすることもある．そこで巡礼者と住民や他の巡礼者とのさまざまな相互交流が生まれる．こうした現実空間での出

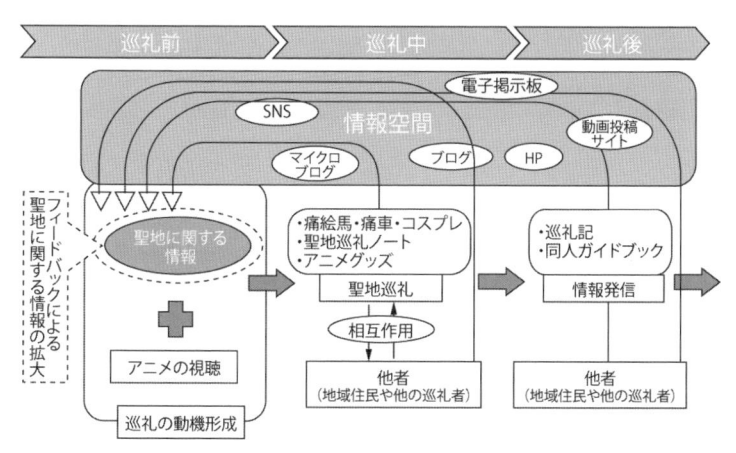

図 8.7 アニメ聖地巡礼のメカニズム（岡本，2012）

来事が，巡礼記としてインターネット上にアップされるなどして，多様な聖地に関する情報が情報空間の中で蓄積される．このような巡礼者らの相互作用と聖地巡礼に関する情報集積によってアニメ聖地巡礼が再生産されていく．

8.6 聖地巡礼のみかた──おわりに代えて

　本章のまとめにあたり，図8.8をご覧いただきたい．ご存じ鹿苑寺は，室町幕府三代将軍・足利義満開基の寺院であり，建物の内外に金箔を貼った舎利殿（金閣）は北山文化を代表する建築物である．1994（平成6）年には世界文化遺産の構成資産に登録された．参拝者数では，清水寺，嵐山に次ぐ京都でも有数の寺院であり，臨済宗相国寺派の寺院であることは知らなくても，日本を代表する有名な宗教施設であることに疑いをもつ人はほとんどいないだろう．金閣寺の参拝者数は年間500万人を超えるが，彼らはまさに宗教ツーリストと呼ぶにふさわしい．彼らにとって金閣寺は訪問すべき価値ある寺院なのであり，その価値の源泉は宗教的価値に加え，歴史的，文化的ないしは芸術的価値といえるだろう．

　一方，図8.9を見て，この神社の鳥居前の景観から特別な意味を感じる人は少ないだろう．ところが境内の中に入ると，図8.10のような絵馬が数多く奉納さ

図8.8　鹿苑寺・舎利殿（金閣）と訪問者

図8.9　鷲宮神社の鳥居前　　図8.10　鷲宮神社境内に奉納された絵馬

れている．可愛らしいアニメのイラストが描かれ，75拝目といった文字も見える．
よく目をこらすとその他の絵馬にも72拝目や67拝目などと書かれている．この
神社は埼玉県久喜市にある鷲宮神社である．近世期の社領では，武蔵国一宮であ
る大宮氷川神社を凌ぐ由緒ある大社であるが，観光の文脈とは無縁の神社であっ
た．ところが2007（平成19）年に放映されたアニメ『らき☆すた』の舞台として，
一躍アニメ聖地巡礼ファンが大挙して押し寄せることになった．72拝目とは72
回目の参拝を意味している．鷲宮神社に数十回も巡礼するという行為は，『らき
☆すた』の世界観を共有・理解できる人でなければ到底考えられない行為であろ
う．逆言すれば，『らき☆すた』というコンテンツに共鳴する人にとって，鷲宮
神社参詣はまさに聖地巡礼である．ただの観光ではない，ある種の実存的行為と
いえるだろう．

他方で金閣寺が訪問すべき価値ある寺院であることを疑わない人でも，金閣寺
に数十回と参拝経験のある人は少ないであろう．金閣寺をマスツーリズム型聖地
と呼びうるならば，鷲宮神社はオルタナティブツーリズム型の聖地ということが
できる．現代における聖地巡礼と観光を考えるとき，この両者を照射する必要が
ある．

［松井圭介］

文献

浅川泰弘（2008）：巡礼の文化人類学的研究 四国遍路の接待文化．古今書院．
板井正斉（2012）：伊勢神宮．聖地巡礼ツーリズム（星野英紀・山中 弘・岡本亮輔 編），弘文堂．
岡本 健（2012）：アニメと観光．よくわかる観光社会学（安村克己・堀野正人・遠藤英樹・寺岡伸悟 編），ミネルヴァ書房．
岡本 健（2013）：n次創作観光．NPO法人北海道冒険芸術出版．
小野寺淳（2005）：伊勢参宮における講組織の変容—明石市東二見を事例に．歴史地理学，**47**(1)：4-19．
小野寺淳（2012）：関東からの伊勢参り．絵図に見る伊勢参り（旅の文化研究所 編），河出書房新社．
神崎宣武（2012）：江戸時代の伊勢参り．絵図に見る伊勢参り（旅の文化研究所 編），河出書房新社．
北川宗忠（2002）：観光・旅の文化．ミネルヴァ書房．
佐藤久光（2004）：遍路と巡礼の社会学．人文書院．
真野俊和 編（1996a）：講座日本の巡礼 第一巻 本尊巡礼．雄山閣出版．
真野俊和 編（1996b）：講座日本の巡礼 第二巻 聖跡巡礼．雄山閣出版．
真野俊和 編（1996c）：講座日本の巡礼 第三巻 巡礼の構造と地方巡礼．雄山閣出版．
中川 正（2003）：聖地とは何か．地理，**48**(11)：8-13．

中山和久（2004）：巡礼・遍路がわかる事典，日本実業出版社．
橋本和也（1999）：観光人類学の戦略―文化の売り方・売られ方，世界思想社．
星野英紀（1994）：巡礼．社会学事典（見田宗介・栗原　彬・田中義久 編），弘文堂．
星野英紀（2001）：四国遍路の宗教学的研究―その構造と近現代の展開，法蔵館．
星野英紀・浅川泰弘（2011）：四国遍路―さまざまな祈りの世界，吉川弘文館．
前田　卓（1971）：巡礼の社会学―西国巡礼四国遍路，ミネルヴァ書房．
松井圭介（2013）：観光戦略としての宗教―長崎の教会群と場所の商品化，筑波大学出版会．
山中　弘 編（2012）：宗教とツーリズム―聖なるものの変容と持続，世界思想社．
Stausberg, M. (2011)：Religion and Tourism, Routledge.
Swatos, W. H. and Tomasi, L. eds. (2002)：From Medieval Pilgrimage to Religious Tourism, Praeger.
Vukonic, B. (1996)：Tourism and Religion (Sanja, M. 英訳), Pergamon.

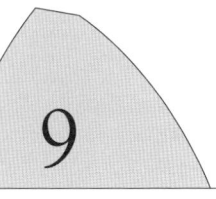

9 文化ツーリズムと都市観光

　都市での観光は他の都市機能と資源，労働力，空間などの面で競合しながら共存している．都市の規模が大きくなると，居住者と生産者の需要を満たすため，数多くの機能と施設を保有しなければならない．これらの機能と施設は同時に観光者を誘致する要素あるいは観光資源にもなる．たとえば，博物館，劇場，スポーツ施設，ビジネス活動など大都市にあるものは，すべて観光者を集め，観光産業を成立させる基礎的な要素である．

9.1　都市観光の概念と特徴

　都市観光は簡単にいえば，都市で行われる観光であると定義できるが，それでは都市をどう理解すればいいだろうか．

　都市の概念は，多くの学者によって考察され，定義されてきたが，学問分野と研究領域の発達と並行して都市に対する考え方も変化してきた．都市はさまざまな要素から成り立つきわめて複雑な複合体であり，歴史的にみてもその役割は絶えず変容してきたために，簡単には概念を規定できない．高橋ほか（1997）によると，都市は村落または田園的集落に対するものであり，居住の一形態をなし，地表面の一部分を占める地理的現象である．

　通常，人口規模で都市域を画定することが多いが，すべての国に通用する都市規模の設定は不可能である．ニュージーランド統計局（Statistics New Zealand, 2006）は経済関係，文化またはレクリエーションの相互関係，都心が主要ビジネスと活動に提供するサービス，交通ネットワーク，都心への通勤・通学，20年以内の開発計画などの六つの指標を用いて都市域を定義している．都市生態学者は都市を自然との対照物と見なし，人間活動の存在の有無で都市と自然とを区別する（McIntyre, Knowles-Yanez & Hope, 2000）．日本は統計をとるにあたり，行政区分とは別に，人口集中地区（densely inhabited district：DID）という実質地域区分の基準を定めている．学問分野や都市の発展段階を問わず，農村地域

と区別される都市の本質的な特徴は，人口密度あるいは人間活動の密度である．人の集積によって，都市にはさまざまな建築物と都市機能が集積し，都市機能の集積がさらなる人口の集積を招く（Edwards, Griffin & Hayllar, 2008）．

9.1.1 都市観光の概念

都市の定義がさまざまあるように，都市観光に対する定義も統一されているわけではない．都市観光は「都市において行われる観光」と，場所によって定義されるものの，Law（1996）とPage（1995）は特に大都市における観光を強調する．日本では，北條（2001）が，「都市観光とは，（魅力ある）近代的・現代的都市機能などを享受するために行う日常生活圏を離れた余暇活動である」と定義している．活動の内容としては，宿泊，買い物，食事，見学，展示会とイベントへの参加が取り上げられており，関連施設にはホテル・旅館，商店・土産品店，飲食店，都市建築・構造物，劇場，博物館，スポーツ施設などがある．

都市観光と混同しやすい概念は「観光都市」である．都市観光は都市で行われる観光と理解できるものの，観光が盛んな都市で展開されている観光がすべて都市観光であるとはいいがたい．観光都市とは，地域外から観光者を多く集め，地域産業が観光産業に特化している都市をいう．ここでは都市の規模は問われず，観光産業が都市の産業構造において占める地位と役割から，一つの都市が観光都市であるかを判断する．他方，都市観光の場合，上述のとおり，都市の規模を強調し，都市の機能の複合性と観光者の流動基地としての役割が重視される．Law（1996）は規模と観光産業の状況に基づいて，都市観光が展開できる都市を首都，産業都市，アメニティ都市，魅力的な都市の4種類にまとめている．

展開できる活動あるいは存在しうる施設の都市規模による違いは，日本での研究でも示されている．諏訪・坪井（2001）が日本の30市町村のデータについて因子分析を施した結果，都市の規模を示す「人口」「世帯」が第1因子として観光資源の「公共施設・文化施設・建造物」「商業施設・産業施設」「都市・ウォーターフロント・商店街・下町・まちなみ」「客船・遊覧船・水上バス（水運）」と強い相関関係をもち，都市の規模が大きいほど施設の数と種類が豊富になることが示唆された．

9.1.2 都市観光の特徴

都市観光にはさまざまな目的が存在するものの，一般的に観光対象には自然的

なものではなく人工的なものが多く，おもにそうした人工的観光対象を指向するという特徴が他の観光形態と異なる点である．したがって，都市観光はおもに人工的観光対象立脚型の観光地を形成し，またそれによって成立する．

そして都市は，単に都市観光の目的地あるいは場所としてだけではなく，観光者のゲートウェイとしての役割をもつことも無視できない．特に，交通の発達とともに人の移動が活発となり，グローバル化が進む今日においては，都市のゲートウェイ機能が都市観光に与える影響はますます強まる．

都市および観光の多様性から，都市観光は単一のアプローチで研究できる対象ではないことがわかる．既存研究からみれば，地理学，社会学，文化人類学，経済学など複合的な学問領域からのアプローチが，都市観光研究の特色ともいえよう．人が都市を訪れるモチベーションとして，都市特有の機能とサービスをあげることができる．都市で行われる観光には三つの側面がある．第一に，都市の規模，立地，機能，景観，史跡の有無などの条件はきわめて多様性に富む．第二に，都市の規模と機能の多様性に起因して，都市観光の内容も多種多様かつ複雑である．第三に，観光者の需要を満たす都市機能は，単に観光者のために提供され消費されているだけではなく，都市住民も含め多種多様な利用者がある．この三つの側面は都市観光の特徴ともいえよう．

したがって，都市観光を考察する際には，供給，需要，政策の三つの側面から考える必要がある．まず，供給について，ホテル，レストラン，アトラクション，ショッピング，ナイトライフ，その他観光関連施設の分布を把握する．次いで，需要について，観光者の行動パターンと目的地に対する認識などから推察する．最後に，都市観光における政策の重要性にも注目しなければならない．

総括的にいえば，都市観光は従来の「都会見物」とは異なり，旅行者が都市の固有文化を求めて訪れるものとしてとらえるべきであろう．

9.2 都市観光の重要性と問題点

人々はなぜ都市を訪れるのだろうか．たとえば都市には住民が多いため，友人・親族を訪問する人がいるだろう．また，都市は周辺地域に比べよく整備されているために，さまざまな施設とアトラクションが人々を惹きつけることもあるだろう．そして，交通基盤が整備されているため，人々が都市に接近しやすくもある．都市観光のマーケティングにも多様性が存在する．教育レベルの高い人や高齢者は，都市の文化遺跡に関心をもち，若年層は都市の娯楽，エンターテインメント，

ナイトライフ，スポーツイベントに興味を示すことが多い．大都市が人々を惹きつける最大の理由は，都市機能の多様性ゆえ，さまざまな需要を満たすことが可能となるからであろう．大都市はビジネスと商業の重要な中心的な存在であり，ビジネス旅行者の目的地でもある．

　都市観光が注目される理由は，次の3点にまとめられる．まず，都市には他の観光地で体験できない文化，いわゆる都市の固有文化が存在する．都市は人間が作り出した最大の芸術品ともいわれるほど，古来，人々の憧れの対象となってきた．都市には人間の需要を最大限に満たすための多種多様な機能が存在し，都市は時代とともに進化し続ける．都市化の進展は技術の進歩と革新によって産業の進展を促し，国を代表する大都市にはその時代の最先端の技術成果が集積する．このように，都市は最先端の文明装置とも称される．

　次いで，都市の産業転換と都市機能の変化が都市観光を促した．都市は第二次産業によって成長し，時代とともにおもな産業は次第に第三次産業に転換していった．第三次産業のサービス，宿泊，商業などの業種は，都市の観光産業とも密接な関係があるため，都市における第三次産業の位置づけが高くなるにつれて，都市観光も脚光を浴びるようになりつつある．都市には多くの機能が大量に集積し，特に工業機能や商業機能が発展の要となったことから，とりたてて観光に特化した都市づくりに着目するという機運は乏しかった．しかしこれらの機能は都市観光の重要な内容であり，産業転換とともに，都市の商業機能と文化機能，娯楽機能が重要視され，都市再生の鍵となっている．近年では都市の創造性と創造力が注目されており，創造産業による都市観光の開発と都市の再生が行政側に重要視されるようになってきた．たとえば，ヨーロッパでは「欧州文化都市」というキャンペーンによって，都市の文化機能と文化価値を強調し観光客の増加，都市への経済利益の付与に一定の成功を収めた（Robinson & Smith, 2006）．

　第三に，都市観光は都市問題，特にインナーシティ問題の解決策でもある．イギリスでは1970年代に大都市の都心周辺地域で工業を中心とした産業活動が停滞し，高い失業率，経済的衰退，住宅の老朽化などが深刻化し，いわゆるインナーシティ問題として認識されるようになった．この傾向は，先進国の大都市で普遍的にみられている．このような経済的衰退にもかかわらず観光は成長産業としてあり続けたため，観光は都市の活性化と経済的再生において重要な役割を果たすものとして期待され，都市問題を解決する万能薬と認識された．

　1980年代から，観光を活用した都市開発政策は，北米と西欧の多くの国々で

実施された．イギリスの都市ブラッドフォード（Bradford）が，都市観光を活用して成功したよい事例である．イングランド北部のウェストヨークシャー州にある人口約50万のこの都市は，13世紀に市場町として羊毛取引の拠点となり，急速に発展した．18世紀末に初めて蒸気機関による繊維工場が建設され，19世紀中頃にはウーステッド（梳毛織物）の製造および羊毛取引の中心として栄えたが，その後繊維産業の斜陽化とともに衰退していった．しかし，1970年代以降，15世紀に建設された大聖堂などの観光資源を活かし，町と芸術との結びつきをいっそう強め，国立映像博物館とIMAX大画面映写システムを建設するなどの施策を進め，都市観光による都市の再生を遂げた．

しかし，最初から都市観光が脚光を浴びてきたとはいえない．都市観光が重要視されなかった理由の一つは，都市が多くのリゾートの単一機能と異なり，多種多様な機能をもつ旅行目的地であるため，その構成要素が複雑で統一的な把握が難しかったからである．

都市を訪問する目的は一つとは限らない．たとえば，ビジネスを主目的として都市を訪問する人が，同時に美術館を訪れる．あるいはスポーツ観戦などのイベントに訪れた人が現地の友人や親族を訪問する．また海外からの訪問者は，しばしば都市をゲートウェイとして利用し，周辺地域を訪問する（たとえば，イギリスを訪れる人はロンドンに滞在することが多く，周辺のストラトフォード-アポン-エイヴォン（Stratford-upon-Avon），オックスフォード（Oxford），バース（Bath）などを日帰りで観光することも珍しくない）．都市観光者にとって，都市の選択肢の多さと選択要素間の相互関連が重要なポイントである．都市は都市自体が観光対象になるだけでなく，ゲートウェイ機能も兼ねている．国際空港を有するかどうかは，その都市の集客力を大きく左右する．

特に首都の場合，どの国においてもたいてい国内最多の都市機能と国際空港を有し，より多くの観光者を集められる．たとえば，JNTO（日本政府観光局）の統計によると，日本を訪問する中国人観光客の訪問率は東京都（64.6%）が最大であり，第2位の大阪府（43.7%）の約1.5倍と大きな開きがある．ドイツでは，首都ではないものの域内最大級の国際空港を有するフランクフルトにあるホテルや施設が，そこを目的に訪れる人が利用するのみならず，ライン川やハイデルベルク，ローテンブルクといった歴史的都市を訪問する観光者の拠点ともなっている．

都市観光のもう一つの特質は，都市観光者の多様性である．海浜リゾートまた

はスキー場など単に観光者向けに用意されているものとは違って，博物館，美術館，テーマパーク，歴史建築物，スポーツ施設，劇場，コンサートホールなどの都市観光の観光対象は，都市住民にも利用されている．都市住民と都市観光者が同じ商店あるいはレストランを利用していることも珍しくない．

9.3 都市観光の研究方法

1980年代まで，都市観光の研究は断片的であり，研究分野として確立していなかった．早期の研究にはBurgess（1975）とPearce（1977）がLynch（1960）のアイディアに基づく都市イメージの研究，Blank & Petkovich（1979），Judd & Collins（1979）の研究がある．都市観光を一つの分野として確立させた研究は1980年代に現れた．Hall（1987）が産業都市の衰退において都市観光の役割と可能性を示した後，Ashworth（1989）は都市観光（urban tourism）という概念を提起し，都市観光研究への関心を本格的に呼び寄せた．以降，多くの研究著作が出版され，都市観光の理論（Law, 1993；Page, 1995）だけでなく，都市のヘリテージ保全（Ashworth & Tunbridge, 2000；Orbasli, 2000），都市構造（Van den Burg, Van der Borg & Van der Meer, 1995），観光地区（Ashworth & Tunbridge, 1990；Hayllar, Griffin & Edwards, 2008）のインフラ整備，都心の再生（Law, 1996），ウォーターフロントの再開発，そして都市特有の買い物，芸術，カジノ，飲食などの活動（Judd & Fainstein, 1999）に関する実証研究も多く現れ，研究内容は都市のイベント，文化・経済・社会的な効果（Murphy, 1996），観光者の態度，都市のマーケティング（Tyler, Guerrier & Robertson, 1998），国際観光（Grabler, Maier, Mazanec & Wöber, 1997）など多岐にわたる（Edwards, Griffin & Hayllar, 2008）．

Blank（1994）はほとんどの都市に適用できるように，都市観光の効果，マーケティング，観光施設の運営，人材育成，住民の態度，観光産業を総括的に考察すべきと提言した．Page（1996）は都市観光を分析するための系統的な考えを示した．Pearce（2001）は供給側（需要，供給，開発，マーケティング，計画，組織，運営，効果評価）からのアプローチと空間尺度（都市，地区，観光地）を組み合わせて都市観光を分析した．Fainstein & Gladstone（1997）は都市観光を大きく政治・経済アプローチと文化アプローチに分けて考えた．政治・経済アプローチでは観光が都市と都市住民にもたらす経済的な効果を測り，文化アプローチでは観光者への効果を分析した．

9.3 都市観光の研究方法

　日本では，都市観光は1970年代後半以降の安定経済成長期から普及したという見解がある（浦，1998）．都市観光（urban tourism）という研究上の概念自体は，都市観光に積極的に取り組んできたイギリスに端を発しているともいえる（堀野，2006）．これまでに，たとえば都市を「ファッション・タウン」として観光空間に位置づけた考察（浦，1982），アメニティの視点からの考察（服部，1990），都市空間記述における雰囲気とモニュメントの対比（滝波，1995），外国人の訪日旅行（杜・劉，2006），淡野（2002；2003；2004）による一連の成果，および都市における観光行動（小島，2008）などの研究がある．

　以上の方法論を考察すると，都市観光の分析はおもに行政，産業，文化の三つの考え方にまとめることができる．行政の視点から，都市観光は都市の社会経済諸要素の一要素であるとみなし，観光のプロモーションとキャパシティ，都市の他の活動との競合などについて考察する．また産業の視点からは，観光による商品の提供，投資，運営，利益について考察する．そして文化の視点からは，観光を変化し続ける背景，たとえば，ポストモダン化，グローバル化，文化支配などの中に位置づけて考える．文化の視点には二つの要点が存在する．一つは観光者が訪れた都市に与える影響，もう一つは都市が来訪者に与える影響である（Edwards, Griffin & Hayllar, 2008）．

　今までの都市観光の研究を回顧すれば，重要な理論を以下のようにまとめられる．

　まず，Ashworth（1989）が地理学の視点から提起した都市観光への四つのアプローチ（施設，生態，利用者，政策）は現在も活用されている．第一の施設アプローチでは観光アトラクション，施設，インフラ（交通を含む），ホテル，歴史地区，ビジネス地区の立地と空間分布を把握する．第二の生態アプローチで都市の構造と形態を系統的に考察する．第三の利用者アプローチで観光者の属性，活動，動機，目的，態度を分析し，第四の政策アプローチで都市のインフラと観光供給，マーケティングなどの政策を分析する．

　次いで，Page（1995）は，都市観光のシステム・アプローチ（図9.1）を提起する．この研究法では，都市観光の提供，需要，そして政策の三つの側面を重視するうえ，各側面が単独に存在するものではないことを示す．観光サービスの提供と公共・民間セクターのマネジメントなどはいずれも消費者の需要を満たすことを目的とするが，核心的な要素は観光者の都市観光経験であると強調する．特に，消費者の需要と供給の間には，観光サービスと商品の消費とともに，地域の

9. 文化ツーリズムと都市観光

```
┌──────────────┐                          ┌──────────────────┐
│ 消費者の需要  │◄─────────────────────── │ 観光サービスの提供 │
│              │                          │ ・アトラクション  │
└──────┬───────┘   ┌──────────────────┐   │ ・宿　泊          │
       │           │ 観光サービスと    │◄──│ ・交　通          │
       │──────────►│ 商品の消費        │   │ ・ホスピタリティ  │
       │           └─────────┬────────┘   └──────────────────┘
       │           │ 地域の環境・文化・社会に対する影響 │
       │           └─────────┬────────────────────────┘
       │         ┏━━━━━━━━━━━━━━━━━━━┓       ┌──────────────┐
       │         ┃ 観光者の都市観光経験 ┃──────►│ 顧客満足度調査 │
       │         ┗━━━━━━━━━━━━━━━━━━━┛       └──────┬───────┘
       │    ┌──────────────────────────────────────┐ │
       │    │ 公共民間セクター                      │ │
       └────│ マネージメント マーケティング 計画 発展│◄┘
            │ （例：都心のマネージメントと発展戦略） │
            └──────────────────────────────────────┘
```

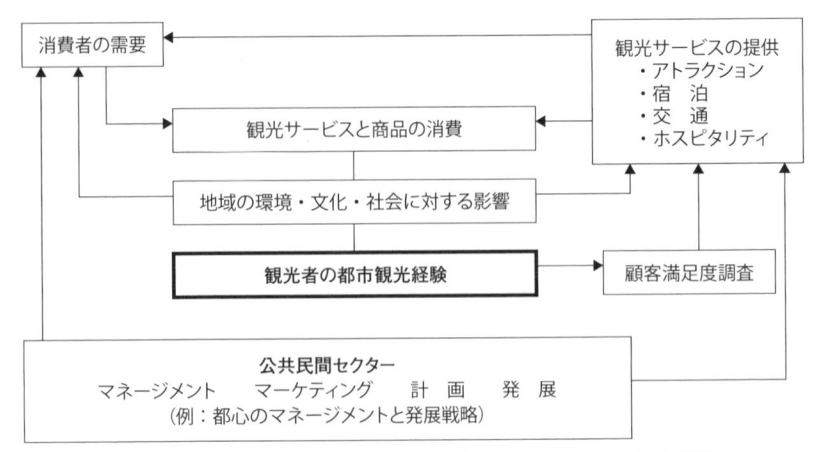

図 9.1 都市観光のシステム・アプローチ（Page & Hall, 2003 より筆者訳）

環境，文化，社会に対する消費者の影響が重要な役割を果たしている．さらに，観光者の都市観光経験を把握するためには，顧客満足度調査が有効な手段となる．

第三に，都市観光を需要と供給や生産と消費など単純な概念で議論することも必要であろうが，都市観光の内容と構成要素を具体的に把握することも不可欠であろう．このような視点から，Jansen-Verbeke（1988）は都市観光を主要素，二次要素，付随的要素に分け，より詳細に把握することを提案する．都市が観光者を引き付ける要素としては，まず，活動場所とレジャー環境によって構成される主要素がある．文化施設，スポーツ施設，遊興施設はほとんど全ての都市で共通するものであるものの，外見的特徴と社会文化的側面は都市によって異なり，都市の個性と特徴を生み出す源であるともいえる．特に，都市のハード的な施設のほかに，活気，言語，治安，友好性など社会文化的側面も，主要素と位置づけられるほどその都市の観光に大いに影響を与える．また，ホテルなどの二次的要素とインフラ施設などの付随的要素も，都市の観光開発と発展を左右する．

第四に，都市における観光空間の研究も都市観光研究の重要な範疇である．最初に観光空間について提唱したのは Stansfield & Rickert（1970）のリゾート都市の RBD（recreational business district）である．都市における観光空間に関しては，Ashworth & Tunbridge（1990）の都市の歴史地区と観光地区の関係を議論する研究があげられる．そして Getz（1993）は，TBD（tourism business district）の存在を提起した．日本では城下町において城郭跡を主要な集客施設とし，中心商業地区と連続している場合が多く，城郭跡および中心商業地区を統

合した観光空間が都市における TBD の典型的な形態であると提唱した小島 (2008) の研究もある.

　最後に, Pearce (2001) は都市観光研究の統合モデルを示した. この枠組みはおもに二つの軸により構成されている. 都市観光の詳細な特徴は千差万別であるが, 基本的には需要, 供給, 開発, マーケティング, 計画, 組織, 運営, 効果評価などの共通要素で構成される. 同様に, 空間軸は都市の規模などによって異なり, おもに単独都市と複数都市を考察する都市レベルと都市内部を分析する観光地区レベルの尺度がある. この観光地区は, 歴史地区, エスニック地区, 神聖地区, 再開発地区, エンタテーメント地区, 観光特化地区に分けられる.

　このように, 都市観光の研究は時代とともに変化しながら成果を蓄積してきた.

[杜　国慶]

●都市のパレード

　2007 年 9 月にアメリカ・シアトルを訪れた際にダウンタウンを散策したところ, あちこちでブタのオブジェが目に入ってきた. 形は立つか座るか 2 種類しかないが, 装飾はバラエティに富み, それぞれ異なる. 観光客はブタの像を見るたびにカメラのシャッターを切っている. これはシアトルの街を飾る一つの風景になっており, 街に散在しているオブジェの数は 100 にも及ぶという.

　都市のオープンスペースを利用して展示されているブタのオブジェは, 実はブタパレード (Pigs on Parade) というパブリックアートで, 2001 年に発足し, パイク・プレース・マーケット (Pike Place Market) と呼ばれる伝統的な市場のための寄付金を募りながらシアトルを飾るという市民活動である. パイク・プレース・マーケットは 1907 年に地域の農民が立ち上げた伝統ある市場で, 現在でこそシアトル有数の観光スポットとなっているが, 大恐慌や世界大戦など歴史の荒波をくぐるなかで, 存続の危機に立たされた時期もあった. 1960 年代にはさびれてしまったこの市場を駐車場や住宅, オフィスに再開発する動きすらあったが, 一方でこの伝統市場を保存して活性化させようという保存運動も開始された. 1971 年, 市場の保存法案が議会で成立し, 地元の彫刻家 Georgia Gerber が巨大なブタの貯金箱を作り, 市場の入り口に置き, 来場者から募金を集め始めた. 今日, この市場はシアトルのランドマーク的な存在になっており, 1 日平均 3.5 万人もの観光者が訪れる. ちなみに, 2006 年に来場者による募金は 9,000 ドルにも達した.

　このように都市を飾る動物のパレードは, ほかにも数多く存在する. エレファント・パレード (Elephant Parade) は 2007 年にロッテルダムで開催されてから, アムステルダム, ロンドン, コペンハーゲン, ミラノ, シンガポー

ルなどの世界都市を巡ってきた．アジアゾウ基金（Asian Elephant Foundation）と提携して，著名な芸術家がゾウのオブジェに装飾を施し，都市のいろいろな場所で展示して，アジアゾウの保護活動への人々の関心を呼び寄せる．オブジェは最後にオークションで販売され，収入の一部はアジアゾウ基金に寄付され，ゾウの病院および生息地の確保に役立てられる．2010年3月5日～6月29日にロンドンで開催されたこのパレードでは，250のオブジェが展示された．その効果が高く評価され，2010年ロンドン・ライフスタイル賞（London Lifestyle Awards 2010）の「年間文化アトラクション」（Cultural Attraction of The Year）に選ばれた．オークションで落札された金額は400万ポンド（約500万ユーロ）以上に及び，予想額の100万ポンドを大きく上回った．

　このヨーロッパ発祥のアジアゾウ保護活動のためのパレードは，アジアでは2011年11月11日～2012年1月12日に初めてシンガポールで開催され，100頭のきらびやかなゾウのオブジェが街を飾り，市民や観光客の注目を浴びた．

　このように，元々は人間の行進をさす「パレード」は，今やさまざまなテーマをもって，都市観光に貢献している．芸術家たちは制作活動に参加することで作品の展示機会が与えられ，その作品が街を飾って都市景観の美化と改善に役立つ．観光者はテーマ性をもつオブジェに惹かれて，展示範囲に応じて行動範囲を拡げ都市を回遊する．都市はオブジェのテーマによってイメージ向上または改善を図ることができ，都市の業者は観光者の回遊によって経済効果を得られる．地域住民は都市イメージの改善および新しい文化の創出によって地域への誇りをもつ．そして，異なる国々の都市は同じテーマで結ばれてネットワークが築かれる．このように，一つのパレードが都市に与える効果は著しく，一石二鳥どころか一石数鳥を期待することができる．

文献

浦　達雄（1982）：東京における新しい観光空間—ファッションタウン渋谷・原宿・青山を事例として．日本観光学会研究報告，**12**：36-43.

浦　達雄（1998）：都市観光地．観光地の成り立ち：温泉・高原・都市，古今書院．

小島大輔（2008）：熊本市における観光行動の空間的特性．地理科学，**62**(2)：49-65．

諏訪智昭・坪井善道（2001）：観光に関わる制度運用の実態について—都市観光資源とまちづくり制度の関わりについて．2001年度日本建築学会関東支部研究報告集，357-360.

高橋伸夫・菅野峰明・村山祐司・伊藤　悟（1997）：新しい都市地理学，東洋書林．

滝波章弘（1995）：ギド・ブルーにみるパリのツーリズムの空間記述—雰囲気とモニュメントの対比．地理学評論，**68**：145-167.

淡野明彦（2002）：観光客統計におけるFECTOモデルの紹介と適用の検討—アーバン・ツーリ

ズム研究の方法論的確立への試論. 奈良教育大学紀要, **51**：19-28.
淡野明彦 (2003)：観光研究の視野的発展をめざして―アーバン・ツーリズム研究への取り組み. 21世紀の人文地理学展望 (高橋伸夫 編), 226-238, 古今書院.
淡野明彦 (2004)：アーバンツーリズム：都市観光論, 古今書院.
杜 国慶・劉 慧 (2006)：東京を訪れる中国人観光者訪問先の空間分析. 日本観光研究学会第21回全国大会学術論文集, 53-56.
服部銈二郎 (1990)：都市観光におけるアメニティ空間に関する研究. 都市問題, **81**(5)：51-93.
北條勇作 (2001)：都市観光. 観光学辞典 (長谷政弘 編著), 同文舘.
堀野正人 (2006)：都市観光の概念に関する一考察―観光対象となる都市をめぐって. 研究季報, **16**(3, 4)：37-44.
Ashworth, G. J. (1989)：Urban Tourism：An Imbalance in Attention. Progress in Tourism Recreation and Hospitality Management, Vol.1 (Cooper, C. P. ed.), Belhaven, 33-54.
Ashworth, G. J. and Tunbridge, J. E. (1990)：The Tourist-Historic City. Belhaven Press.
Ashworth, G. J. and Tunbridge, J. E. (2000)：The Tourist-Historic City: Retrospect and Prospect of Managing the Heritage City. Pergamon, Elsevier Science.
Blank, U. (1994)：Research on Urban Tourism Destinations. Travel, Tourism, and Hospitality Research (Ritchie, J. R. B. and Goeldner, C. R. eds.), John Wiley, 181-196.
Blank, U. and Petkovich, M. (1979)：The Metropolitan Area Tourist: A Comprehensive Analysis. Travel and Tourism Research Association, A Decade of Achievement, Proceedings, 227-236.
Burgess, J. (1975)：Selling Places. *Reg. Stud.*, **16**(1)：1-17.
Edwards, D., Griffin, T. and Hayllar, B. (2008)：Urban tourism research: developing an agenda. *Ann. Tourism Res.*, **9**(7)：1032-1052.
Fainstein, S. and Gladstone, D. (1997)：Tourism and Urban Transformation: Interpretations of Urban Tourism. Cities in Transformation―Transformation in Cities: Social and Symbolic Change in Urban Space (Kalltorp, O., Elander, I., Ericsson, O. and Franzén, M. eds.), Avebury, 119-135.
Getz, D. (1993)：Planning for tourism business districts. *Ann. Tourism Res.*, **20**：583-600.
Grabler, K., Maier, G., Mazanec, J. and Wober, K. eds. (1997)：International City Tourism: Analysis and Strategy, Pinter.
Hall, P. (1987)：Urban Development and the Future of Tourism. *Tourism Manag.*, **8**：129-130.
Hayllar, B., Griffin, A. and Edwards, D. eds. (2008)：City Spaces―Tourist Places: Urban Tourism Precincts, Butterworth-Heinemann.
Jansen-Verbeke, M. (1986)：Innercity tourism, resources, tourists, and promoters. *Ann. Tourism Res.*, **13**：79-100.
Judd, D. and Collins, M. (1979)：The Case of Tourism: Political Coalitions and Redevelopment in Central Cities. The Changing Structure of Cities: What Happened to the Urban Crisis? (Tobin, G. ed.), Sage, 177-199.
Judd, D. R. and Fainstein, S. S. eds. (1999)：The Tourist City New Haven, Yale University Press.
Law, C. (1993)：Urban Tourism: Attracting Visitors to Large Cities, Mansell.
Law, C. (1996)：Tourism in Major Cities, International Thomson Business Press.
Lynch, K. (1960)：The Image of the City, MIT Press.

McIntyre, N., Knowles-Yanez, K. and Hope, D. (2000) : Urban ecology as an interdisciplinary field: Differences in the use of "urban" between the social and natural Sciences. *Urban Ecosystems*, **4** : 5-24.

Murphy, P., ed. (1996) : Quality Management in Urban Tourism, Wiley.

Orbasli, A. (2000) : Tourists in Historic Towns: Urban Conservation and Heritage Management, Spon Press.

Page, S. (1995) : Urban Tourism, Routledge.

Page, S. (1996) : Urban Heritage Tourism in New Zealand: The Wellington Waterfront Development in the 1990s. Heritage Management in Australia and New Zealand: The Human Dimension (Hall, C. M. and McArthur, S. eds.), Oxford University Press, 17-20.

Page, S. and Hall, C. M. (2003) : Managing Urban Tourism, Prentice Hall.

Pearce, D. G. (2001) : An integrative framework for urban tourism research. *Ann. tourism Res.*, **28**(4) : 926-946.

Pearce, P. (1977) : Mental souvenirs: A study of tourists and their city maps. *Australian Journal of Psychology*, **29** : 203-210.

Robinson, M. and Smith, M. (2006) :Chapter 1: Politics, Power and Play: The Shifting Contexts of Cultural Tourism. Cultural Tourism in a Changing World: Politics, Participation and (Re) presentation (Smith, M. and Robinson, M. eds.), Channel View Publications.

Stansfield, C. A and Rickert, J. E. (1970) : The recreational business district. *J. Leisure Res.*, **2** : 213-225.

Statistics New Zealand (2006) : Defining Urban and Rural New Zealand. http://www.stats.govt.nz/urbanrural-profiles/defining-urban-rural-nz/default.htm 〈2005年10月20日閲覧〉

Tyler, D., Guerrier, Y. and Robertson, M. eds. (1998) : Managing Tourism in Cities: Policy, Process, and Practice, John Wiley.

Van den Burg, L., Van der Borg, J. and Van der Meer, J. (1995) :Urban Tourism Performance and Strategies in Eight European Cities, Avebury.

10 文化ツーリズムとスポーツ観光

10.1 飛躍するスポーツの役割

　現代のスポーツは人や地域に多大な恩恵をもたらす．たとえば，プロ野球やJリーグなどのスポーツ観戦が日常のものとなり，オリンピックやサッカーワールドカップなどのイベントが商業化されて大規模になるにつれ，大量でグローバルな人の移動が生み出されている．また，オリンピックのような世界的スポーツイベントの誘致によって，競技場のみならず道路や空港などのインフラを整備し，外国人観光客の受け入れ体制を整えるなどして，経済的・文化的な成長に結びつけようとする都市や国家の政策が顕著にみられる．

　加えて近年では，ブランド力のあるプロチームの存在やスポーツイベントの開催によって，その都市の場所イメージが向上するという現象も見受けられる．たとえば，「工業都市」であったイギリスのシェフィールドでは，1991年のユニバーシアード誘致を契機に「スポーツ都市」としてイメージ転換を果たし（金子，2008），同じく「工業都市」であったマンチェスターではマンチェスター・ユナイテッドなど強豪サッカーチームの存在を礎に，潜在的観光客の間にメディアを通じてサッカーのイメージが構築されている（Smith, 2005）．このように，スポーツは場所イメージに魅力的な価値を与え，観光客を惹きつけうる素材となっている．ことに現代の都市においては，歴史地区やサブカルチャー地区などの「場所」が絶えず生成・消費されるポストモダン的な状況にあり，そうしたなかでスポーツが果たす役割はきわめて大きい．

10.2 スポーツの魅力と都市の再生戦略

　多くの人によって実践され，巨大な消費行動や観光行動，そして魅力的イメージを生み出す力をもつスポーツは，生産拠点の海外移転や流通技術の革新によって衰退したかつての工業都市や港湾都市，郊外化によって荒廃した大都市の都心

部にとって，再生戦略に不可欠なものとなっている．そのため，先進国の多くの都市において，スポーツ競技場の建設やスポーツイベントの開催が，都市の再開発や再活性化の鍵となっているのである．

アメリカ合衆国をはじめとする先進諸国の大都市において，衰退しスラム化した都心部を再活性化するために1980年代以降に行われたのが，都心部再開発である．都心部の再開発地区では，歴史的建造物が住宅や商業施設として再生・保全されたり，集客施設としてホテルや博物館などが併設されたりしているところが多い．その結果，ジェントリフィケーションと呼ばれる，豊かな住民による都心部への人口流入現象がみられるようになった．しかし，そのような再開発地区は市外から訪れる観光客のための空間となっていたり，再開発地区に転入した新住民も富裕層に限定されていたり，スラムは消滅せず郊外に移っただけであったりなどといった問題が顕在化している．これらの問題に対して，都心部に魅力的なイメージを与えて郊外住民を呼び戻す対策として脚光を浴びたのが，スタジアムの建設（改修）である．

本章で取り上げるアメリカ合衆国カリフォルニア州の大都市サンディエゴにおいても，歴史的まちなみが保存されるとともに，ウォーターフロントを含む再開発地区にはコンベンションセンターやホテル，マリーナ，ショッピングセンターなどが開発されたが，それらの事業の集大成として大リーグ野球チームのスタジアムが2004年に開設された．郊外住民による都心部でのスポーツ観戦の盛行は，単なる経済的波及効果だけではなく，人の移動の郊外から都心への回帰現象として，また都心部における市民の生活空間とそこから隔離された観光空間との融合空間として，ポストジェントリフィケーション時代の日本の都市政策にも有益な示唆を提供しうる可能性を秘めている．

図10.1は，サンディエゴ都心部における主要再開発施設を示したものである．本章では，都心部での人の流れ（流動）を調査することによって，これらの施設間の結びつきやスタジアムの波及効果などを分析する．また，これらの訪問客に消費行動に関する聞き取り調査とアンケート調査を実施することによって，彼らの行動と施設間の相互作用を解明したい．

10.3 サンディエゴの都心再開発

アメリカ合衆国の西海岸は1849年のゴールドラッシュを契機に大きく成長したが，サンディエゴでも1850年に商業用波止場が建設され発展の礎となった．

10.3 サンディエゴの都心再開発

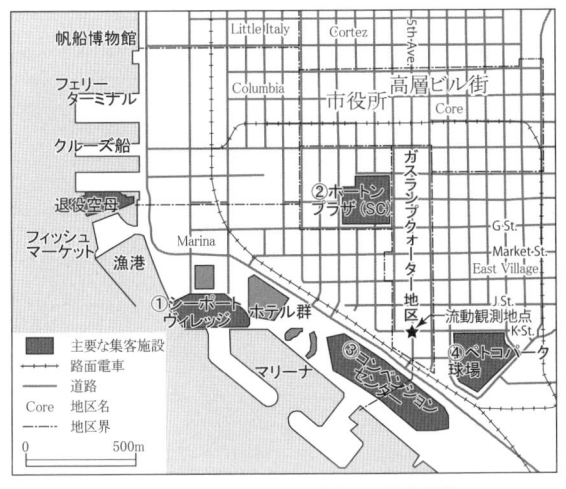

図 10.1 サンディエゴ都市部の再開発施設

1867年には現在の5th通り一帯の都市整備が開始され，1880年代にはビクトリア調の建物と50基ほどのガス灯が林立する，サンディエゴの商業・娯楽の中心地として栄えるようになった．この5th通り一帯の地区が現在の「ガスランプクォーター地区」である（図10.2）．

しかし，商業の中心は次第に5th通りと交差するマーケット通り以北に移り，代わってマーケット通りとG通りの間には，売春宿やギャンブルホール，バー，ダンスホールなどの成人向け施設が密集するようになった．1887年には売春宿が120軒，バーは71軒にまで増え，乱闘や強盗，殺人などが多発し，警察も黙認する無法地帯のような状態が続いた（Gaslamp Quarter Association et al., 2003）．また，J通り以南は倉庫や工場が集中し，港湾地区としての性格が強かった．そして第二次世界大戦以降，サンディエゴではアメリカ合衆国の他の大都市と同様，都心部の外側に住宅や新しい企業が立地して，郊外地域が大きく成長するようになった．そのため，ガスランプクォーター地区は以前よりも閑散とした地域となったが，戦時中に拡張された海軍基地の影響もあって，バーやストリップ劇場，タトゥーパーラーなどの成人向け施設は1980年頃までなくなることはなかった（Ford, 2005）．

ガスランプクォーター地区が転機を迎えたのは1974年のことである．建物所有者や店舗経営者らの請願により，歴史的建造物保全のために10万ドルが市から提供され，1976年には再開発公社の設立と，建築様式や使用方法などを定め

図 10.2

左上：ガスランプクォーター地区の歴史的まちなみ（E 通りから 5th 通りを南に望む）．1 階テラスはレストランとなっている所が多い．（2009 年 8 月 27 日）

右上：退役空母からシーポートヴィレッジを望む．海に面してプロムナード（遊歩道），右手に漁船，奥にはサンディエゴと海軍基地のあるコロナドを結ぶ橋が見える．（2007 年 9 月 21 日）

左下：コンベンションセンターと路面電車．5th 通りの南端付近．（2009 年 8 月 27 日）

右下：定点観測地点（図 10.1 の星印）からペトコパーク球場を望む．（2013 年 9 月 1 日）（いずれも著者撮影）

た条例の制定により，建物は元来のビクトリア様式に復元されて店舗の業種も見直された．その結果，1980 年にはガスランプクォーター地区はアメリカの国家歴史登録財（National Register of Historic Places）として登録され，建物の保全に関する支出には税の優遇措置が受けられるようになった．このようにして，ガスランプクォーター地区は現在ではレストランやバー，ブティック，アートギャラリーが立ち並び，多くの訪問客で賑わう地区に変貌した．このほかにも都心部ではリトルイタリー地区，コロンビア地区，マリーナ地区などのように，すでに場所イメージが構築されている他の大都市の名が付けられることで，各地区がディズニーランドのアトラクションのように計画的に魅力ある場所として整備・構築されていった（Ford, 2005）．

特に，ガスランプクォーター地区の活性化には，地区に隣接する四つの大型施設の建設が見逃せない．これらの大型施設はガスランプクォーターを包み込むよ

うに，それぞれ 5th 通りの西，南，東に位置している（図 10.2 参照）．

これら四つの施設は，都心部活性化のために計画的に整備された．帆船や退役空母を活用した海洋博物館から①シーポートヴィレッジとマリーナを通って③コンベンションセンターまでを結ぶプロムナード（遊歩道）は，主として観光客がサンディエゴ湾を横に見ながら散歩やジョギングを楽しめる親水空間を演出している．また，シーポートヴィレッジの付近にはハイアットやマリオットなどの高層ホテル群が立地し，観光客やコンベンション客の滞在拠点となっている．さらに，④ペトコパーク球場は郊外から移転されたものであり，コンベンションセンターと合わせて，前者は郊外からの，後者は国内や海外からの集客施設となっている．また，アメリカ合衆国では自動車交通が発達しており，都心部にも駐車場が数多く存在するが，コンベンションセンターに隣接して路面電車の駅が 2 ヶ所にあり，郊外住民に利用されている．

10.4　サンディエゴ都心部のスタジアムとコンベンションセンターによる訪問客流動

2012 年 8 月 4 日（土曜）と 5 日（日曜）の 2 日間にわたって，ガスランプクォーター地区において流動量の定点観測を行った．5th 通りと K 通りが交わる交差点（図 10.1 の星印）にビデオカメラを固定して，午前 9 時から午後 5 時まで 1 時間おきに 5 分間ずつ撮影し，どれくらいの人数がどこへ向かったかを把握した．この交差点は，西側に位置する①シーポートヴィレッジ方面と，北側の②ホートンプラザのあるダウンタウン方面，南側の③コンベンションセンター，東側の④ペトコパーク球場がまさに交差する地点である．つまり，四つの施設の関係性や集客力，ガスランプクォーター地区の周辺部への波及効果などを把握するには最適な場所である．加えて，通行人の属性や動機，買い物行動に関する聞き取り調査とアンケート調査も実施した．

a. 8 月 5 日（日曜）13：00～13：05 の流動量

図 10.3-a）は 8 月 5 日（日曜）13：00 から 5 分間の定点観測地点における流動状況を示している．8 月 5 日（日曜）は，コンベンションセンターにおいて参加者 2000 人規模のアメリカ獣医学会の年次大会が開催されており，またペトコパーク球場では大リーグ野球のサンディエゴ・パドレス対ニューヨーク・メッツ戦が 13：05 試合開始であった．この日 13：00 から 5 分間の流動総数は 196 人であり，この数は 8 月 5 日の中で 2 番目に多い．なお，図中では，両側の歩道の流

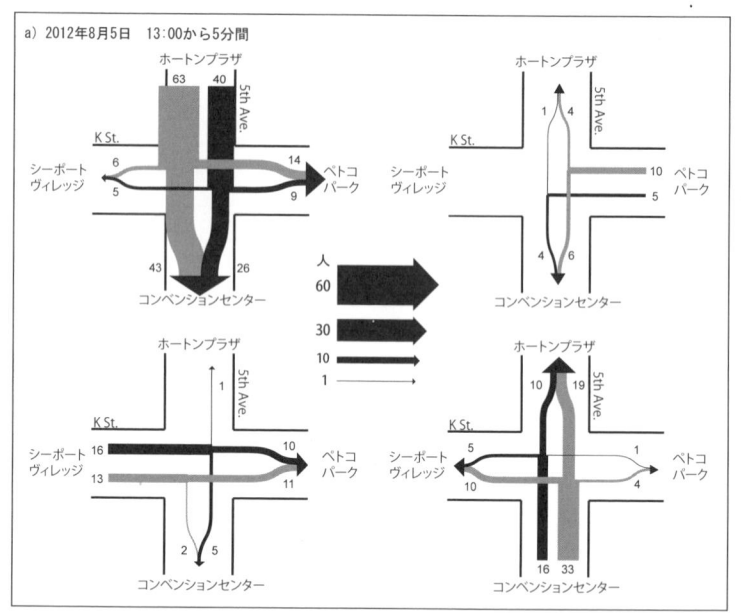

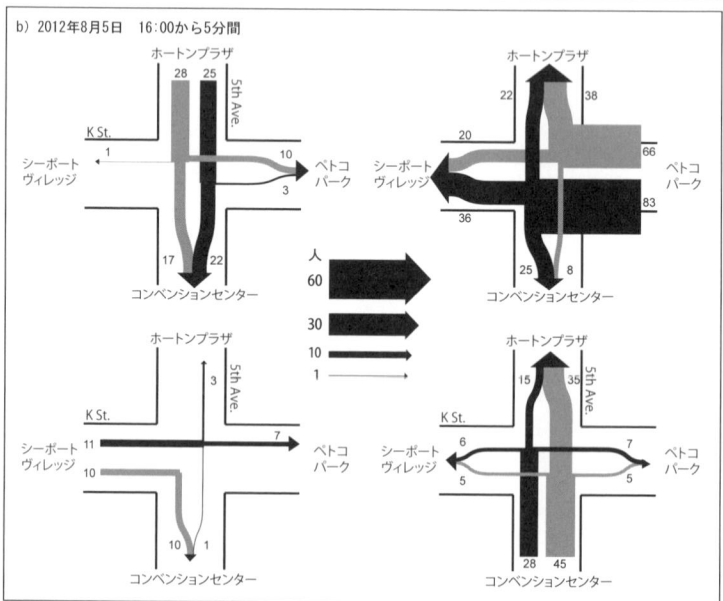

図10.3 サンディエゴのガスランプクォーター定点観測地点における訪問客の流動（現地調査による）

10.4 サンディエゴ都心部のスタジアムとコンベンションセンターによる訪問客流動

表 10.1 ガスランプクォーター地区訪問客の訪問目的(人数;筆者らの 2010・2012 年のアンケート調査結果)

居住地	観戦	飲食	買い物	観光その他	仕事	計
サンディエゴ市						
都心部[1]		2	1	3	2	9
近郊 (5 km 圏)					1	1
近郊 (5〜30 km)	7	2	2	3	1	11
遠郊 (30 km 以上)		1	1	1		2
カリフォルニア州内	3	3	1	7	1	15
カリフォルニア州外	1	8	9	16	9	34
国　外			3	4	4	10
計	11	16	17	34	18	82

1) 都心部は ZIP コード(郵便番号)92101 の地域(ほぼ図 10.1 の範囲).

動を黒色と灰色で区別して表現している.

　まず,ダウンタウン方面からコンベンションセンター方面に向かう流動は,103 人中 69 人(67.0%)と当日中最多であった.この流動のほとんどは,コンベンション参加者がガスランプクォーター地区で昼食を食べ終え,再びコンベンションセンターへ戻っていくものと考えられる.撮影したビデオ映像からも,コンベンションセンターの入館証を首から下げているコンベンション客が多く確認された.このように,飲食店が集中しているガスランプクォーター地区は,コンベンション客の昼食や夕食の場となっている.さらに,5th 通り沿いには多くのタクシーが出入りしていたため,飲食店の混雑を予想してガスランプクォーター地区を離れて食事に向かったコンベンション客も多かったと考えられる.

　筆者による聞き取り調査によると,コンベンション参加者は家族と合流して食事に行く傾向があった.このことは,アンケート調査でコンベンション参加者 18 人中 10 人が家族とサンディエゴに来ていたことからも確認できる.同伴家族は夫または妻の会議中に都心部でショッピングや散策を楽しみ,昼食や夕食時に合流して飲食店の多いガスランプクォーター地区へ向かっているのである.

　さらに,ペトコパーク球場での試合開始間近であったことから,ペトコパーク球場への流動者数が 49 人(47.6%)を占めており,これは当日中最多であった.特筆すべきは,シーポートヴィレッジ方面からの流動 29 人のうち 21 人がペトコパークへ向かっていることである.これは,観戦客が郊外住民だけでなく,シーポートヴィレッジで昼まで買い物や食事のためにすごした観光客が一定数を占め

ていることを示している．また，ホートンプラザ方面からの流動103人のうちペトコパークへの流動は23人だが，これはガスランプクォーター地区の飲食店で昼食をとった観戦客によるものだろう．

b. 8月5日（日曜）16：00〜16：05の調査

図10.3-b）は8月5日（日曜）16：00から5分間の定点観測地点における流動状況である．この時間帯の流動総数は当日最大の282人であった．ちょうど野球の試合が終わったため，ペトコパーク球場からの流動が52.8％（282人中149人）を占めており，そのうちの60人がホートンプラザ方面へ向かっている．これらのほとんどはガスランプクォーター地区で夕食をとる人たちであろう．また，コンベンションセンターからの流動も25.9％（73人）を占めており，そのうち50人がホートンプラザ方面へ向かっている．観戦客と同様，会議を終えたコンベンション客が夕食をとりにガスランプクォーター地区へ流れているのである．

また，シーポートヴィレッジへ向かう流動68人（24.1％）は当日中で最多であり，2番目に多かった13：00と比べても2倍以上である．とりわけ，ペトコパークからシーポートヴィレッジへの流動が顕著である．アンケート調査からは，サンディエゴへの初訪問客32人中，一日の最終目的地をシーポートヴィレッジと回答した者が5人，ホテルと回答した者が7人いた．この結果から，シーポートヴィレッジ方面に向かった人は，初めてサンディエゴを訪れたような観光客が多いと考えられる．これらのことから，やはりペトコパーク球場での野球観戦客の中にも観光客が一定数存在しており，その観光客の多くは試合終了後にシーポートヴィレッジ近辺へ移動し，海岸から夕陽を見たり，夕食をとったり，あるいはシーポートヴィレッジ周辺の宿泊先ホテルへ戻ったものと考えられる．

他にも，各方面からコンベンションセンター方面に83人（29.4％）が移動している．これは，夕食のために5th通りの飲食店を探し求めて往来している人々が多いことに加え，日中をガスランプクォーター地区やペトコパーク球場ですごした郊外住民が帰宅のため，駐車場やガスランプクォーター駅に向かっているのだろう．

以上のように，ペトコパーク球場やコンベンションセンターが巨大な集客施設となり，そこから昼食や夕食時にガスランプクォーター地区の飲食店へ大量の流動が発生していることが明らかとなった．全米や世界各地から到来するコンベンション客は，家族と同伴で訪れる者が多く，シーポートヴィレッジやその周辺のホテルがその行動拠点となっていた．また，ペトコパーク球場の野球観戦客はサ

ンディエゴの郊外住民が中心であるが，観光客も含まれることがわかった．

10.5 サンディエゴ都心部への訪問目的と買い物行動

次に，2010年8月28〜29日，2012年8月4〜5日のいずれも土曜日と日曜日に，ガスランプクォーター地区訪問客に対して実施したアンケート調査を用いて，訪問目的や買い物行動を分析しよう．有効回答数は両年合わせて82件であった．

表10.1では，訪問客のガスランプクォーター地区への訪問目的を示した．これによると，サンディエゴ近郊（CBDから5〜30km圏）の住民11人中7人が野球観戦を目的としていた．また，カリフォルニア州内外からの観光客も4人いた．このように，ペトコパーク球場は郊外住民と観光客双方の集客効果が大きい．特に郊外住民にとって，野球観戦は都心部へ出向く主たる動機づけとなっている．また，カリフォルニア州外や国外からの訪問客にとっての主たる目的はコンベンション参加であり，表10.1では「仕事」にそれぞれ州外9人，国外4人が分類されている．これら野球観戦とコンベンション参加という主たる動機が，都心部での飲食や買い物といった副次的な行動に波及していると考えられる．

表10.2は，ガスランプ地区訪問者のうちサンディエゴ住民に限って，居住地別に買い物行動を示したものである．これによると，都心部（ZIPコード92101の地域）在住者9人中3人は，日用品である生鮮食料品を都心部のスーパーマーケットで購入している．また，近郊（都心部から5〜30km圏）在住者11名中5名も都心部で生鮮食料品を購入している．たとえば，ある20代男性への聞き取り調査によれば，彼は都心部から車で約10分の近郊に住んでいるが，職場が都心部にあるため，食料品，衣料品，高級品のすべてを都心部で購入している．食料品は週に1回都心部のスーパーマーケットで，衣料品は都心部のショッピングモール（ホートンプラザだと思われる）で購入しているという．また，彼は週

表10.2 ガスランプクォーター地区訪問客の居住地別の購買先（人数，サンディエゴ住民のみ：筆者らの2010・2012年のアンケート調査結果）

居住地	生鮮食料品		衣服			宝飾品				人数計
	都心	郊外	都心	郊外	LA	都心	郊外	LA	他	
都心部	3	4	4	4	1	3	2	1		9
近郊（5km圏）		1		1						1
近郊（5〜30km）	5	6	4	5		1	4		1	11
遠郊（30km以上）		2	1	1		1			1	2

末の余暇も都心部ですごすことが多い．ほかにも，都心部から車で20分の郊外在住の40代男性は，職場も郊外にあるものの，食料品を郊外と都心部で，衣料品と高級品を都心部で購入している．このように，都心部は彼らにとって日常生活の中心になっている．

表10.2によれば，衣服や宝飾品であっても郊外で購入される場合の方が多いのだが，都心部もある程度の購入量を占めているといえる．都心部にはガスランプクォーター地区のブティックや土産物店だけでなく，ホートンプラザにデパートや専門店が入っており，また大手のスーパーマーケットやドラッグストアも進出していることから，観光客や郊外住民が野球観戦や観光，仕事がてらに買い物できる環境が整っている．

10.6 魅力あふれる場所の構築への スポーツツーリズムの貢献

以上みてきたように，かつては郊外への人口流出によってサンディエゴの都心部も荒廃したが，現在では人口だけでなく小売り機能と買い物行動も都心部に戻りつつある．その背景として，ペトコパーク球場とコンベンションセンターが郊外住民と観光客を惹きつける集客装置となっており，またガスランプクォーター地区の飲食店街やホートンプラザなどが飲食や買い物行動の受け皿となっていることがわかった．

野球の試合のたびに，サンディエゴ・パドレスのネイビーカラーの野球帽やTシャツを身につけたファンがスタジアムに集まり，周辺のレストランやカフェにも熱気が満ちあふれる．郊外住民は楽しさやにぎわいを求めて都心部にやってくるようになり，マンション群が建設され，コンベンション客も含めた波及効果によってレストランやカフェがオープンするなど都心部は目に見えるかたちで刷新されつつある．しかし一方で，再開発地区にいた路上生活者や貧困層は東のイーストヴィレッジに移り住んだだけであり，貧困という社会的課題が解決されたわけではない（Cimarosa, 2006）．

衰退を経験した大都市都心部においては，地域の歴史や歴史的建造物が再開発時に利用されてテーマパーク化し，市民生活から隔離された観光空間が表出している場合が多い．そのような観光地化した都心部における市民生活の復権に，郊外住民によるスポーツ観戦が少なからず貢献し，人口の都心回帰の動きにも結びついているのである．このような都心部における観光とスポーツのダイナミズム

コラム

は先進国の大都市の多くで観察可能である．

　日本においても大都市の都心部やウォーターフロントで再開発が行われ，地方都市においてもコンパクトシティというかたちで郊外から都心への回帰が生まれようとしている．そのとき，再開発施設の経済的波及効果，人の流動，住民の買い物行動といったダイナミズムを最大限に発揮させるためには，サンディエゴ都心部にみられたようなスタジアムをはじめとする施設配置の妙を戦略的に実行していくことが欠かせない．再開発に伴って弱者が排除されないよう配慮しながら，こうした戦略的な施設配置とスポーツを源泉とした魅力ある場所を構築することが，都市の再生と躍動につながっていく．　　　　　　　　　　［佐藤大祐・丸山宗志］

●スポーツツーリズム

　スポーツの多くはそもそも狩猟や戦闘から派生して生まれたものだったが，近代に入って植民地の拡大とともに大きく変貌した．宗主国の欧米においては，スポーツは植民地を支配するための道具として利用されることによって，心身の鍛錬や競技を目的としたものに洗練された側面がある．たとえばイギリスのエリート養成の場であったパブリックスクールでは，植民地を統治するためのリーダー的な人格形成に役立つものとして，ラグビーや漕艇が重用された．植民地においては，統治者側が政治的統制やキリスト教化の道具としてスポーツを利用する一方で，被支配者側はスポーツ競技の場で統治者に打ち勝ち，自らの民族意識を高揚させるためにスポーツを利用した．こうして世界中の人々に広まったスポーツは，用具やルール，競技場などを世界的に統一した規則によって厳格に運営されるようになった．このようなスポーツを近代スポーツと呼ぶ．サッカーやテニス，野球などが現在，世界規模の集客力を有するのは，植民地時代の影響が大きい．

　その後スポーツは，産業革命の進行とともに富を手にした中産階級にも普及し，工場労働者の保健やストレス解消，勤務先企業への求心力を高めるためにも活用された．現在では，その目的は健康増進のみならず身体の審美性やファッションなどにも広がり，老若男女を問わず盛んに行われている．また，野球やサッカーなどのプロスポーツの観戦も多くのファンを取り込み，さらにはサッカーのワールドカップやオリンピックなどの世界規模のスポーツイベントのために，大量でグローバルな人の移動が生み出されている．そのため，オリンピックやワールドカップを誘致して競技場のみならず道路や空港などを整備し，また外国人観光客の受け入れ体制を整えるなど，経済的・文化的な成長に結びつける都市や国家の政策も顕著である．

　スポーツツーリズムとは，多様化しつつあるスポーツを触媒として生み出さ

れる人の移動のことであるが，単なる移動に限らず，それに伴う宿泊，消費，満足や感動といったことも含まれる．たとえば，自宅から離れて登山やゴルフ，スキューバダイビングなどのスポーツを実践して楽しんだり，ユニフォームを購入してサッカーの試合を観戦して盛り上がったり，また阪神タイガースファンや高校野球ファンにとっての甲子園球場などのような，記念碑的な場所で観光したりすることや，フィットネスなどの日常的な余暇にファッションの一部として行われたりするものもスポーツツーリズムに含まれる．本章で取り上げたサンディエゴの例は，スポーツが人を魅了する特性を存分に活用している．ここでスポーツが果たしたのは，スタジアムから流れてくる観戦客による経済的な波及効果と，再開発以前の猥雑・危険な場所イメージから健康的な場所イメージへの転換である．

以上のように，スポーツは主として植民地時代に世界に伝播したものであり，社会集団の性格によって受容されるスポーツの種類が異なる．また用具やメディアなどスポーツに関わる多くの事象が商業化されており，スポーツとその競技場は保健や教育，都市計画などの行政にとっても高い利用価値を有する．そしてスポーツは人々を魅了するスペクタクルにあふれている．これらのことなどから，スポーツツーリズムも政治的，社会的，経済的，身体的・感覚的に分析しうるものであり，研究対象としても魅力的である．

文　献

金子史弥（2008）：英国における「スポーツイベントによる都市再生」―シェフィールド市を事例にして．一橋大学スポーツ研究，**27**：41-48.

Cimarosa, W. (2006): San Diego's East Village Community Action Network: Scales of Power and Citizenship within the Contemporary American City. M.A. thesis of Geography, San Diego State University.

Ford, L. R. (2005): Metropolitan San Diego, University of Pennsylvania Press.

Gaslamp Quarter Association, Gaslamp Quarter Historical Foundation and San Diego Historical Society (2003): San Diego's Gaslamp Quarter, Arcadia Publishing.

Smith, A. (2005): Reimaging the City: The Value of Sport Initiatives. *Ann. Tour. Res.*, **32**(1): 217-236.

11 都市形成史から考える文化ツーリズム
――江戸・東京を対象として

　都市の形成史をたどることは，その都市の観光の歴史を振り返ることでもある．本章ではわが国の首都，最大の都市であり，観光都市でもある東京を，江戸と呼ばれた時代から振り返ってみることにしよう．

11.1 江戸のはじまり

　いまや東京都だけで人口 1300 万を超え，神奈川県，千葉県，埼玉県を含めた圏域で考えれば 3500 万に達する東京だが，都市としてのルーツをたどるには，約 420 年前にさかのぼらなければならない．

　1590（天正 18）年，豊臣秀吉によって駿河・遠江・三河から関東への国替えを突然命ぜられた徳川家康は，小田原北条攻めの後，旧支配地に戻る間もなく江戸に入城した．当時江戸は，100 年以上前に扇谷上杉氏の家宰であった太田道灌が築いた城はあったものの，周囲は漁村と湿地，そして武蔵野の荒野原が広がるのみであったという．

　《東ノ方平地ノ分ハドコモカシコモ汐入リノ芦原ニテ，町屋，侍屋敷ヲ十町ト割リ付クヘキ様モナク，サテマタ西南ノ方ハ，ビョウビョウト萱原武蔵野へ続キ，ドコヲシマリトイフヘキ様モナシ》（大道寺友山『岩淵夜話別集』第 33 話「江戸開府と建設」，読み下し文校訂は引用者による）

　江戸湾には利根川が流れ込み，河口はデルタの湿地帯になっていて，商人たちが町屋で業を営む環境ではない．内陸は武蔵野台地が茫漠と広がっているだけだ．たとえ背後に関東平野を控え太平洋につながる湾をもつ要地であっても，鎌倉・小田原のように関東の中心にならなかったのには，それなりの理由があったのである．突然の国替えが，当時東海道の要地を占めていた徳川氏の力を削ぐための無理難題であったとみるのはうがちすぎであろうか．

　しかし，それを受け入れた以上，家康としては江戸の都市づくりを急がねばならない．早急に関東支配を確かなものとするため，家康は江戸湾奥から城の本丸

先まで物流運河（道三堀(どうさんぼり)）を開削し，埋め立てた日比谷入江を武蔵野台地とつなげて，武士たちの屋敷を建設した．

　海岸の埋め立てと運河の開削，そして武蔵野への江戸圏の拡張は，以後300年近く続く江戸都市づくりの基本方針となる．

　さらに家康が考えたのが，関東全体を視野に入れた利根川東遷事業である．北関東から利根川が流れ込んでくるため，江戸湾岸はデルタになって，船は停泊しにくく，人も住めない．そこで本流を鬼怒川につなげて，銚子から太平洋に放流しようとしたのである．そうすれば，湾岸に庶民たちの住む下町を建設でき，船を銚子湊に回らせて物資を下ろし，内陸水路で江戸に運べる．氾濫の多かった利根川流域も，乱流を整理し，用水路を掘削すれば，大消費地江戸の食糧を賄う水田開発が可能となるだろう．利根川東遷事業は江戸時代260年余にわたって続けられるが，関東全体を視野に入れたスケールと先見性は天下人家康らしい発想である．

　1603（慶長8）年，幕府が創設されると，江戸の都市づくりも，関東支配を目的としたものから，日本の中心としての大規模プロジェクトへと発展していく．

　なかでも「天下普請」として，全国の大名たちに石高で負担を割り振るかたちで手伝わせたのが，江戸城の普請および周辺の堀の建設である．三代将軍家光のころまでには五層の天守閣がそびえる内郭と，外周の大名や旗本屋敷，町屋もできあがり，江戸城はほぼ完成をみた．

　一番外側の堀は，東の隅田川から北上して，浅草橋からは，御茶ノ水，水道橋，飯田橋と続く人工運河をつくり，さらに市ヶ谷，四ツ谷，赤坂見附，溜池，虎ノ門，新橋へと続いて江戸城を囲む．東京は今も「の」の字型に拡大しているといわれるが，これは当時江戸城を中心として堀がつくられていった順序がもととなっている（図11.1）．

　幕府の成立とともに，全国的に道路体系も整備された．道三堀の入り口に置かれた日本橋は東海道，中山道，甲州街道，奥州街道，日光街道のいわゆる五街道の起点として，それまで全国の道路体系が畿内中心であったのに対し，これからの中心は江戸であることを命名で示した．

　インフラの整備や首都としての歳月は，さらに江戸を拡大させ，文化的にも豊かな都市へと成長させてゆく．19世紀になると，武家屋敷地区と下町とをあわせ，江戸の人口は当時のロンドン，パリと並んで100万に達したという（東京都統計局，2002）．そして人口だけではなく，このころの江戸は文化の面でも欧米の巨

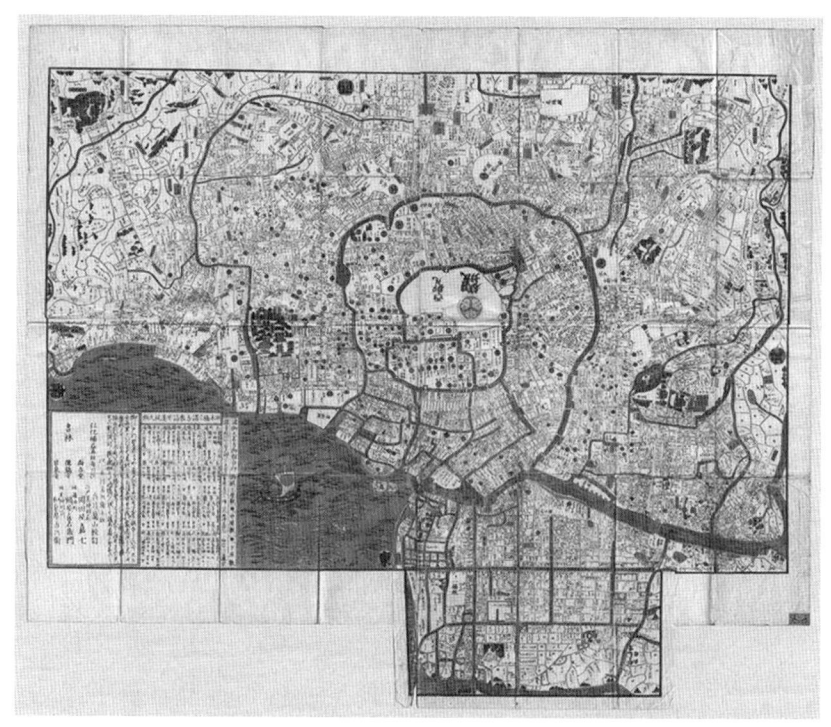

図 11.1 弘化年間（1844～1848年）改訂江戸図（米テキサス大学所蔵：http://www.lib.utexas.edu/maps/historical/edo.html）

大都市と肩を並べる観光都市になっていたのである．

11.2　江戸文化と観光

　江戸時代初期には日本橋付近の小さな地区にすぎなかった下町は，その後一千町を超える広さにまで拡大していったが，町々を結ぶ最も重要な交通手段は水運であった．堀は物資を運ぶ経済的役割だけでなく，水辺の情緒として江戸の文化を創り出すもととともなった．歌川広重や葛飾北斎は水辺を題材として優れた浮世絵を描き，水辺に映る花火は江戸の重要な風物詩となった．芝居小屋，寄席，水茶屋，吉原，相撲小屋，待合など水辺の近くに設けられた施設で，庶民たちはエンターテインメントを楽しんだ（図 11.2）．

　江戸の文化は支配階級である武士よりも，町人たちによって担われたといってよい．幕府は芝居や出版物の禁止，華美な服装の取り締まりなど，たびたび弾圧

図11.2　葛飾北斎「富嶽三十六景　江戸日本橋」（江戸東京博物館蔵）

図11.3　鳥居清長「飛鳥山大奥女中花見之図」（東京国立博物館蔵）

を加えたが，大田南畝，曲亭馬琴，十返舎一九など，町人文化の中心には武家出身者も多かった．

　他方，田園地帯だった西部の武蔵野には，江戸城を火事延焼から防ぐため，大名・旗本屋敷が延伸されていった．江戸が武蔵野を含みながら，田園都市として成長していくゆえんである（川添，1979）．

　当時は交通といえばもっぱら徒歩であったから，日暮里，王子あたりまでが日帰り圏で，武蔵野の面影が残っていた．王子に近い飛鳥山などが花見や行楽の地になっていたことは多くの浮世絵などに見ることができる．鳥居清長らの浮世絵に描かれた花見は，武士，庶民の身分に関わりなく参加できる開放的なレクリエーションであり，女性や子供たちも着飾って楽しむパフォーマンスの場でもあった（図11.3）．

団体で向かう大山詣, お伊勢参り, 善光寺参りなど巡礼に名を借りた旅も, 江戸時代になって庶民たちが楽しんだ観光の形態である. 当時は治安上の理由から人の移動には厳しい制限が設けられていたが, 宗教的理由があればそれも大目にみられ, 長く続く平和による治安のよさ, 参勤交代制度による街道や宿屋などの基盤整備もあって人気が集まった. 江戸の町人弥次郎兵衛と喜多八のコンビがお伊勢参りに行く珍道中をテーマにした十返舎一九の洒落本『東海道中膝栗毛』や, 「旅の心得61カ条」を含む八隅蘆庵『旅行用心集』などがベストセラーになったことは, 江戸時代の人々にとって観光が日常的なものになったことを物語っている.

ときには数百万もの規模で人々が参加する一大旅行ブームも起きた. 伊勢参りなどでは, 60年に一度ほどの割合で熱狂的な「お蔭参り」が勃発し, このときには奉公人が主人に, 子供が親に, 無断で参詣の一行に加わってよいとされ, 大金をもたなくても沿道で食事や金品の施しを受けながら旅を続けることができた (金森, 2004).

有名な寺社や構築物があり, イベント, グルメ, ショッピングなどが楽しめる江戸自体も, また重要な観光都市だった (安藤, 2005). 大名屋敷や行列なども観光の対象となり, 屋敷名が書かれた地図や, 大名たちの氏名, 石高, 家紋などが載った『武鑑』は当時の有力な江戸ガイドブックだった.

1860 (安政7) 年の旧暦3月3日, 桃の節句を祝うため登城してきた大老井伊直弼を暗殺した水戸浪士たちは, 手に武鑑を携え, 観光中の田舎侍を装ったという. その後明治維新までの8年間, 日本は近代化に向けた騒乱状況に突入するが, 最後に起こったのが「ええじゃないか」というお蔭参りだったことを思えば, 幕末の開始と終焉に観光が深く関係していたことになる. 日本史上長きにわたって, ごく一部の人々に限られていた観光は, 江戸文化の発達により, いまや庶民たちの日常となっていたのである.

11.3　明治から昭和（戦前）までの東京と観光

1868 (慶応4) 年4月, 江戸は薩長を中心とした官軍に無血開城され, 維新の指導者たちは江戸の地名を東京と改称することで, 新しい国の首都とすることを選んだ (太政官編, 1868). 古い因習の残る京都よりも, 庶民文化が花開き日本列島の中心に近い江戸の方が, 近代国家日本の首都にふさわしいと考えられたのである.

当初は銀座を欧風のまちなみに似せた煉瓦街にしたり，日比谷の中央官庁街計画をドイツ人建築家に依頼したりしたが，東京の本格的な都市づくりは1889（明治22）年の東京市区改正条例制定をもって嚆矢とする（藤森，1982）．

明治の東京を大きく変えたのが，この市区改正によって整備された道路上を走る路面電車（東京市が経営するようになって以降は「市電」と呼ばれた）である．歩行可能な範囲に限られていた江戸・東京が広がり，維新直後は旗本たちが去って桑や茶の畑と化していた山の手は住宅地となって，神楽坂，麻布十番，本郷などが盛り場としてにぎわった．

さらに東京拡大の原動力となったのが鉄道の整備である．1872（明治5）年に日本最初の鉄道として開業した横浜-新橋間の官設路線は，17年後には新橋から神戸をつなぐ東海道線として延伸された．他方，私設路線も上野をターミナル駅として北関東地方を北上したが，両路線の経営母体が違うため，肝心の新橋と上野はなかなかつながらなかった．それでもようやく国有鉄道として一本化され，上野-新橋間にレールを敷設，中央停車場（現在の東京駅）が文字通り，東京および国の鉄道網の中心として完成したのは1914（大正3）年であった．

鉄道の整備は東京の人々の観光を広範囲に展開させていった．わが国の近代観光の開拓者は日本にやってきた外国人たちで，『日本アルプスの登山と探検』（1896）を著した英国人宣教師ウォルター・ウェストンは中央本線，信越線などで飛騨や木曽山脈に出かけたし，お雇い外国人であったドイツ人医師エルヴィン・フォン・ベルツは草津や湘南海岸に出かけて，温泉や海水浴の効用に科学的根拠を与えた．東京の人々が鉄道に乗って日常的観光として温泉に出かけたことは，温泉地での滞在のしかたを変え，従来の自炊・長期滞在型から，1泊2食の食事つき旅館での短期滞在型へと変貌することを促した．

観光の機会が増えると，日本人なりの東京への考え方や観光観も生まれてくる．田山花袋は『東京の三十年』で近代化による東京の拡大と変貌を取り扱い，幸田露伴は『一国の首都』で近代日本の首都東京がもつべき都市の品格や江戸以来の伝統継続の必要性について論陣を張った．花袋には『東京近郊一日の行楽』，露伴には『箱根ぐちの記』など，東京からの日帰り旅行に関するエッセイもあり，都市づくりと観光とが密接につながっていることを示す内容となっている．

1923（大正12）年に起こった関東大震災は，結果として東京をさらに拡大させることとなった．被災した人々が山手線の内側から，外側の東横電鉄（現在の東急電鉄），小田急電鉄，京浜急行，帝都電鉄（現在の京王帝都電鉄），西武鉄道

といった，新宿，渋谷，品川，池袋など国鉄駅と接続した私鉄沿線に移り住んだからである．田園調布，目白文化村などは沿線に私鉄が中心となってその沿線を開発していった住宅地である．休日のレクリエーション施設も中産階級のライフスタイルに合わせたものが整備され，ターミナル駅にはデパートが立地し，家族がショッピングを楽しむ場としてにぎわった．デパート屋上の定番は観覧車を備えた遊園地で，沿線にも家族の日帰り娯楽用に多摩川園，向ケ丘遊園などが建設された．

　鉄道交通の発展により，1932（昭和7）年には東京市はほぼ現在の23区の範囲にまで広がり人口は約497万，ロンドン，ベルリン，パリを抜き，ニューヨークに次ぐ世界第2位の規模に達した．太平洋戦争中に，防空対策上の目的から東京市制は区制に再編され，三多摩を入れた東京府も東京都となって，現在の都政システムになったのである．

11.4　戦後の東京と観光

　1945（昭和20）年8月，日本の無条件降伏によって戦争が終わったとき，首都東京は文字通り壊滅的状態にあった．何しろおよそ120回，延べ1万機の空襲によって，市街地の5割以上が焼失，死者11万5千人以上，負傷者15万人以上，戦災者310万人，戦災家屋5万戸の被害を受けていたのである．東京の区部人口も1945（昭和20）年5月で329万人，同年6月には253万人と戦前最盛期の40％にまで減少していた．

　しかし，朝鮮戦争による軍需もあって，戦後10年で日本経済は戦前の生産水準まで回復し，『経済白書1956年版』に「もはや戦後ではない」と書かれるまでになる．その頃には東京都の人口も太平洋戦争開始以前の水準になっていたが，都市としての構造はかなり変わっていた．戦前は山手線の内側に都の人口の過半が住んでいたのが，周辺の区部や三多摩地区へと移動し，さらには神奈川，千葉，埼玉など3県にも拡大の兆候がみえ始めていたのである．これらの状況をもとに1956（昭和31）年に「首都圏整備法」が制定され，①1都7県（神奈川，千葉，埼玉，茨城，栃木，群馬，山梨）の広域性観点と，②人口抑制（1975年時の首都圏の人口を2660万に抑える）の2大方針が戦後日本の東京の都市づくりの基調となった．もっとも，後者の抑制目標人口は1960年代半ばに早くも突破され，東京への猛烈な人口集中は未曾有のエネルギーで郊外へと拡大していくのだが．

　戦後における人口集中と郊外化は戦前とは比べものにならないほど劇的なもの

で，それに対応して交通整備を行っていくことはきわめて困難であった．しかし，そのようななかで奇跡的になしとげられたのが，1964（昭和39）年に開催された東京オリンピック関連の工事である．復興した東京の姿を世界の人々にアピールするという錦の御旗のもと，東海道新幹線が完成し，道路では首都高速道路，幹線道路合わせて22路線，総延長546 kmが，わずか数年で完成した．その代表的なものが環状7号線で，オリンピック関連の西半分（大田区平和島6丁目～足立区新田2-2）が5年で整備されたのに対し，残された東半分（足立区新田2-2～江戸川区臨海町6丁目）の完成までにはその後20年以上を要していることを思えば，道路整備にオリンピックがいかに力を発揮したかがわかる（図11.4）．

　もっとも，拙速な突貫工事はさまざまな問題を引き起こした．環状7号線沿線では車から出る排気ガスのため1970年前後から光化学スモッグに見舞われたし，都心では運河の堀の上を通した首都高速道路の「空中作戦」により，日本橋などの景観が破壊された．

　オリンピック後，日本のGNP（国民総生産）は世界第2位に達し，1970年大阪では日本万国博覧会が開催され，高度経済成長は絶頂に達した．万博終了後，田中角栄首相の日本列島改造論で日本中はまるで花見酒に酔ったようになったが，このとき地方を中心として全国で湧き上がったのが工業開発と観光開発ブームである．豊かな社会の到来により，特に自然が残る地方では観光が有望だ，というわけだったが，このようにして観光が必要以上にもてはやされたあげく，地方経済が破綻にまで追い込まれるというパターンは，1980年代のバブル経済とその崩壊でも繰り返される．そうしたなかで我々が得た教訓とは，自らの価値を見誤って莫大な投資をするのではなく，自己を見つめ，地域で生活する人々と観光者の双方の両立を目指したまちづくりの大切さといっていいだろう．

　この教訓は東京についてもあてはまる．経済が低成長期に入ってから，日本人の価値観が労働中心から生活中心へと変化していることは間違いない．そんななかであまりに大きくなりすぎた東京において，生活する人々が日々を安らかにすごし，余暇を楽しみ，外国からも多くの人々が訪ねてくるようにするためには，3000万人の鳥瞰的視点ではなく，区レベルでのまちづくりが求められているのである．

　たとえば，東京に谷根千と呼ばれるところがある．谷中・根津・千駄木の略で，明治時代は森鷗外や夏目漱石も住んだ住宅地だったが，寺と墓地が多いという土地柄でもあったためか，バブル期の地上げの対象にもあまりならず，戦前以来

11.4 戦後の東京と観光

オリンピック施設配置と関連街路

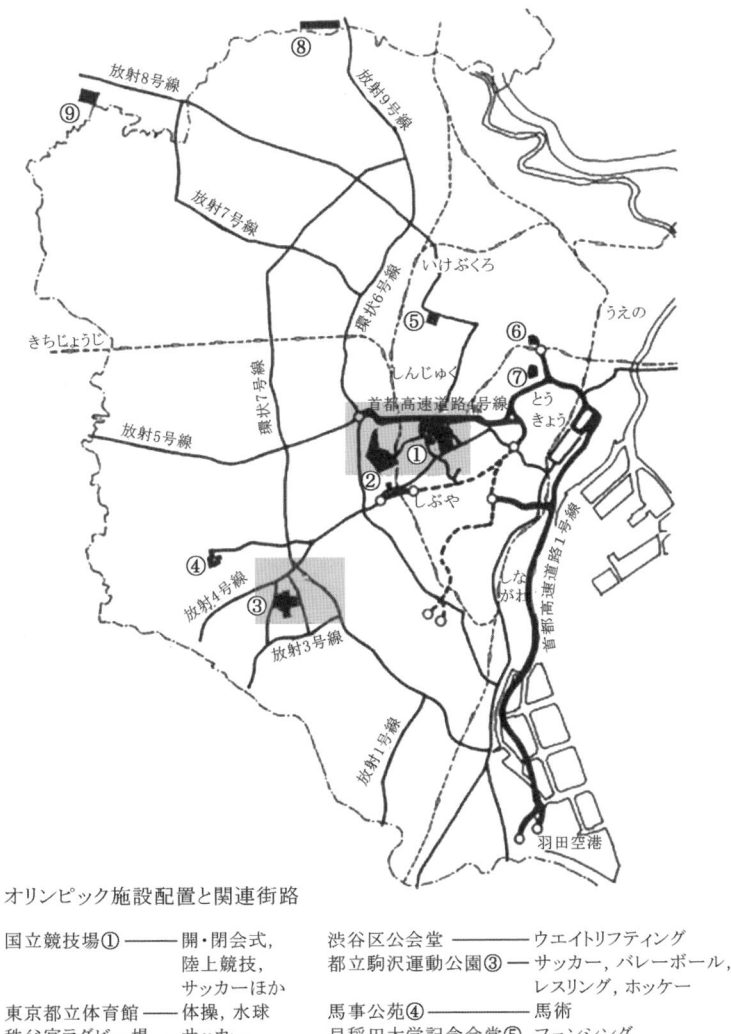

国立競技場① —— 開・閉会式, 陸上競技, サッカーほか	渋谷区公会堂 —— ウエイトリフティング
	都立駒沢運動公園③ —— サッカー, バレーボール, レスリング, ホッケー
東京都立体育館 —— 体操, 水球	馬事公苑④ —— 馬術
秩父宮ラグビー場 —— サッカー	早稲田大学記念会堂⑤ —— フェンシング
国立総合体育館② —— 水泳, 柔道, バスケットボール	後楽園アイスパレス⑥ —— ボクシング
	日本武道館⑦ —— 柔道
選手村 —— 宿泊施設, 練習場ほか	戸田漕艇場⑧ —— 漕艇
	朝霞射撃場⑨ —— ライフル射撃, クレー射撃

図11.4 東京オリンピック関連施設整備（東, 2011を一部改変）
スミベタ部分はオリンピック施設, 高速道路の点線部分はオリンピック後に建設されたものを示す.

の町並みを残している．それが，住民たちによって地域雑誌が刊行され，地域に残る物語が発掘されていくうちに，多くの観光客が訪れるようになった．高度経済成長時代には時代遅れと見放され，忘れられていたものが，東京の新たな観光地となっている例は，神楽坂や月島，青梅などにもみられる．さびれていた浅草も，現在では伝統的な雰囲気で人気を取り戻し，東京の名所の地位を回復している．

また，欧米の文化を崇拝し，コピーして，自らを卑下してきた日本の文化も，独自のアニメやコスプレ文化がいまや世界の若者たちに支持されつつある．それを支えているのは世界的なインターネットの普及であり，情報を得た外国人たちが日本に押しかけ，アニメの舞台となった日本の各地を訪れている．今まで気付かなかった価値を再発見し演出することは観光まちづくりの基本だが，今後はグローバルな流れも組み入れ，自らの地域の価値を見定めることが必要だろう．

図 11.5 埼玉県鷲宮神社土師祭りに現れた「らき☆すた神輿」(http://luckystar.wasimiya.com/galley.html)

新しい文化の発生は，高度経済成長時代に地方から東京に集まった人々が東京に根をおろし，息子や孫たちの世代が，東京を生まれ故郷としてみるようになった時期とも重なっている．最初は都市基盤も十分でないまま日本の中心となった江戸で，100年以上たってから庶民文化が育まれ都市観光のかたちが現れたように，明治維新から戦後の高度成長期まで100年にわたって近代化をなしとげた東京は，社会が成熟期に転換するなかで，新しい都市文化の発信基地となり，さまざまな新しい都市観光を生みだそうとしているようにみえる．そう考えれば，現在のコスプレファッションは，江戸時代，女性が着飾った花見の場に似ているといえるのかもしれない（図11.5）．

［東　秀紀］

●快活な運河の都とせよ——永井荷風の東京復興計画

　文豪永井荷風の父親である永井久一郎が，明治の東京計画である市区改正，特に上下水道整備に尽力したことはあまり知られていない．むしろ荷風文学の研究者たちには息子に無理解な父として評判が悪いほどだが，内務省衛生局勤務時代にヨーロッパに出張してロンドン，パリなどの衛生事業を視察した論文『巡欧記述：欧洲二大工事』などを読むと，スラムの環境改善を真摯に考える若手官僚としての姿がうかがえる．

　荷風も久一郎が亡くなってからは毎年正月の墓参を欠かさず，随筆『父の恩』では尊敬の念を語っている．同じく短編『井戸の水』で，東京の水道敷設事業が下町の衛生環境を改善したとしているのも，市区改正のうち，江戸以来の堀や運河を埋め，「東京市の風景を毀損する事に勉めている」（『日和下駄』）道路事業と，父が情熱を注いだ衛生事業とを区別しているあらわれであろう．

　1923（大正12）年，関東大震災に遭遇した1ヶ月後に都心に出た荷風が「一望渺々たる焦土」を目の当たりにし，「外観のみ修飾して百年の計をなさざる国家の末路かくの如し．自業自得天罰覿面というべきのみ」と日記『断腸亭日乗』に書いた対象も，江戸時代以来の堀を埋めた道路事業の方である．

　大震災直後，荷風はある雑誌社から東京の帝都復興事業へのアンケート調査を受け取った．そして彼は，日頃この種のものに答えることが少なかったのにもかかわらず，珍しく東京復興に向け，自らいうところの「百年の計」を書いている．あるいはちょうど帝都復興院が創設され，総裁に亡父の内務省衛生局時代の同僚だった後藤新平が就任したというニュースに，希望を抱いたのであったか．

　回答の最初で，荷風は復興のため，すでに招聘が決定されたアメリカの都市学者ビアードだけでなく，イタリアかフランスから芸術家も招くべきと論ずる．これからの東京は社会経済や効率だけでなく，美や芸術の視点からも考えられるべきであり，外国人が無理なら，少なくとも日本人の画家や作家を，復興計画の審議委員に一人でも加えるべきだというのである．そして次のような東京の新しい姿を提示する．

　《この度新都造営に際しては道路の修復と共に，溝渠の開通には一層の尽力然るべきやに被存候．都市外観の上よりしても東京市には従来の溝渠の外，新に幾条の堀割を開き舟行の便宜あるように致し度く候．急用の人は電車自動車にて陸上を行くべく，閑人は舟にて水を行くように致し候わば，おのずから雑踏を避くべき一助とも相成り申すべく候．京都はうつくしき丘陵の都会なれば，これに対して東京は快活なる運河の美観を有する新都に致したく存じ候》（「快活なる運河の都とせよ」）

　荷風は，かつて「水の都」であった江戸の風景を，東京の都心に復活させようと呼びかける．ベニスのような美しさをもち，江戸時代のように溝渠すなわ

ち運河を縦横に張り巡らした都市．急用のある人は陸を行き，時間に余裕のある人は舟を使う「快活な運河の都」——それが江戸を再創造しようという荷風の提案である．

　この提案に触発されたのだろうか，隅田川に架ける橋のデザインにつき，帝都復興院は画家の木村荘八（荷風『濹東綺譚』朝日新聞連載時の挿絵を担当）や作家の芥川龍之介ら芸術家たちよりなる顧問会議を設けている．中心となったのが，帝都復興院の土木局長太田圓三の弟だった詩人木下杢太郎であり，杢太郎は荷風と並ぶ森　鷗外の弟子であった．実際の橋の意匠は建築家の山田守や山口文象によってなされたので，顧問会議の貢献度については意見の分かれるところだが，いずれにしろ神田の聖橋，隅田川にかかった永代橋，清洲橋など，復興事業で実現した橋は今見ても美しいデザインである．

　橋の意匠だけでなく，後藤新平が帝都復興事業に込めた東京都市計画への夢は大きなものがあったが，多くは後藤の失脚と死により，頓挫して終わった．そして日本は震災の傷癒える間もなく，世界大恐慌に見舞われ，第二次世界大戦という絶望的状況へとまっさかさまに落ちていく——．

　「快活なる運河の都とせよ」のあと，荷風に建設的な都市づくりへの提案は見あたらない．

文　献

東　秀紀（2011）：東京の都市計画者高山英華．鹿島出版会．
安藤優一郎（2005）：観光都市江戸の誕生．新潮社．
金森敦子（2004）：伊勢詣と江戸の旅．文藝春秋．
川添　登（1979）：東京の原風景．日本放送出版協会．
大道寺友山（1716）：岩淵夜話別集．第33話．
太政官 編（1868）：江戸ヲ東京ト改称ノ詔．詔勅録．
東京都統計局（2002）：東京都統計年鑑平成14年度版．　http://www.toukei.metro.tokyo.jp/tnenkan/tn-index.htm#h4
藤森照信（1982）：明治の東京計画．岩波書店．

12 交通計画学から考える文化ツーリズム

12.1 交通システム・交通計画学とツーリズム

12.1.1 ツーリズムモデルと交通システム

旅行者がある地を訪れる．何らかの方法でその地の魅力が旅行者に認知される．しかし物理的，あるいは経済的に到達可能でない限り，旅行者はその地を訪れることはない．本章が主題とする交通システムは，いうまでもなくこの到達可能性を保証する道具立てである．Leiper（1990）が提案したツーリズムモデルでは，旅行者の居住地である"Tourist Generating Region"とその観光目的地である"Tourist Destination Region"とそれを接続する"Transit Route Region"の三つの地域を区分している．もちろん交通システムは Transit Route Region を受け持っており，ツーリズム学のラインナップのなかでも交通システムを取り扱う学問は最重要分野の一つとみてよい．

図 12.1 は鈴木ら（1984）が提示した観光の基本形である．生活拠点と観光地域までを観光基本距離と呼び，回遊ルートとあわせて観光行動や観光計画に大きく影響するとしている．距離は実距離，時間距離，経済距離，意識距離があるとして，これらに交通システムとの関係を述べている．意識距離は「時間がかかっても楽しければ距離を感じない」という趣旨のものであり，後に述べる本源需要

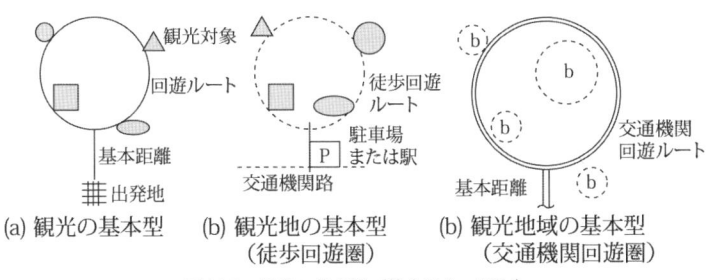

図 12.1 観光の基本形（鈴木ほか，1984）

(a) 観光の基本型 (b) 観光地の基本型（徒歩回遊圏） (b) 観光地域の基本型（交通機関回遊圏）

的ツーリズム交通が早くから意識されていたことになる．

12.1.2　交通システムの発展の歴史

　交通システムを構成する要素は，ヒト・モノを載せる「車」，車が移動する「路」，ヒト・モノを車や路と接続する「ターミナル」の3種類である．たとえば，鉄道システムではこれら3要素はそれぞれ鉄道車両，線路軌道，駅が対応し，日本の江戸時代の道路ではそれぞれ馬・輿，街道，宿場が対応する．地域に交通システムを導入するためには，少なくとも路とターミナルにかかるインフラ整備と車の調達が必要となる．古代から現在にいたるまで，また洋の東西を問わず，交通システムの導入には多大な時間とお金と労力がかかってきた．

　古代ではフェニキア人やギリシャ人が地中海での交易で活躍したように，広域でヒト・モノが交流する手段は船と海路であった．必要なインフラ整備は港湾整備のみであり，有力な都市国家には容易なことであった．その後のローマ帝国は大規模な街道ネットワークを整備し，陸上の路を体系的に整備した最初の事例となった．この街道ネットワーク整備の動機は帝国辺境地帯の民族からの攻撃に軍隊を急行させるためであり，財源として為政者が私財を提供することも多く，建設工事は軍隊が担当していた．同時期の中国でも秦の始皇帝が，同じ目的で全国に馳道と呼ばれる軍用幹線道路を整備した．広大な領土で路のネットワークを整備するためには強力な国家権力が必要だったのである．西ローマ帝国が滅び強大国が不在となった中世には，もはや街道ネットワークの拡張や維持管理に注意が払われなくなっただけでなく，後述のように馬や徒歩や船を基本とした移動の時代が続き，画期的な交通システムは登場しなかった．

　産業革命を経た19世紀に蒸気機関を利用した鉄道システムが世界各国で整備され，20世紀前半には自動車の大量生産が始まってモータリゼーションが進み，高速道路ネットワークが整備された．20世紀後半にはジェット旅客機が登場するなど，国や地域の経済力と人々の生活水準を飛躍的に向上させた画期的なシステムが登場することになった．

　しかし，この画期的システムは特に路とターミナルの整備費用を従来とは比べものにならないほど莫大なものとした．たとえば，長野新幹線の建設には1 kmあたり約70億円，新東名自動車道は同約150億円，関西国際空港は約3兆円かかっているように，幹線交通システムの導入には一事業で数千億円から数兆円の費用がかかる．車の導入費用も，大型旅客機は200億円以上，新幹線車両も1両

あたり3億円程度の費用がかかっており，現代の交通運輸サービス事業には多大な資金が必要となっている．

12.1.3 交通計画学の登場

莫大な資金が必要な現代の交通システムでは，需要をギリギリで満たすサービス供給量を設定したくなるのは当たり前の感覚である．20世紀後半のモータリゼーション期には，自動車が圧倒的な速度で普及し，道路ネットワーク整備が追いつかない事態が世界中の先進国でみられた．このような状況で交通システムの需要構造を把握する研究ニーズが高まって交通計画学が登場し，コンピュータ技術の進展に伴ってその分析技術は大いに発達した．

交通計画とは交通システムを合理的に整備・運用するために必要な一連のプロセスのことをさす．より具体的にいえば，①地域の交通システムの課題を把握し，②地域が交通システムから享受するサービス水準の計画年次における目標値を定め，③さまざまな制約を考えながら目標値を達成するための事業・施策のセットを提案し，④事業・施策の実施後に目標値からの乖離がみられる場合には事業・施策のセットを変更するか目標値を見直す，の一連のプロセスを内包する．交通計画学はこのプロセスの遂行を学術的立場から支援するための学問である．

交通計画学の主要研究課題について，戦後日本を例にその交通システム整備・運用のマクロな動向とあわせて簡単に整理する．高度経済成長時代から1980年代にかけては，量的不足が顕著であった交通システムの整備が急務であり，限られた予算を多くの交通整備事業に効率的に配分するために，その整備効果を推計する必要があった．そのため，交通需要推計手法の開発が中心的な研究課題となった．一方で交通需要の伸びに整備が追いつかず，都市内の道路・鉄道の混雑解消が大きな政策課題となり，システム運用を効率化するための研究が1980年代から盛んに行われた．しかし，混雑解消には需要自体を抑制あるいは平準化することが必要との考えが浸透し，1990年代には交通需要マネジメント（Travel Demand Management：TDM）の方法論に関する研究が多数行われるようになった．1990年代後半には交通整備事業の効果や計画の透明性に対して批判が強まり，事業便益や環境影響を評価する手法の研究や，必要事業の遂行のための市民の関わり方を追求する研究も登場した．21世紀には，概成した交通システムをより安全で効率的に利用するためのIntelligent Transport System（ITS）や，行動変容を促して公共交通利用を促進するMobility Management（MM）に資

する研究が広く行われるようになった．同時に，特に地方で進行する高齢化と人口減少への対応，中心市街地の活性化，地球環境への配慮，災害に対する強靱化といった，社会問題に直結する研究が数多く行われている．

以上の研究課題の流れをみると，交通計画学は交通システムを巡る工学的・経済学的知見をベースとしていることが理解いただけよう．しかしそれらだけでなく，行政学，法学，経営学のような社会科学的な知見，文化人類学，地理学，歴史学のような人文社会的知見，都市計画や国土・地域計画における制度面の知見が同時に必要とされるきわめて学際的な学問であり，ツーリズム学と事情は似通っている．

12.1.4 交通計画学におけるツーリズム研究

交通計画学のなかではツーリズム研究は主流ではなかった．後に整理するように，交通需要の量という視点からは重要性が低かったことに加えて，現象の理解が難しいからである．しかしそのなかでも，観光交通計画の体系化が1990年代後半に試みられている．図12.2は，国際安全交通学会（1998）が示した，観光地交通計画の対象と観光地に及ぼす影響の概念図である．観光地交通とは，観光地域内部の交通（二次交通）のことであり，観光地域へのアクセス交通（一次交通）は含めない．観光地交通計画では，交通システムの全体構成，交通施設の配置，交通施設，空間のデザイン，交通運用の制御，交通事業の経営を検討することが対象であり，これが観光資源開発や産業育成，観光地域住民の社会厚生にも影響を与える．また，観光地域におけるTDMの取り組み事例をまとめた参考書も同時期に登場している．

これら参考書の考え方は今日も依然として有効性をもっているが，自動車交通への対処に偏っていること，一次交通に対応する交通計画は未検討であること，などの課題が残されている．一次交通では，アクセス高速道路における渋滞問題への対応，格安航空会社LCC（low-cost carrier）の登場，二次交通では，地域公共交通の活性化，歩行・自転車空間の導入・整備，バリアフリー対応，案内サイン計画といった新たな課題が登場しており，観光交通計画の再度の体系化の検討が必要となっている．

12.1.5 文化ツーリズム学と交通計画学

文化ツーリズムは，主としてヒトが生活している空間領域でのツーリズムであ

12.1 交通システム・交通計画学とツーリズム

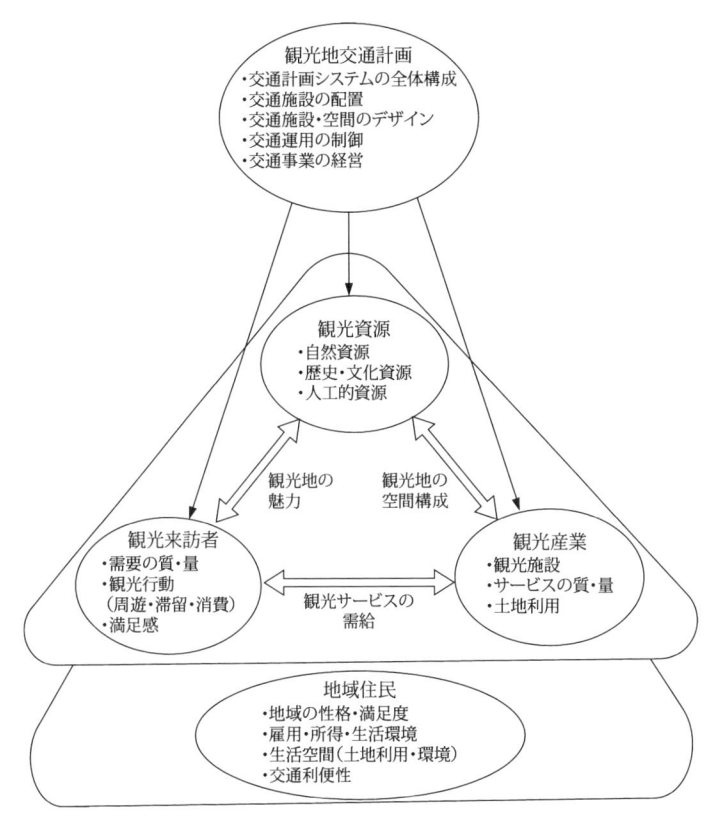

図12.2 観光地交通計画の対象と観光地に及ぼす影響（国際交通安全学会編，1998）

る．その資源はきわめて多様で広域に分布している．自然ツーリズムの資源と異なり，その適正管理のために利用を著しく抑制する必要性は低い．交通システムは，旅行者にこれらの資源を積極的に巡らせ，地域への満足や再訪意向を高める貢献をしなければならない．

ただ，地域交通システムの整備はあくまで日常的・生活必需的な利用のためであり，ツーリズム交通はその「余剰分」を使わせていただく立場である．それでも，この余剰分の利用が交通システムの事業経営を助けることも事実であろう．文化ツーリズムに資する交通計画学とは，この余剰分を埋める戦略や手段を提案する学問といえそうである．

地域ツーリズム振興に交通システムが果たす役割を学ぶうえで，ツーリズム交通だけにとどまらない一般的な交通システムの整備・運営の標準的理論を理解し

ておく必要があるし，そもそもツーリズムにおける交通システムの重要性を理解する意味で，交通システムが人類の旅の範囲拡大に果たした貢献も理解してほしい．そこで以降では，旅の歴史に交通システムが及ぼした影響を概観し，交通システムの特性を，ツーリズムとのかかわりに着目しながら，需要的側面と供給的側面から説明してみたい．

12.2 交通システムによる旅の範囲拡大の歴史

12.2.1 中世・ルネッサンス期の旅

一般市民が旅をするようになったのは中世の聖地巡礼以降である．12世紀頃にスペインのサンティアゴ・デ・コンポステーラ巡礼が最盛期を迎えた．パリから3～4ヶ月で往復．ピレネー山脈からサンティアゴまでの800 kmを1ヶ月で踏破できたので，1日30 km程度の移動が可能であった．日本の江戸時代ではお伊勢参りが好例である．江戸から伊勢には15日程度で到着したとされており，同様に1日30 km程度の移動速度である．それなりに整備された街道では，健康な人であれば洋の東西を問わず1日あたり30 kmの移動が可能であったとみてよい．

ベネチア共和国はエルサレム巡礼を観光パッケージ商品として提供していたといわれている．ある巡礼者の記録によれば，ベネチアをガレー船で出発し，地中海沿岸の主要港に途中で寄港しながらエルサレム外港のヤッファに到着，そこからはロバの隊列でエルサレムを目指した，となっている．航海中は当時の敵国であったオスマン帝国の艦隊の妨害や季節風に苦しみ，ベネチアとエルサレムの往復に5ヶ月半かかっている．1日あたりの平均移動距離を推計すると約30 kmで徒歩と差異はなく，ヒトの交流範囲の拡大に大きく貢献しなかった．

12.2.2 産業革命以降19世紀までの旅

19世紀に入り鉄道や蒸気船が登場すると旅の速度は一変する．たとえば明治政府が1871年末に派遣した岩倉使節団の遺した記録から，当時のアメリカやヨーロッパでの移動実態が把握できる．アメリカは西海岸と東海岸がすでに鉄道で結ばれ，ソルトレークシティからワシントンまでの約3300 kmを7日間で，ボストンからリバプールまでは蒸気船で約5000 kmを10日間で移動し，いずれも1日あたりで500 km程度移動できていた．ロンドンからパリまでは当日の移動が可能であった．1908年の日本初の海外旅行ツアーでは，旅客船がより高速化し，

横浜-サンフランシスコ間は岩倉使節団より7日も短い17日間で走破している.

一方,日本国内では明治時代の初期から中期に,多くの西洋人が旅行記を遺している.代表的なものをあげれば,イギリス日本公使アーネスト・サトウによる『日本旅行日記』(1871～1884),旅行家イザベラ・バードによる『日本奥地紀行』(1878),アメリカ人地理学者エリザ・シドモアによる『シドモア日本紀行』(1884～1902)がある.街道整備の進んでいない奥地では馬の使用も難しく徒歩による移動を強いられ,その速度は時速4kmにも達していない.日本の鉄道整備は1872年に新橋-横浜間が開通し,1889年に東海道線が全通,東京-神戸間が約20時間で結ばれた.同時代のアメリカの鉄道と同じ1日あたり500km程度の移動速度であり,交流可能範囲を大幅に拡大した.中期のシドモアはその恩恵に与かり,西日本をたびたび訪れている.

12.2.3 20世紀以降の旅

20世紀に入り,先進国の鉄道整備は都市間だけでなく都市内でも進んだ.世界の主要大都市では地下鉄や郊外鉄道が整備され,短時間で大量輸送が可能となった結果,居住地の郊外化が進んだ.東京や大阪では民間企業による沿線宅地開発と一体化した郊外鉄道整備が行われたが,休日の乗客密度を高めるために郊外にレジャー施設を設立した例が多かった.

1908年にフォードがT型フォードを発売し,大量生産方式を採用して自動車の価格を大幅に低下させ自動車保有の大衆化への道筋を開いた.これにあわせてアメリカでは都市郊外に自動車専用道路であるパークウェイが建設され,その後のインターステートハイウェイ網の整備につながった.このような都市を中心とする鉄道ネットワーク整備の進展とモータリゼーションの進行によって,日帰り旅行のような旅行期間の短い手軽な旅が増加することになった.

自動車に並んで航空機は,20世紀を代表する交通システムの発明である.1952年に世界初のジェット旅客機であるコメットが導入され,世界規模でのヒトの交流を生み出すきっかけとなった.現在では,ジェット旅客機は時速900km程度での移動を提供し,日本と欧米の間は半日程度で移動可能となっている.なお,20世紀には鉄道の高速化も進み,時速300km程度の運行が可能となっている.

以上のような高速交通システムの導入により,世界の延べ海外旅行人数は1950年には2000万程度だったものが2010年には約10億へと急激な成長を遂げ

ることになった（UNWTO, Tourism 2020 Vision）．

12.3 ツーリズム交通の特性を理解するための需要的側面

12.3.1 ツーリズム交通の需要特性

ヒトが交通システムを利用するのは，離れた場所で活動を行うために移動するときであり，本来的には利用自体に目的はない．このような需要を派生需要と呼び，交通需要は派生需要の典型例である．派生需要では利用時のデメリットを小さくしようとするだろう．交通需要推計では，メリットを経済学の概念である効用で表現し，所要時間や費用などのサービス水準の指標を用いて効用関数を作成し，効用値の比較で交通システムの選択行動を説明する．

表12.1は代表的な移動目的である通勤，業務，買い物，観光（ツーリズム）の需要特性の比較である．OD パターンとは出発地 origin と目的地 destination の組み合わせのパターンのことであり，通勤はほぼ固定，業務や買い物も一部を除き固定であるが，観光は機会ごとに異なる目的地をもち固定されていない．発生頻度は，通勤はほぼ毎日発生し，業務や買い物も比較的高いと考えられる．しかし，観光はたかだか年に数回の頻度である．時間評価値とは，所要時間が1分短縮された場合に費用をいくら追加してよいかを示し，通勤や業務は高く，買い物は低いのが一般的である．観光は低い場合が多いが状況に応じて高くなる．交通システムや利用経路の選択に影響を与えるサービス水準は，通勤は時間短縮や定時性が重要であり，業務は定時性に加えて複数の用務先を効率よく回れる周遊性も重要であろう．買い物は荷物の運搬が楽であるかに興味があるだろう．観光の場合は，経済性や快適性や可搬性が重要であると思われる．

先に交通計画学の主要な研究課題は交通需要推計手法の開発であったと述べた

表12.1 移動目的別の需要特性

	通勤	業務	買い物	観光
ODパターン	固定	固定+変動	固定+変動	変動
発生頻度	高い	業種に依存	生活スタイルに依存	低い
移動の時間評価値	大	大	小	小〜大
重要なサービス水準	速達性 定時性	定時性 周遊性 可搬性	可搬性	経済性 快適性 可搬性

が，以上の比較をみれば，観光目的の交通は全体からみればその量が少なく，開発の重要性は低かったといえる．また，通勤等と比べて観光はサービス水準の構成や各要素の重要度が個人間で異なるとみられるため，効用関数の作成は難しい．

12.3.2 都市間幹線交通の需要特性

確かに，日常生活圏内では観光目的の需要量は微少であるが，日常生活圏を越える地域間移動では，それは無視できない大きさである．日本では5年ごとに「全国幹線旅客純流動調査」が実施され，生活圏を越える交通の需要構造を知ることができる．その結果は国土交通省のウェブサイトで公表されているが，観光交通に関わる重要な結果を列挙すれば以下の通りである．

(1) 平日は1日あたり357万人，休日は同675万人と，休日の幹線交通需要は倍近く，休日の約半数は観光目的となっている．
(2) 観光目的の移動における代表交通機関（複数交通機関を組み合わせて利用した場合の最も代表的な交通機関）の内訳は，乗用車等が平日は82.9%，休日は87%で圧倒的なシェアを占める．
(3) 出発地から目的地までの距離の内訳は，100 km未満が23%，100 km以上200 km未満が45%を占める．
(4) 距離帯別の代表交通機関の内訳について，300 km未満では乗用車等のシェアが80%以上を占め，300 km以上700 km未満では鉄道のシェアが半数以上を占め，700 km以上では航空のシェアが圧倒的に高くなる．

すなわち，観光目的の移動は，量的には乗用車による近距離需要が圧倒的に多いのである．ただ，人口動態や経済・環境意識の変化を背景に，長期的には乗用車中心のツーリズムスタイルは徐々に衰退に向かう可能性はある．

12.3.3 ツーリズムにおける複合的な行動決定プロセスと交通需要推計

ヒトの旅行決定プロセスには無限のパターンがあると思われるが，たとえば宿泊旅行の場合には最低限以下の項目を決定する必要があろう．

① 旅行の時期と具体的な日付，出発時刻
② 旅行の主要テーマと同行者
③ 旅行の目的地と周遊範囲
④ 一次交通と二次交通の利用交通機関
⑤ 各日の宿泊地

⑥立ち寄りスポット群とその順番，および各スポットでの滞在時間

仮にこれらの決定を事業者が事前に精度よく予測できるのであれば，それに対応する交通サービスをきめ細かく提供できるし，人口全体で決定行動を蓄積すれば，日時別に観光地内や幹線交通で必要なサービスの量を高精度に把握でき，収益の改善に大きく貢献できる．

現時点では①〜⑥の決定行動を予測モデル化できる観光行動データが蓄積されておらず，交通システム利用の効用構造の特定が難しい．岡本（1996）のように，観光交通需要推計手法の開発を試行した例はあるものの，その改善は進んでいない．しかし，現在研究が進められているビッグデータ解析技術が発達すれば，ツーリズム決定行動にかかわる良質なデータが整備され，観光需要推計手法の高度化が図られるだろう．

12.3.4 ツーリズム交通の需要変動

交通サービスの経済学的特性として即時性がある．たとえば，ある航空便の空席はその後の便で二度と使うことができないために，安い運賃設定でもいいからその空席を埋めることが経営上望ましい．航空会社はできるだけ呼損（満席でこれ以上の利用希望を断る状態）数や空席数を小さくするような機材数や便数を設定することで収益を最大化できる．

図12.3に日本のいくつかの航空路線の月別搭乗率を示す．ビジネス需要が多い羽田-福岡のような幹線は月間の搭乗率のばらつきは相対的に小さいが，羽田-女満別のような観光路線は搭乗率のばらつきが大きくなる特性をもつ．また，

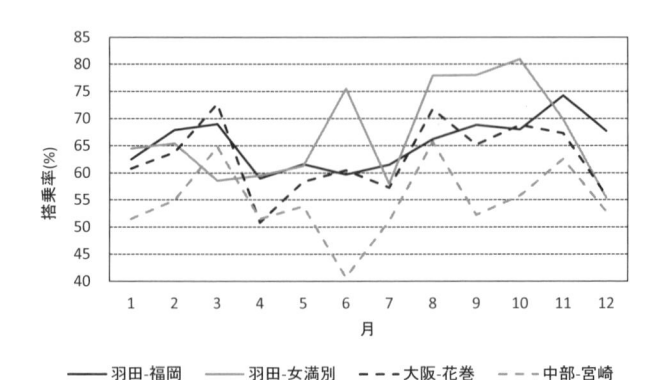

図12.3 航空路線別の月別搭乗率（国土交通省「平成25年度航空輸送統計年報」より筆者作成）

中部−宮崎のようなローカル線は搭乗率そのものが小さい．このように，観光利用の多い一次交通サービスでは需要のピーク／オフピークの差が大きく，事業採算性の観点では難しい環境にあると理解できよう．これは二次交通についても同様である．

12.4 ツーリズム交通の特性を理解するための供給的側面

12.4.1 ツーリズムにかかわる交通事業者の事業特性

ツーリズムに使われる交通システムは，道路・街路，高速道路，鉄道，航空，フェリー，バス，タクシー，レンタカー，シェアサイクルなどがあり，事業特性が相互に異なる．交通事業では受益者負担が原則であり，適切な事業展開には受益者を特定し，受益に応じた費用負担を求め，それを適切に回収することが必要である．

道路や街路は受益者が広範に存在することから，税金でこれらを整備して利用料金は無料とすることが常識となっている．一方，高速道路は国による違いが大きく，日本の場合は国（独立行政法人 日本高速道路保有・債務返済機構）が施設を保有し，NEXCOなどの高速道路運営会社が国から施設を借り受け，料金収入から施設利用料を払う（上下分離）方式が採られている．高速道路の建設は財政投融資をもとに行われており，機構が借金を返済するために長期にわたって高速道路運営会社から計画的に施設利用料を受け取る必要があり，基本的に通行料金設定の自由度はない．

バス事業は車両とドライバーの調達に特化でき，後述の鉄道事業と比べると事業の初期費用は小さくて済む．地域内サービスと地域間サービスがあり，後者は民間企業が主として担当するが，前者は必需財（需要の所得弾力性が1未満の財）なので，運賃上限設定等の規制が必要となることが多く，民間企業では対応できずに公営企業が担当することも多い．

鉄道事業は，線路・駅や関連設備の費用負担が大きく，一般に競争環境下での独立採算確保は難しい．そのためかつては国鉄のように独占が認められてきたが，独占によるサービスの悪化が各国で問題となり，1980年代以降に上下分離方式（ヨーロッパ）や上下一体・地域分割方式（日本）を採用した国鉄民営化を実施した．長距離旅客輸送分野は利潤が期待できるために，たとえばイタリアでは新たな民間長距離高速鉄道サービスが参入した．日本でも新幹線の事業性は高いが，整備新幹線（長野以降に開通した区間）では開業後の平行在来線の経営分離が認

められており，多くは第三セクター等に移管された．この例のように，地域交通分野は儲からないのが常識であり，補助金支給が前提となっている．

　航空事業では，航空会社は空港・ターミナル整備の必要はなく，空路を制御する管制システムも国が整備するために，事業の基本資源は旅客機と運行スタッフである点はバスと変わらない．しかし，経営にかかる費用はバスよりも圧倒的に高い．かつては規制当局による事業者の参入・撤退，運賃設定にかかる規制が強力であったが，1980年代以降にオープンスカイ等の規制緩和政策が世界中で導入され，LCCが登場するとともに，一部のナショナルフラッグキャリア（国を代表する航空会社）が倒産し，事業規模を縮小したり，大規模航空会社へ吸収合併されたりした．また，航空連合（アライアンス）の登場とともに，経営効率化のために航空会社間のコードシェア化や一部路線の共同経営化が進んでいる．空港・ターミナル整備等の経費には利用者の空港施設使用料や航空会社の着陸料を充てている．なお近年は，ターミナルの商業的ポテンシャルに期待して空港・ターミナル整備・運営を民営化する事例が増えている．

12.4.2　交通サービスの運賃・料金設定理論

　交通経済学の古典的理論では，初期費用の大きい交通事業における完全競争市場の実現は難しい．鉄道や高速道路の上下分離方式は初期整備費用をなくすことで競争市場を達成しやすくする取り組みである．支払意志額のバラツキが大きい不完全市場では，異なる支払意志額に応じたサービスを提供すれば事業者の収益を最大化できることが知られている．航空サービスのファーストクラスやビジネスクラスはこの理論に基づいて提供されており，そのおかげでエコノミークラスの安い価格が実現できる．

　最近は旅行の手配にインターネットが活用されており，たとえば航空券の直販サイトでは，臨機応変な運賃設定が行われている．言い換えれば購入者の支払意志額に応じた価格設定が技術的に可能となっており，このような販売形態を通じて社会的余剰を最大化しながら企業の利潤を最大化できることになる．これをイールド・マネジメント（yield management）と呼ぶ．特にLCCでは，搭乗日よりも大幅に手前では安価な運賃設定とし，残席数に応じて運賃を高くしていく，あるいは需要予測に基づいて柔軟に運賃を設定するなどして，収益性を高めている．

　休日の高速道路で発生する渋滞については，経済学の理論に従えば，より高い

料金を設定して需要を減らすことで解消できる．しかし，現実には混雑の度合いにかかわらず通行料金は一定である．近年，電子的に通行料金を決済する技術が世界的に普及し，かつ混雑度合いをモニタリングする技術も進歩したことから，混雑に応じた通行料金課金が技術的に可能となりつつある．

12.4.3 新たな需要を創生するツーリズム交通

ツーリズム交通需要では，旅行の魅力構成要素の一つに移動自体を包含するケースも多い．国際安全交通学会（1998）は，観光地の交通には①観光地演出軸，②観光資源，③観光資源の景観場・視点，といった，単なる移動手段ではない多様な役割があるとしている．

上記の役割のなかでも近年は②の役割が特に注目されている．たとえば鉄道会社はレトロあるいは見栄えのよい車両の導入，レストラン機能の充実，話題性・ストーリー性のある新たな資源の開発，といった取り組みを通じて，利用客数の増加に取り組んでいる．道路では，アメリカの Scenic Byways や日本の日本風景街道のように，質の高い自然資源，文化資源，交流プログラムが認められる幹線道路経路を指定し，観光振興活動に対して補助金を提供するようなプログラムがある．

さらに一歩進んで，クルーズフェリーやクルーズトレインなど，移動自体が主目的となる本源的需要のツーリズム交通も登場している．以上のように，交通システム自体を観光資源とした取り組みは実践面で増えているが，その成功・失敗要因や地域観光全体への波及効果の特定など，研究面での取り組みはまだ十分ではない．

12.5 ま と め

本章では，ツーリズムと交通システムのかかわりについて交通計画学の視点から整理し，その歴史的展開，需要特性，事業特性を解説した．紙面の制約上全てを紹介することは不可能であり，きわめて断片的な記述となっている点は否めない．興味をもたれた方は，対応する専門書でより深く学んでいただきたい．

日本では高速道路ネットワークが概成しつつある．地域にとっては多くの観光客を呼び込み，観光周遊の広域化・多様化を図るチャンスでもあるが，一方でアクセス条件の改善は日帰り観光化を促し，消費額の低下に直結するとの批判もある．休日の大都市圏周辺の高速道路では交通集中による渋滞も引き続き課題とし

て残されており，逆に地方部の高速道路は利用低迷で苦しんでいる．インバウンド観光需要の急激な増加に対して，羽田や成田などの混雑空港の容量制約が成長の足枷になる可能性がある．このようにツーリズム交通分野は，先にふれた課題対応を含め，ツーリズム振興への貢献のために依然として多くの研究が残されている．読者の積極的な参入を期待してやまない．　　　　　　　　　［清水哲夫］

文　献

アーネスト・サトウ 著，庄田元男 訳 (1992)：日本旅行日記．平凡社．
イザベラ・バード 著，高梨健吉 訳 (2000)：日本奥地紀行．平凡社．
運輸調査局 (2013)：鉄道と観光．運輸と経済，1月号．
運輸調査局 (2014)：新たな交通事業を求めて─本源的需要としての交通．運輸と経済，10月号．
エリザ・シドモア 著，外崎克久 訳 (2002)：シドモア日本紀行．講談社．
岡本直久 (1996)：観光交通計画のための調査および分析手法に関する研究．東京工業大学博士論文．
金森敦子 (2004)：伊勢詣と江戸の旅─道中日記に見る旅の値段，文藝春秋．
国土交通省道路局：日本風景街道．http://www.mlit.go.jp/road/sisaku/fukeikaidou/ 〈2015年5月10日閲覧〉
小林　健 (2009)：日本初の海外観光旅行─九六日間世界一周，春風社．
国際交通安全学会 編 (1998)：魅力ある観光地と交通．技報堂出版．
塩野七生 (2001)：海の都の物語─ヴェネツィア共和国の一千年（下），新潮社．
清水哲夫 (2014)：交通学の世界から観光研究を見る．観光文化，**221**：29-32.
鈴木　敏 (1998)：道─古代エジプトから現代まで．技報堂出版．
鈴木真二 (2012)：飛行機物語─航空技術の歴史，ちくま学芸文庫．
鈴木忠義・毛塚　宏・永井　護・渡辺貴介 (1984)：観光・レクリエーション計画（土木工学大系 30），彰国社．
関　哲行 (2006)：スペイン巡礼史，講談社．
高田邦道 監修 (1997)：観光地域の交通需要マネジメント─文化遺産・自然資源の活用とまちづくり，地域科学研究会．
田中　彰 (2002)：岩倉使節団『米欧回覧実記』，岩波書店．
藤井彌太郎 監修 (2001)：自由化時代の交通政策（現在交通政策Ⅱ），東京大学出版会．
溝尾良隆 編著 (2009)：観光学の基礎（観光学全集第 1 巻），原書房．
村上英樹・加藤一誠・高橋　望・榊原胖夫 (2006)：航空の経済学．ミネルヴァ書房．
森地　茂・山形耕一 編著 (1993)：交通計画（新体系土木工学 60），技報堂出版．
山内弘隆・竹内健蔵 (2002)：交通経済学，有斐閣．
Federal Highway Administration of United States Department of Transportation：National Scenic Byways Program. http://www.fhwa.dot.gov/hep/scenic_byways/ 〈2015年5月10日閲覧〉
Goeldner, C. R. and Ritchie, J. R. B. (2009)：Tourism, 11th ed., Wiley.
Leiper, N. (1990)：Tourist Attraction System. Ann. Tourism Res., **77**(3), 367-384.
UNWTO：Tourism 2020 Vision. http://www.unwto.org/facts/eng/vision.htm 〈2015年5月10日閲覧〉

13 展望タワーと都市観光

13.1 展望タワーと都市観光

　視覚を通した体験は，観光という行為を特徴づける最も重要な要素の一つである．旅行者が日常を離れ観光目的地を訪れたとき，その地の景色や出来事を「見る」ことによって，目指していた観光対象への到達を実感し，観光体験における感動へとつながる．ただし，この「見る」という行為は，視対象の要素やスケールあるいはその場の状況によってさまざまなタイプが存在し，それぞれに特徴的な楽しみ方を見出すことができる．都市観光においては，観光施設内部での展示物の見学，まち歩きによるまちなみの観賞，イベントへの参加といった行為のほか，展望タワーや高層建築から都市を見渡すことが，魅力的な観光体験を演出するために欠かせないものとなっている．特に，東京タワーや東京スカイツリーなどに代表される展望タワーは，都市を象徴する景観要素としても位置づけられ，それ自体が観光対象となっていることから，都市観光の存立において展望タワーが果たしている役割は大きい．

　観光地理学者のピアス（D. Pearce）は，展望と観光の関係について，以下のように表現している．

《都市観光の周遊において，重要な結節点は展望地点であり，ここでは都市の全景や交通の全景を見渡すことができる．（中略）展望は，文字通り都市訪問の「頂点」でもあり，ツーリストにすばらしい景観を提供し，都市全体の大きさと見取り図を楽しませてくれることになる．また，展望地点への訪問によって，ツーリストは確かに都市を「見た」ことになるのであり（多くの場合それは非常に短い時間で，遠くからではあるが），それゆえ展望という要素がたいていどのシティ・ツアーにも含まれているのである》（Pearce, 1995；2001 訳）.

また，観光地理学者のロー（C. Law）は展望タワーが有する機能について以下のように述べる．

《(タワーと高層建築は) 単に強力なシンボルであるのみならず，多くの場合，公共的にも有益な場所を提供している．そこからは都市が鳥瞰的にみられるし，観光アトラクションにもなっている》(ロー著・内藤訳, 1997)

つまり，観光客にとって展望は都市を「見た」という事実を獲得するための重要な行為であり，展望タワーはそれを具体化させるための装置とみなすことができる．また，それに加え，展望タワーはそれ自身がシンボリックな特性をもち，都市のランドマーク[*1]となっている (津川, 2013) ことが，観光対象としての魅力ともなり，多くの観光客を誘致するにいたっている．

本章では展望タワーと都市観光との関係を，展望タワーの発展と大衆化，展望タワーの役割，観光ツアーでの位置づけという三つの側面からみていく．観光ツアーにおける展望タワーについては，東京の展望タワーを事例として取り上げ，具体的な資料を提示しながら説明する．

13.2 展望タワーの発展と大衆化

13.2.1 展望タワーの発展史

タワー (tower；塔) の歴史は，古代の宗教的な建造物に始まる．我々は現在でも，ヨーロッパの教会の鐘楼，インドの仏塔，日本の五重塔などの宗教建築にタワーの歴史をみることができるが，これらの歴史的な宗教施設に付随するタワーは，当時の一般の人々が登って上からの展望を楽しむものではなかった．このようなタワーの歴史を一変させたのは，フランス革命から 100 周年にあたる 1889 年のパリ万博のモニュメントとして誕生したエッフェル塔である．このエッフェル塔に据えられた展望台によって，パリの展望が一般の市民に開放されることになったのである．また，300 m を超える圧倒的な高さを誇るエッフェル塔の登場は，これまでの塔状建築の歴史の大きな転換点となったと同時に，当時ヨーロッパ各国が国家の威信をかけて競い合っていたタワーの高さ競争を終わらせ

[*1]: ランドマークの定義は陸上の目印，陸標，土地の境界標であるが，より広義にとらえると地理空間における景観要素の一つであり，その特性は象徴性，記号性，場所性，視認性である (津川, 2013)．ランドマークは，地域のシンボルとなり，地域のイメージや原風景を形成するほか，人が方向を見定めるための道案内としての役割をもつ．都市学者であるリンチ (K. Lynch) は，ランドマークを都市イメージの構成要素 (ランドマーク：目印，パス：道，ノード：結節点，エッジ：縁，ディストリクト：地域) の一つに位置づけ，モニュメントや特徴のある建築物などがそれにあたるとしている (リンチ, 2007)．また，広い地域で目印となる木や山などの自然物や特別な事象もランドマークとなる．こうした特性から，ランドマークは観光との関わりも強く，地域の重要な観光資源として位置づけられ，観光客の目的地ともなる．

た．以後，エッフェル塔を模した展望タワーは世界各地に建設されるようになり，その一部は現在でも観光施設として残っている（川村，2013）．エッフェル塔をモデルにした展望タワーは19世紀以降ヨーロッパの海岸リゾートにおいて多数建設され，ビーチ全体を見渡せるモニュメントとして非日常的な展望によって観光客を楽しませた．観光社会学者のアーリ（J. Urry）は，このような海岸リゾートにおける展望タワーの代表的なものとして，イギリスの海岸リゾートであるブラックプール沿岸に建つブラックプール・タワーを取り上げ，展望タワーとしての機能を以下のように述べている．

《英国の海浜リゾートにはしばしば展望塔がある．こういう展望塔は，物をその構造物からみることを可能にし，人間の肉体を非日常的な自然現象へと結びつけることを可能にし，自然を凌駕する人間の力と一体化し，人間の力を祝福することを可能にしてくれる．これは観光のまなざしの一つとして，美装的で，そのままずばりの非日常的な性格をあらわしている》（アーリ著・加太訳，1995）．

つまり，展望タワーの発展は近代における観光の発展と関連しており，展望タワーは観光を演出する一つの装置として機能するようになったのである．

一方，高さ競争でエッフェル塔に敗れた19世紀のドイツでは，愛国心を鼓舞するために大自然の景色を見渡せる山頂に多数の展望タワーが建設されていった（川村，2013）．このように，ヨーロッパにおける展望タワーは，博覧会会場，海岸リゾート，および自然を見渡せる山頂などに建てられた．現在では，展望タワーをはじめとした塔状建築はさまざまな地域に建設され，世界中に多数の展望タワーが存在している．

13.2.2 日本における展望タワーの誕生

日本においても，19世紀の後期になると東京や大阪などの大都市において展望タワーが建設されるようになった．この時期は，明治時代が始まってからちょうど20年が経過した時期にあたり，ヨーロッパにおけるエッフェル塔の誕生と同時期である．まず展望タワーが登場したのは，1887（明治20）年帝都東京の浅草に登場した富士山縦覧場である．これは，木造の骨組みに漆喰で塗り固めた富士山を模したものであり，今日我々がイメージする展望タワーとはかなり異なった印象を受けるが，約32 mの展望台に当時の東京市民が登ることができるようになっていた．また，1888年の大阪では，18間（約32 m）の有宝地・眺望閣

が誕生し，翌年の1889年にも大阪に40mを超える有楽園・凌雲閣が相次いで誕生した（東京都江戸東京博物館編，2012）．再び東京に目を向けると，1890年に凌雲閣（通称：浅草十二階）が誕生した．これは電動のエレベーターを備えた173尺（約52m）の展望タワーであったが，1923（大正12）年の関東大震災で倒壊した．このように，日本が近代化に邁進していた1880年代後半の東西の大都市では，展望タワーが相次いで誕生し，これまで見ることができなかった展望タワーからの眺めを大衆に開放したのである．

展望タワーの代表格ともいえるエッフェル塔と同様に，日本においても展望タワーが博覧会のモニュメントとして誕生した例がある．1903（明治36）年の大阪では，第五回国内勧業博覧会のアトラクションとして望遠楼（大林高塔）が誕生した（橋爪，2012）．この望遠楼は約45mの高さがあり，大阪で初めての電動エレベーターが設置された．第五回国内勧業博覧会の跡地はのちに新世界・ルナパークとして整備され，そのシンボルとして1912（明治45）年には75mの通天閣が誕生した．通天閣はタワー上部がエッフェル塔，タワー下部が凱旋門を模したものとなっており，パリを代表する二つの建造物を融合させたモダンなタワーであった．通天閣は遊園地であるルナパークとともに新世界を象徴するランドマークとなっていたが，1943（昭和18）年に隣接する映画館の火災により鉄骨が歪んだことから解体されてしまった（現在の通天閣は1956年に再建されたもの）．このように，明治期の日本で誕生した東京と大阪の展望タワーは，現在ではその姿をみることができない．しかし，日本の近代化の過程において，人々が集まる東西の大都市に展望タワーが誕生し，展望タワーが黎明期における都市観光の中心となったのである．

13.3 日本の代表的な展望タワーとその役割

第二次世界大戦の終戦以降は，日本全国の都市や自然公園内にさまざまな展望タワーが建設されるようになった（太田・杉本，2014）．ここでは，戦後の東京と大阪に建設された四つの展望タワーを紹介することで，都市観光において展望タワーが果たす役割をみていく．

13.3.1 通天閣

通天閣は日本の展望タワーの歴史のなかでも特別な存在である．現在の通天閣は，1943年に解体された初代の通天閣に代わって1956年に再建されたものだが，

この再建は地元町会の有志によって行われた．つまり，住民が主体となって街のシンボルを再建することで，通天閣からの展望を自分たちの手で取り戻したのである．再建から半世紀以上が経過した現在，通天閣は大阪に続々登場した超高層ビルに見下ろされる存在となってしまった．特に，2014年に通天閣のすぐそばに誕生した超高層ビル「あべのハルカス」は，通天閣の3倍近い高さを誇っている．しかし，通天閣では施設のリニューアルが行われており，2010年には100年前に初代の通天閣とともに大阪の街に存在した遊園地であるルナパークを再現したジオラマや映像資料を展示するフロアが設けられた．これらの展示は，大正時代から昭和初期の大阪の都市観光のようすを伝える貴重な展示となっており，大阪における通天閣の歴史的価値や観光スポットとしての価値は今でも不変である．

図13.1　通天閣（2014年2月筆者撮影）

13.3.2　東京タワー

1953年にテレビ放送が開始された当時は，テレビ局が自前の電波塔を建てていた．このため，テレビ局が新規に開設されるたびに新しい電波塔が建てられることになり，都市の美観上の問題だけでなくチャンネルを変えるたびにアンテナの向きを変えなければならないといった実用的な問題も生じていた．そこで，電波塔を一つに集約してこれらの問題の解決を図ったものが，総合電波塔である東京タワーの建設である．当時，エッフェル塔を超えて世界で最も高い鉄塔となる333mになったのは，敗戦のショックから立ち直りつつあった日本の意地を示したいという意図だったかもしれない．ちょうど，19世紀におけるエッフェル塔の建設も，普仏戦争に敗れたフランスの屈辱を跳ね返す意味があったという（鈴木，2011）．つまり，東京タワーの誕生の背景には，テレビの急速な普及と戦災からの復興という高度経済成長期の時代を象徴する二つの側面があったのである．東京タワーは2009年に累計来塔者数が1億6000万人を達成した．東京タワーの年間来塔者数の最高記録は開業翌年の1959年の年間約520万人であるが，開業から半世紀以上経過した2013年でも年間約209万人の来塔者数を誇る．東京を代表

図13.2　東京タワー（2015年1月筆者撮影）

する観光スポットとなっている（日本電波塔株式会社）．

13.3.3 東京スカイツリー

21世紀になると，1958年に世界一高い電波塔として建てられた東京タワーは周辺の超高層ビルに隠れるようになり，600mを超える電波塔の建設が求められるようになった．建設候補地の誘致合戦を経て，2006年に東京都墨田区での建設が決定し，2008年には新タワーの名称が「東京スカイツリー」に決定した．建設途中の2011年には東日本大震災が発生したが，2012年5月には無事開業することができた．東京スカイツリーは通天閣や東京タワーと異なり，タワーを中心とした「東京スカイツリータウン」として整備され，タワーとともに商業施設である「東京ソラマチ」を併設した一体的な開発がなされた．つまり，東京スカイツリーの建設はタワーの建設とともに新たな都市開発を目指した複合的なプロジェクトであり，展望台に登らずに観光やショッピングを楽しむことができる新しいタワー観光を提示した．

図13.3 東京スカイツリー（2014年1月筆者撮影）

図13.4 梅田スカイビル（2014年2月筆者撮影）

13.3.4 梅田スカイビル・空中庭園展望台

以上に紹介した三つの展望タワーの構造は，いずれも自立式鉄塔であった．ここで紹介する梅田スカイビル・空中庭園展望台は，高さ173mの超高層ビルである．梅田スカイビルは並立する2棟のビルよりなり，空中庭園展望台によってビルの頂部が連結されている．1993年に誕生したこの超高層ビルは，2008年にイギリスのタイムズ紙にギリシャやイタリアの世界遺産と並ぶ「世界を代表するトップ20の建物」として取り上げられたことから，近年外国人観光客が殺到するようになった．2014年度には前年度比13.3%増の約98万人の来塔者数を記録し，そのうちの43%は外国人観光客であった（産経デジタル，2015）．このように，建設から20年以上経過しても奇抜な構造から新たな観光スポットとしてマスコミを通じて見出され，その価値が見直される展望タワーもある．

13.4 展望タワーと観光ツアー

続いて，東京都市部での観光ツアーを例に，展望タワーと観光行動との関係をみていく．個々の展望タワーの状況を個別にみるのではなく，さまざまな観光アトラクションを組み込んだ観光ツアーの行程を分析することで，東京の展望タワーの観光対象としての特性や位置づけが明らかとなるであろう．今回は，株式会社はとバスが運営している「シーン別おすすめ東京・横浜観光」の特集ウェブサイトから，「ロングセラー定番コース」と「東京スカイツリー天望デッキ入場付コース」の2テーマを選び，それらから2件ずつ計4件のツアー商品を取り上げ，滞在時間や移動ルートおよび活動内容の特徴をみていく．

各ツアーの行程表を次頁表13.1に示す．車窓からの観賞に関しては，滞在時間の情報が記載されていなかったため，一律で5分とみなした．これらをみると，滞在時間の長いスポットのなかに，表13.1(a)(b)では東京タワーが，(c)(d)では東京スカイツリーが訪問先として含まれており，両者とも展望が訪問先での主な活動であることがわかる．さらに，(a)および(b)のツアーでは滞在時間の短い（と考えられる）車窓からの観賞を除くと，実質的に東京タワーでの展望がツアー行程のクライマックスとなる．また，(c)および(d)では東京スカイツリーでの滞在時間が特に長く，かつ(c)では東京スカイツリーがツアー行程の最初の訪問先となっている．橋本（1997）は，旅行会社の日帰りツアーを分析し，人気のある観光回遊コースは導入部やクライマックスが尊重され，どちらかあるいは双方に「頂点」たりうる魅力度の高い観光対象が配置される傾向にあると述べている．したがって，東京タワーと東京スカイツリーは，都市の観光回遊コースにおける「頂点」あるいは「頂点」に匹敵する重要な観光対象とみなされていることがわかる．他都市の展望タワーでも同様のことがいえるか否かについては，さらなる調査と分析を必要とするが，少なくとも東京という世界を代表する大都市において，展望タワーへの訪問が魅力的なツアー商品を構成するための重要な観光対象とみなされていることが確認できた．

13.5 まとめ

本章では，展望タワーと都市観光の関係を検討し，展望タワーの発展や役割および都市観光への貢献について述べた．宗教建築であったタワーは，エッフェル塔における市民への展望の開放を契機とし，観光の発達に呼応するかたちで展望

表 13.1　はとバス観光ツアーの行程表

(a) 東京一日

No	場所	活動	時刻	滞在時間
S	銀座キャピタルホテル新館	なし	9：40	―
1	東京駅 丸の内南口	なし	10：20	
2	桜田門	車窓		5
3	国会	車窓		5
4	半蔵門	車窓		5
5	浅草観音と仲見世	散策		50
6	レインボーブリッジ	車窓		5
7	ホテルグランパシフィック LE DAIBA「日本料理 大志満」	昼食		60
8	お台場	散策		50
9	明治神宮	参拝		30
10	表参道	車窓		5
11	六本木	車窓		5
12	東京タワー 大展望台	展望		50
G	東京駅 丸の内南口	なし	16：50	―

(b) 東京タワーと浅草隅田川下り

No	場所	活動	時刻	滞在時間
S	池袋駅東口（土日祝のみ）	なし	8：20	
1	新宿駅 東口	なし	9：00	
2	迎賓館	車窓		5
3	国会	車窓		5
4	皇居	車窓		5
5	浅草 下町味覚	昼食		50
6	浅草観音と仲見世	散策		70
7	隅田川下り	乗船		40
8	東京タワー 大展望台	展望		50
9	六本木	車窓		5
G	新宿駅 東口	なし	17：00	―

(c) 東京スカイツリー天望デッキと下町老舗の味

No	場所	活動	時刻	滞在時間
S	東京駅 丸の内南口	なし	9：10	―
1	東京スカイツリー 天望デッキ	展望		80
2	浅草 下町味覚	昼食		50
3	浅草観音と仲見世	散策		50
4	隅田川下り	乗船		40
G	東京駅 丸の内南口	なし	15：20	―

(d) 国会議事堂と東京スカイツリー

No	場所	活動	時刻	滞在時間
S	東京駅 丸の内南口	なし	10：00	―
1	国会議事堂	見学		60
2	赤坂エクセルホテル東急「赤坂スクエアダイニング」	昼食		60
3	東京スカイツリー 天望デッキ	展望		70
4	東京タワー	車窓		5
5	レインボーブリッジ	車窓		5
6	お台場	散策		50
7	銀座 ドライブ	車窓		5
G	東京駅 丸の内南口	なし	17：30	―

※株式会社はとバスの公式ウェブサイト"シーン別おすすめ東京・横浜観光"より構成．「車窓」（からの観賞）による滞在時間は記載されていなかったため，一律5分とみなした．

施設が整備されるようになり，展望タワーとして広まった．現在の展望タワーは，都市のランドマークであると同時に，都市観光における頂点としても位置づけられている．展望タワーが都市の展望を提供する優れた構造物であることに加え，こうした象徴性が人々を魅了し，観光客を惹きつけ，都市の観光を支えているのである．

　　　　　　　　　　　　　　　　　　　　　　　　　　　[杉本興運・太田　慧]

●展望タワーとおみやげ屋

　展望タワーを訪れたときに，観光客が最初に目にするのは展望台へのエレベーターホールに隣接するおみやげ屋であろう．これらのおみやげ屋では，タワーに関連するグッズだけでなく，タワーが立地する都市や地方のお菓子や工芸品などの特産品が販売されている例も少なくない．このように，展望タワーのおみやげ屋は地域におけるいわば「見本市」の場であり，地域を代表するランドマークとしての展望タワーの役割は大きい．

　また，かつての展望タワーのおみやげといえば，展望タワーと周辺の風景が描かれた絵葉書やタペストリー，提灯などが定番であった．現在でも必ずといっていいほどミニチュアなどのタワーをかたどったグッズが販売されており，タワーのフィギュアは根強い人気がある．また近年では，タワー独自のキャラクターをあしらったお菓子やぬいぐるみ，キーホルダーなどのグッズも人気を集めるようになってきている．2015年現在，全日本タワー協議会に加盟する20の展望タワーのうち，公式・非公式含め16の展望タワーに独自のキャラクターが存在しており，タワーや地域のPRを担っている．　　　[太田　慧]

図13.5　通天閣のお土産屋と「通天閣ロボ」（2014年2月筆者撮影）

文　献

太田　慧・杉本興運（2014）：日本における展望タワーの立地特性―自然条件との関連に着目して．日本地理学会発表要旨集，85．
川村和英（2013）：タワーの文化史．丸善出版．
産経デジタル（2015）：「世界遺産級」ベタ褒めされたアノ大阪の高層ビル，来場者の4割は外国人　来年度は100万人超えか．http://www.sankei.com/west/news/150222/wst1502220016-n2.html　〈2015年6月16日閲覧〉
株式会社はとバス：シーン別おすすめ東京・横浜観光．http://www.hatobus.co.jp/feature/tokyo/index.html　〈2015年6月16日閲覧〉

ケヴィン・リンチ 著，丹下健三・富田玲子 訳（2007）：都市のイメージ（新装版），岩波書店．
鈴木重美（2011）：このタワーがすごい！―東京スカイツリーから「太陽の塔」まで，中央公論新社．
津川康雄（2013）：ランドマークとしてのタワーの役割．地理，**58**：14-23．
東京都江戸東京博物館編（2012）：東京スカイツリー完成記念特別展 ザ・タワー―都市と塔のものがたり，江戸東京博物館．
橋爪紳也（2012）：ニッポンの塔―タワーの都市建築史，河出ブックス．
橋本俊也（1997）：観光回遊論―観光行動の社会工学的研究―，風間書房．
日本電波塔株式会社：東京タワーオフィシャルホームページ． http://www.tokyotower.co.jp/index.html 〈2015年6月16日閲覧〉
Law, C. M. (1993): Urban Tourism: Attracting Visitors to Large Cities, Mansell. ［クリストファー・ロー 著，内藤嘉昭 訳（1997）：アーバン・ツーリズム，近代文芸社．］
Pearce, D. (1995): Tourism Today: G Geographical Analysis, 2nd ed., Longman. ［ダグラス・ピアス 著，内藤嘉昭 訳（2001）：現代観光地理学，明石書店．］
Urry, J. (1990): The Tourist Gaze, Leisure and Travel in Contemporary Societies, Sage. ［ジョン・アーリ 著，加太宏邦 訳（1995）：観光のまなざし，法政大学出版局．］

14 歴史文化資源をめぐる歴史的環境保全と観光開発の関係

14.1 歴史的環境保全と観光開発の接点

14.1.1 地域活性化の両輪としての歴史的環境保全と観光開発

合掌造りのまちなみ（重要伝統的建造物群保存地区）で知られ，世界文化遺産にも登録されている岐阜県白川村荻町集落は，集落内の民間駐車場が地域の景観を乱しているという問題意識のもと，その対策として，2012年4月，観光客のマイカーの規制に乗り出した．具体的には，集落内にあった村営駐車場を廃止し，観光客の車は世界遺産登録範囲外に位置する対岸の別の駐車場に誘導する，というものである．このように，観光は地域の歴史的環境にとって脅威となりうる一方で，これまで合掌造り民家は民宿，土産品店，飲食店として活用され，地域の経済を支えてきた．また，村営駐車場の収益の一部は，茅葺き屋根の葺き替え費用や地元住民による保存活動に充てられている．歴史的環境保全と観光開発は，お互いに密接な関係をもちつつ，地域活性化の両輪として機能してきたのである．これはまさに，「地域社会が主体となって地域環境を資源として活かすことによって地域経済の活性化を促すための活動の総体」としての観光まちづくり（西村，2008）であり，その歴史的文脈からいえば，わが国では早い時期からの取り組みとして位置づけられる（岡村ほか，2009）．

14.1.2 観光開発に求められる歴史文化資源への新たなアプローチ

一方，国の指定・選定文化財のような，

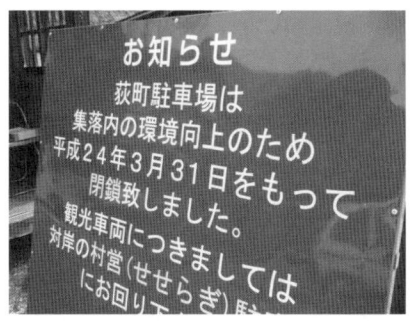

図 14.1 元駐車場前に立てられた看板（2013年11月20日）

ある種「A級」の歴史文化資源[*1]を有する地域でなくても，地域固有の歴史文化資源を基盤とした観光開発に取り組む地域は近年増えている．また，たとえ「A級」の資源がなくても，持続的な観光地形成のためには，さらなる資源の発掘やその活用は重要な課題である．特に産業観光，長期滞在型観光，文化観光といった，「テーマ性が強く，体験型・交流型の要素を取り入れた新しい形態の旅行」（観光庁観光産業課，2010）を指すニューツーリズムや，「地域住民が主体となって観光資源を発掘，プログラム化し，旅行商品としてマーケットへ発信・集客を行う観光事業への一連の取組み」である着地型観光（尾家ほか，2008）に活路を見出す地域は少なくない．いずれも，主として生活や生業に関わる日常空間を対象とし，ホストとして地域社会や市民が主役となることが求められる．また，観光の商品化やマーケットへの訴求といったアウトプットだけでなく，所与の観光資源の活用にとどまらない独自の資源探索やそれらの評価，解釈といったインプットの段階においても，新たな発想や方法論が求められている．

14.1.3 共通基盤としての歴史文化資源

ここで改めて，地域における文化的所産の全てである歴史文化資源へのアプローチという点から，観光開発と歴史的環境保全の関係について整理しておきたい．まず，両者は，地域の歴史文化資源を基盤とするという点で，同じスタートラインに立つ（図14.2）．

観光開発では，観光資源（本章では歴史文化資源）を観光客が訪問し時間や金を消費する観光対象へと高めることを目的として，たとえば資源へのアクセス確保，周辺環境の整備，サインの設置，観光ガイドの育成・配備といったハード，ソフト両面にわたる取り組みが講じられる．これは，ニューツーリズムや着地型観光などに限らず，わが国の地域資源を活かした観光開発にとっては長年の課題でもある[*2]．

他方，歴史的環境保全では，歴史文化資源に対して国民や地域社会がその価値を

[*1]: 本章では，文化財総合的把握モデル事業（後述）のなかで，地域の歴史文化に関わる多様な資源を表現する用語として，最も多く使われていた「歴史文化資源」を用いる．なお，他には歴史まちづくり資産（篠山市），文化遺産（日南市ほか），文化財（北秋田市ほか）などの用語がみられた．

[*2]: 民俗学者宮本常一（日本観光文化研究所初代所長）は，昭和40年代の講演のなかで，「観光資源というものは，もしこれに手を加えない場合には，観光対象にならないものである」，「観光資源というものはいたるところに眠っておるものです．それを観光対象にするしかたに問題がある」と指摘している（宮本，1975）．

共有し，文化遺産，または文化財[*3]として将来へ継承するために必要な措置が講じられる（詳細は次節）．この歴史文化資源に対するアプローチは近年，法律や事業の拡充もあいまって，著しい発展を遂げている．ここに，観光開発の側が参照すべき理論や手法があるのではないだろうか．また，地域環境の維持向上という地平で考えれば，産業振興，環境保全，文化振興などの領域も含めた歴史文化資源に対する総合的な取り組みが必要であり，そのうえでも，まずは基軸となる歴史的環境保全のアプローチについて，その動向を知る必要がある．

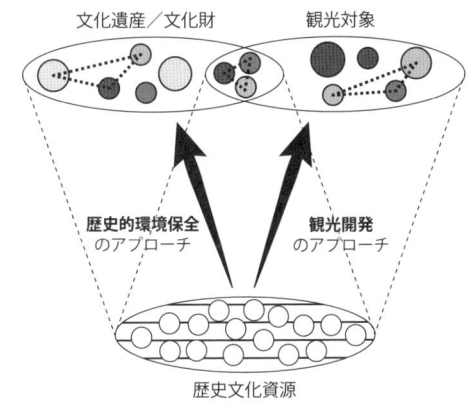

図14.2 歴史的環境保全と観光開発の関係

14.2 歴史的環境保全における歴史文化資源へのアプローチ

14.2.1 歴史的環境保全の近年の潮流

わが国における歴史的環境保全[*4]は，文化財保護法や地方自治体の条例に基づく文化財保護のしくみが根幹にある．現在の文化財保護法は，戦前期に由来する複数の法制度[*5]を統合し，1950年に制定されたものである．さらに戦後，文化財の対象は広げられ，当初の有形文化財，無形文化財，記念物（史跡・名勝・天然記念物）に，民俗文化財（1975年），伝統的建造物群保存地区（同年），そして文化的景観（2004年）が加わり，現在の6類型となっている．1996年には，新たに届出制と指導・助言等を基本とした緩やかな保護を目的とする登録文化財

---

*3: 西山（2012）では，「文化資源」(本章の歴史文化資源に相当)，「文化遺産」，「文化財」の違いが以下のように明快に説明されている．文化資源とは「地域に存在するあらゆる文化的資産個別の要素」のことであり，文化遺産は「文化資源が一定のストーリーのもとに結集され，その全体としての意味が誰にでも分かるような価値として説明されたとき」に認知されるものであり，また文化財は「法に基づく保護対象を確定するための資産の捉え方」である．

*4: 紙幅の都合上概要説明にとどめるが，詳しくは西村（2004）を参照していただきたい．

*5: 史蹟名勝天然紀念物法（1919年）や国宝保存法（1929年；その前身は古社寺保存法（1897年）），重要美術品等ノ保存ニ関スル法律（1933年）．

制度[*6]が創設され，近代建築や土木構造物なども含め，地域固有の歴史文化資源に光が当てられるようになった[*7]．

一方，都市計画の分野でも，近年個性ある都市・田園景観の形成や，都市ストック活用型社会への転換が図られるなかで，歴史的環境保全も主要課題の一つとして取り上げられている．特に，2004 年に制定された景観法に基づく景観計画では，京都市や金沢市をはじめ歴史的市街地，あるいは歴史文化資源の周辺景観を守り育てることを中心に据えたものも多くみられる．また，都市計画法に基づく風致地区，高度地区，地区計画などは歴史的町並みや眺望景観の保全にも活用され，さらに歴史的建造物の未利用容積を周辺敷地に移転しその保存を図る諸制度（特定街区や特例容積率適用地区）も創設されている．

しかし，それでもなお，身の回りの歴史文化資源が失われていく現状を鑑み，文化庁では，文化財を総合的に把握することや社会全体で文化財を継承していくことを目指した，歴史的環境保全のためのマスタープランともいえる歴史文化基本構想の策定を推進するため，2008 年から 3 年間にわたり全国 20 ヶ所でモデル事業を実施した．また同年，国土交通省が主導し文化庁と農林水産省との共管によって，「地域における歴史的風致の維持及び向上に関する法律」（通称：歴史まちづくり法）が制定された．これは，市町村が法に基づく歴史的風致維持向上計画を策定し，国の認可を受けたうえで，歴史的環境保全に関わる補助事業や法の特例措置などを受けることができるというものである．

14.2.2 歴史文化資源を捉える視点

こうした歴史的環境保全における近年の動向のなかに，国民や地域社会が歴史文化資源の価値を共有するための「つのる」，「つなぐ」，「つかう」という三つの基本的な視点からのアプローチを見出すことができる．

①歴史文化資源をつのる： まず，地域における歴史的環境保全における初期のステップとして，歴史文化資源の探索，つまり，調査とそれに基づく目録づくりがある．地域のどこにどのような資源が分布しているのか，表や分布図として「見

[*6]: 従来の重要なものを厳選し，許可制等の強い規制と手厚い保護を行う指定制度を補完するものとして位置づけられている．また，1996 年の時点では，有形文化財（建造物）に限定されたものであったが，2004 年には建造物以外の有形文化財，記念物，および有形民俗文化財にも拡がった．

[*7]: 制度創設から約 20 年経た 2015 年 11 月現在，登録有形文化財（建造物）の登録件数は 10197 件と順調にその数を伸ばし，国宝・重要文化財（建造物）の指定件数 2659 件をはるかに凌ぐ．

える化」する作業である．わが国ではこれまで，学術的な視点からの歴史的建造物や土木遺産をはじめとする資源探索が全国レベルで行われてきており，それらが保護対象を拡げ，その後の制度改正の基盤となってきた．

一方，前述の歴史文化基本構想のモデル事業では，「地域における文化財の総合的把握」を目指して，各自治体は既存の文化財の基準にとらわれることなく，「住民を含めたあらゆる関係者が歴史文化遺産の存在に気づくためのリストづくり」（西山，2012）に取り組んだ．各地で，一般市民，市民団体，地元専門家の力を活用し，集落の空間的・景観的特徴を創り出している要素を発見する調査（山梨県韮崎市や兵庫県篠山市など）や地域固有のシンボルに関わる歴史文化資源を悉皆的に拾い上げていく調査(例：兵庫県高砂市における竜山石に関する建造物，墓石調査など）が行われ，いかに市民の力を活用するか，そして地域独自の見方で資源をとらえるか，といった点に重きを置いたアプローチが試みられた．

②歴史文化資源をつなぐ：　近年の歴史的環境保全では，個々の歴史文化資源だけではなく，資源どうしや周辺環境との関係性が大事にされている．これは，前述の歴史文化基本構想や歴史まちづくり法に基づく歴史的風致維持向上計画にも強く反映されている．前者では，「有形・無形・指定・未指定にかかわらず様々な文化財を歴史的・地域的関連性に基づき一定のまとまりとして捉えたもの」と定義される「関連文化財群」が設定される．

一方，後者では，「歴史的風致」という概念が打ち出された．それは，「地域におけるその固有の歴史及び伝統を反映した人々の活動と，その活動が行われる歴史上価値の高い建造物及びその周辺の市街地とが一体となって形成してきた良好な市街地の環境」と定義され，特にソフト（人々の営み）とハード（建造物）の一体性が重視されている．祭りを例にとれば，伝統芸能としての祭りのそのものとその舞台としての道路や広場などの公共空間や沿道建物，背景にみえる山並みをセットとしてとらえるという発想である（岡村，2012）．

前述「つのる」のステップとも結びつくが，関連する歴史文化資源を広く束ね，そしてそれをいかに説得力あるストーリーとしてまとめ表現していくかが，価値の共有という点でも重要であるし，具体的な整備事業を進めるという点でも前提となりうる．

③歴史文化資源をつかう：　歴史的環境保全において，保存と活用は両輪ととら

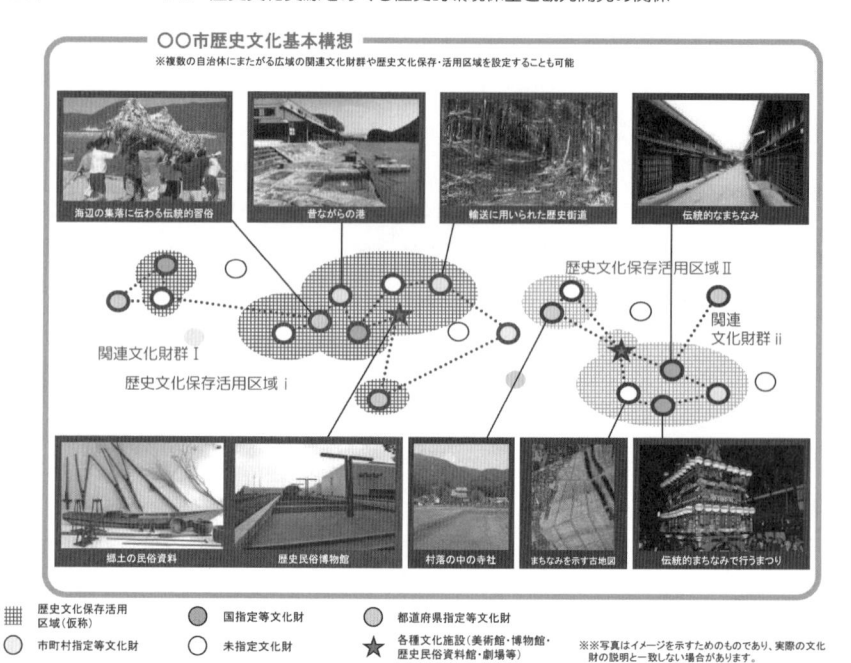

図14.3 歴史文化基本構想における関連文化財群のイメージ

えられている[*8]．特に登録文化財制度創設後[*9]状況は大きく変わり，当該制度のもとでは，通常望見できる範囲の4分の1までの現状変更や内部の改変については届出の必要はなく，歴史的建造物としての風格や外観を残しながら現代的な活用ができる．そのため，内部を改修して，旅館，ホール，レストラン，ミュージアムへと転用している事例も多数みられる．

こうした保護制度の進展や，前述の精力的な資源探索やストーリー構築によって価値を見出されてきた歴史文化資源について，地域が主体となって活用していくための事業も実施されている．文化庁では，2006（平成18）年度より「NPOによる文化財建造物活用モデル事業」[*10]を実施し，所有者や行政機関だけでなく，NPOなど多様な主体の関わりによる歴史文化資源の保存・活用を目指している．

[*8]: 文化財保護法の第一条には，「文化財を保存し，且つ，その活用を図り，もって国民の文化的向上に資するとともに，世界文化の進歩に貢献することを目的とする」とある．
[*9]: 登録文化財制度が創設される以前は，従来の用途を維持するか，資料館や博物館などとして行政が維持管理することに活用の中心であり，「活用や管理方法について検討する必要がほとんど無かった」（後藤，2012）という．
[*10]: 平成23年度からは，「NPO等による文化財建造物の管理活用事業」へ引き継がれている．

また，2011（平成23）年度からは，「文化遺産を活かした観光振興・地域活性化事業」に着手している．たとえば，茅ヶ崎市では，市内を東西に横断する大山街道沿いの歴史文化資源を丹念に拾い上げ，それらを普及するためのマップやパンフレットの製作，そしてそれらをガイドする人材育成に取り組んだ．

このように，歴史文化資源の活用にあたっては，すでに価値が共有されているような顕著な資源に限らず，幅広く多様な資源を活用することや，地域社会としていかに持続的に関与するかという点が重視されている．

14.3 まちづくりのもとでの統合的アプローチへ

14.3.1 ニューツーリズムにおける歴史文化資源へのアプローチ

上記の視点を踏まえて，ニューツーリズムや着地型観光のなかですでに一定の評価を得ている「エコミュージアム」，「オープンシティイベント」，「まち歩き観光ガイド」を取り上げて，歴史文化資源へのアプローチをみていきたい（表14.1）．

a．エコミュージアム

エコミュージアムは，「ひとつの地域にある様々な産業遺産，自然遺産，文化遺産などを手掛かりに，地域全体を博物館として運営し，その保全や調査研究・収集保存・展示教育などを市民が担っていく活動や仕組み」と定義されるが（鄭，2012），さまざまなタイプが存在する．山形県朝日町の「朝日町エコミュージアム」では「住民は誰でも学芸員」，山口県萩市の「萩まちじゅう博物館」では「市民

表14.1 各ニューツーリズムにおける歴史文化資源へのアプローチの特徴

	つのる	つなぐ	つかう
エコミュージアム	市民やNPOなどによる継続的な資源探索が行われる．	分野，地区，出来事別にグルーピングされ，多様な媒体（ツアーやマップ）で伝えられる．	地域における有形・無形のあらゆる資源を活用する．
オープンシティイベント	オーナー（所有者）による自薦や，主催機関による調査・選定が行われる．	地域内の資源の一斉公開により，当該地域の特性を浮かび上がらせる．	特定の種別の資源を期間・時間限定で活用する．
まち歩き観光ガイドツアー	組織としての蓄積に加え，ガイド個人の生活体験を踏まえた資源探索が行われる．	特定エリアを網羅的に巡るだけではなく，ストーリーを重視し，ツアーコースが設定され各資源を繋ぐ．	商店街や住宅地など日常の生活空間にある資源を活用することが魅力の一つになっている．

が博物館スタッフ」として位置づけられているように，資源発掘の段階から観光客への対応まで市民の参画を重視する傾向が強い．継続的に資源発掘するシステム（前者は「あさひまち宝さがし」，後者は NPO による「おたから情報収集」）をもち，資源は分野別，地区別，出来事別などにグルーピングされる（鄭，2012）．これは，地域の歴史文化への理解を促すとともに，地域を効率よくめぐるのにも役立つ．そして，コア施設（前者は「エコミュージアムルーム」，後者は「萩博物館」）とともにサテライトとして地域に点在する有形，無形の歴史文化資源が観光対象として活用されている．具体的にはガイドツアー，ガイドブック・マップ，モバイル端末への情報提供など多様な媒体によって観光客をもてなす．

b. オープンシティイベント

オープンシティイベントとは，普段は見たり入ったりすることができない複数の地域資源を期間限定で一斉公開するイベントのことである（岡村ほか，2013）．わが国では，庭（「オープンガーデン」長野県小布施町ほか），工場（「おおたオープンファクトリー」東京都大田区ほか），建築物（「生きた建築ミュージアムフェスティバル」大阪市ほか）など，類似イベントが近年増えている[*11]．

対象となる資源は，オーナー（所有者）の自薦や主催者による調査・選定によって収集され，いずれもオーナーの協力が不可欠である．イベントごとに公開物件数に開きはあるが，地域内にある複数の資源が公開されることによって，当該地域の歴史文化や生活・生業の特性を浮かび上がらせる．また，民家のようにプライバシーの問題から日常的な公開や訪問者への対応が難しい資源であっても，期間や時間を限定することで観光対象としての活用を可能としている．建築物を対象とするオープンハウスでは，所有者や利用者が建築のデザインや歴史の側面だけでなく，そこでのライフスタイルやワークスタイルを訪問者に対して熱心に語り，そのトータルな価値や魅力を伝えることで，将来的な住み手や使い手の確保，あるいは建築物の保存・再生を目指している（岡村ほか，2015）．

c. まち歩き観光ガイドツアー

テレビ番組や雑誌などのメディアの効果もあり，まち歩き観光が人気を博している．なかでもボランティア市民によるガイドツアーは，各都市内のエリアやテーマに沿って多様で質の高いツアーが提供されている（たとえば別府八湯ウォー

---

* 11：欧州各都市では，建築物を対象とした「European Heritage Days」，または「Open House」が，年1度の恒例行事として定着しているとして，多くは9月のいずれかの週末に開催され，建築物の質や創造性，そして遺産としての価値を市民や訪問者に伝えている（本章コラム参照）．

ク，長崎さるく，大阪あそ歩，横浜シティガイド協会など）．

定番のコースに加えて，季節限定コースや新規コースを設定するべく，ガイドは自身の生活体験なども踏まえ，資源探索に力を入れる．市民ガイドの魅力は何といっても商店街や住宅地など日常の生活空間をめぐるツアーであり，市井の商店，路地裏，人々の普段の営みなど，観光客には一見アプローチしにくいような資源が，生活者の目線から観光対象として活用される．各ツアーでは，特定エリアを網羅的にめぐるというだけではなく，各資源をつなぐオーダーメイドのストーリーがあり，それがリピーターやファンの獲得に貢献している．なかでも横浜シティガイド協会は，優れたガイド養成講座を構築しており，受講生には2年間の育成期間の成果として新たなコースづくりが求められ，単に案内人としてではなく企画者としての素養も必要とされる（林ほか，2012）．

14.3.2 総合戦略としてのまちづくりと技術としてのまちづくりへの期待

このようにニューツーリズムの先駆的事例では，地域社会や市民の力で新たに調査・収集された資源を，エリアやテーマごとに結びつけ地域固有の歴史文化のストーリーを構築し，多様な主体によって幅広く活用するという，近年の歴史的環境保全と同調するアプローチがあることが確認できた．

今や「観光まちづくり」や「歴史まちづくり」という用語が市民権を得ていることからもわかるとおり，両者は，地域社会を基盤とした地域環境の維持・向上運動としてのまちづくりの目標実現のために必要なパーツの一つととらえられる．お互いの方向性に齟齬が生じないよう，そして効率性の点からも，両者は同一の地平において具体的なアクションを起こすことが求められる．もちろん，そのためには前提となるビジョンや計画が必要であり，それを支える行政組織の一貫性も必要とされる．事実，前述の「萩まちじゅう博物館」の取り組みは，「文化資源マネジメント」（西山，2012）という概念のもとで，「保護概念にとどまらない分野を超えたまちづくり施策」（村上ほか，2010；西山，2012）としての可能性を見出している．

また，逆の見方をすれば，観光まちづくりも歴史まちづくりも，将来ビジョンの構想，住民参加，合意形成などまちづくりがこれまで培ってきた理論や手法に期待するところが大きく，地域の総合戦略としてのまちづくりの傘のもとで，そしてまちづくりの技術を活かしながら，歴史文化資源に対する統合的アプローチを探求していく必要がある．

［岡村　祐］

● ヨーロッパにおける建築物一斉公開イベント「オープンハウス」

　ヨーロッパ各都市では，建築物を一斉公開する「オープンハウス」が，特定の週末の恒例行事として広まっている．各イベントは，「欧州文化遺産の日 (European Heritage Days)」，または「オープンハウスワールドワイド (OHWW)」のいずれかの枠組みのなかで実施されている．

　前者は，欧州評議会と欧州連合の共催により欧州の40ヶ国以上で実施されている．9月の週末に開催する，基本的に無料公開する，共通のロゴやスローガンを用いるなど緩やかなルールはあるものの，企画運営など実務的なことは各国や各市に任されている．一方，後者は，イギリス・ロンドンの「オープンハウスロンドン」をルーツとし，創設者ヴィクトリア・ソーントン氏の強力なリーダーシップのもと欧州各都市（ダブリン，バルセロナ，ローマ，ヘルシンキ等），さらには北米やオーストラリアへと世界的に広まり，2015年12月現在30余都市が加盟している．特に建築デザインの質や創造性を重視し，特定の年代，用途，様式，作家にとらわれない建築物が公開の対象となっている．

　ともに，ボランティアや見学者として市民がさまざまな立場で関わっていること，建築のみならず都市全体を楽しめること，市民の建築・都市に対する学習機会となっていることなどを，特徴としてあげることができる．

図14.4　「オープンハウスロンドン」のようす
公開建物の居住者（写真右）とボランティア（写真左）市民が，熱心に建物の解説をしてくれる．

図14.5　ブリュッセルでの「欧州文化遺産の日」のようす
中心部は一般車両の通行が禁止され，市民は公共交通（当日無料），自転車，徒歩でまちに繰り出す．

文 献

岡村　祐（2012）：歴史まちづくり計画のなかの都市祝祭空間．季刊まちづくり，36：38-40.

岡村　祐・野原　卓・田中暁子（2015）：建物一斉公開プログラム「オープンハウス」の地域資源マネジメントにおける教育・啓発手段としての可能性．日本建築学会技術報告集，49：1241-1246.

岡村　祐・野原　卓・西村幸夫（2009）：我が国における「観光まちづくり」の歴史的展開—1960年代以降の「まちづくり」が「観光」へ近接する側面に着目して．観光科学研究，2：21-30.

岡村　祐・野原　卓・田中暁子（2013）：欧州における建築一斉公開イベント〈オープンハウス〉その理念と各都市での取り組み．季刊まちづくり，37：110-118.

尾家建生・金井萬造 編著（2008）：これでわかる！着地型観光地，学芸出版社．

国土交通省観光庁観光産業課（2010）：ニューツーリズム旅行商品 創出・流通促進 ポイント集．

後藤　治（2012）：多様化する文化財：規制・復原から活用・マネジメントへ．季刊まちづくり，35：17-23.

鄭　一止（2012）：エコミュージアム運動としての「場所の記憶」の構造化に関する研究．東京大学博士論文．

西村幸夫（2004）：都市保全計画，東京大学出版会．

西村幸夫 編著（2009）：観光まちづくり，学芸出版社．

西山徳明（2012）：文化資源からはじまる歴史文化まちづくり．季刊まちづくり，35：4-16.

文化審議会文化財分科会企画調査会報告書参考資料．http://www.bunka.go.jp/seisaku/bunkashingikai/bunkazai/kikaku/h18/kikakusho

宮本常一（1975）：旅と観光（宮本常一著作集 18），未来社．

村上佳代・西山徳明（2010）：萩市における文化資源の発掘と都市遺産概念について—歴史文化まちづくりにおける文化資源マネジメントに関する研究（その1）．日本建築学会計画系論文集，75(657)：2615-2624.

林　懿嫺・東　秀紀・岡村　祐（2012）：横浜市の観光ボランティアガイド組織に関する研究—その育成方式を中心にして．観光科学研究，5：95-106.

15 文化ツーリズムの課題と可能性

15.1 文化ツーリズムの可能性を高める担い手づくり

　文化ツーリズムは，人間の手が加わった地域資源，たとえば建物やまちなみ，あるいは祭りや行事などに基づく観光としてとらえられている．文化ツーリズムは地域の自然的な資源に基づく観光形態である自然ツーリズムとも対比されるが，それらの定義の境界は必ずしも明確でない．それは，人の手が加わらない原初的な自然が現代では少ないだけでなく，人の手が加わった自然が多いためであり，人の手が加わった自然の多くは自然資源として認知されているためである．仮に，文化ツーリズムの対象が人の手が加わった地域資源とするならば，地域資源の多くは自然資源を含めて文化ツーリズムの対象となってしまう．したがって，文化ツーリズムとは何かという議論は重要な課題ではない．むしろ，文化ツーリズムに関して重要な課題は，地域資源をどのように活用するのか，そしてそれをいかにして歴史や生活文化や社会と関連づけて地域振興に結びつけるのかである．地域資源を活用するだけでなく，地域振興に結びつけるためには，文化ツーリズムの可能性を高める担い手づくりが重要な課題である．以下では，地域資源とそれを活用する担い手づくりの様相を，東京都青梅市(おうめ)の商店街を事例に検討する．

15.2 青梅市の概要

　青梅市は東京都の西部に位置し，都心から約50 km離れた地方中心地の一つである．旧市街地の青梅宿は近世以前から武蔵野台地の西端に位置する谷口集落として成長し，周辺地域で生産された織物や農産物の集散地として発達した．そのため，近世以降，青梅宿は西多摩地方の政治，産業，経済，文化の中心として栄え，陣屋が八王子代官所の出先機関として立地した．陣屋の周辺では六斎市(ろくさいいち)が開設され，青梅宿は市場町の機能を備えるとともに，御岳山(みたけ)参詣者の登山基地と

しても栄えた.

青梅宿を含む青梅市は明治期以降も奥多摩からの物資の集散地として発展し，全世帯に対する商家の割合も昭和初期の時点で23.2％と高かった．また，青梅市は太平洋戦争の戦災を免れ，戦後は織物業の特需によって商業や工業がいち早く発展した．1960年代以降になると，鉄道や道路の整備に伴って，住宅地が拡大するようになり，青梅市の人口は1920年の約3万人から2000年の14万人強へと増加した．このような人口増加は地域の商業の発展を確かにするものであったが，青梅市の商業機能は1970年代以降衰退している．青梅市の小売商業力指数（自地域の商業を利用する割合）は，1960年の1.09から1999年の0.85へと低下し（1以上であれば，自地域の商業が利用される），それは地元商店街よりも他地域の商店街や大型店を利用する傾向が強いことを示唆している．人通りが少なく，シャッターの下りた店舗が多いことは，この地の商店街の衰退を象徴している（図15.1）．

図15.1 人通りが少なく，シャッターが下りた店舗が目立つ青梅市の商店街（2007年1月筆者撮影）

15.3　青梅市商店街の活性化策としての地域イベント

青梅市商店街（個別商店街の連合体）は商業の衰退に直面し，さまざまな活性化策を講じた．その多くは商店街による商業的な地域イベントと，伝統的な季節の祭りを基盤とする地域イベントであった．商業的な地域イベントは「現金つかみ取りセール」や「のみの市」，あるいは「大売り出しセール」などのように，個々の商店街が企画したもので，イベントの地域的な範囲は個別の商店街に限定され，イベントの効果も長続きすることはなかった．他方，個々の商店街のイベントとは異なり，季節的な地域イベントは八坂神社の「笹団子祭り」や住吉神社の「青梅大祭」などの伝統的な祭り，または「達磨市」や「朝顔市」などの伝統的な年中行事に基づくもので，各商店街や青梅市の範囲を超えて多くの人々を引きつけた．特に，青梅大祭は毎年5月2日と3日に行われ，各町内で山車を巡行する．最終日には12台の山車が青梅駅に勢ぞろいし，山車巡行が青梅街道の東西3kmにわたって行われ，例年の青梅大祭では約8万人以上の人出が常にあった．しかし，季節的な地域イベントは一時的な文化ツーリズムであり周年的なものでない

ため，地域にとって有効な活性化策にならなかった．

1990年代になると，商店街の経済的な活性化を目的に，青梅宿アートフェスティバルが毎年11月に開催されるようになった．このフェスティバルの開催は，青梅市商店街の中の一つの商店街組合が1991年の東京都のモデル商店街事業に基づいて歩道やコミュニティパークを整備し，まちなみの修景を実施したことを契機にしていた．この商店街組合は修景したまちなみを活用して，アートフェスティバルを開催し，各商店のショーウィンドーに市民作家の作品を展示して，それらの作品を来訪者とのコミュニケーションのきっかけとして商品の売り上げを伸ばそうと考えた．1994年になると，このアートフェスティバルは青梅宿アートフェスティバルと名称を改め，一つの商店街の地域イベントではなく，青梅宿（青梅市商店街）という広域的なイベントになった．青梅宿アートフェスティバルでは毎年テーマが設定され，参加者はそのテーマに基づいて街全体をステージに市民参加的な芸術活動を行っている．

図15.2 青梅宿アートフェスティバルにおける大道芸人のパフォーマンス（2004年11月筆者撮影）

第1回（1991年）から現在まで「芸術」と「遊び」が一貫した中心テーマになっているが，第3回（1993年）からは「大正・昭和ノスタルジー」がテーマの一つになった．結果として，青梅宿アートフェスティバルは色気や粋，あるいは熟成感のある大人の世代のための地域イベントになった．たとえば，2003年のフェスティバルは「昭和慕情大道芸人たちの青梅宿」をテーマに11月22日から24日にかけて開催され，昭和30年代の街と人々の活力をノスタルジーとともに表現した（図15.2）．そして，青梅宿アートフェスティバルは商店街の人々や青梅市民だけでなく，地域外の多くの人々が運営し参加することで成立し，現在（本稿執筆の2015年時点）においても継続されている．

15.4 青梅宿アートフェスティバルの新たな展開

青梅宿アートフェスティバルは衰退傾向の青梅市商店街に大きな影響を与えてきた．具体的には，アートフェスティバルの成立・発展過程で後述するようなさまざまな地域資源を掘り起こし，それらを新たな地域資源として定着させてきた．

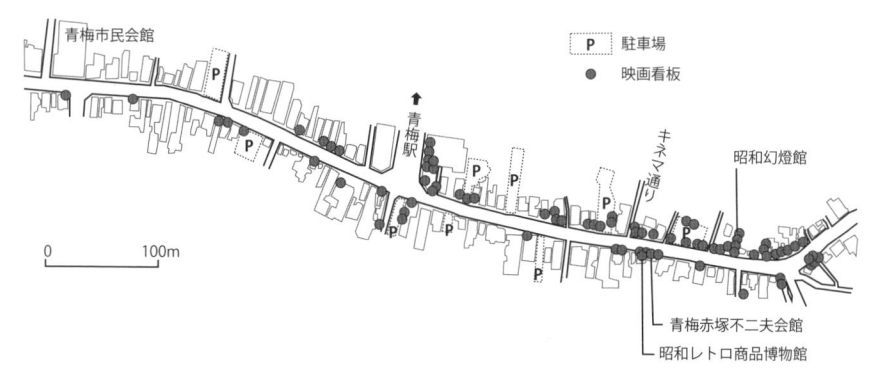

図 15.3 青梅宿の商店街における映画看板の分布（2008 年）（現地調査により作成）

テレビや新聞，雑誌といったマスメディアはアートフェスティバルで取り上げられた地域資源を報道し，その地域資源の報道によって青梅の新たな地域イメージが付加された．それらの地域イメージに合わせて，地域イベントが地域活性化としてさらに行われるようになる．つまり，地域イベントの実施→地域資源の掘り起こし→地域資源の定着活用→新たなイメージの付加→地域イベントの実施という螺旋的な地域活性化のシステムが，持続的な「まちづくり」の方策として展開してきた．

図 15.4 映画看板の町としてのイメージを高めた青梅市商店街（2007 年 11 月筆者撮影）

たとえば，第 3 回（1993 年）の青梅宿アートフェスティバルでは，昭和 30 年代に活躍した映画看板師と彼らが描く看板を地域資源として掘り起こし，青梅宿の商店街を映画看板で飾った（図 15.3）．そして，青梅は「映画看板のある街」という地域イメージがマスコミによってつくられ，そのイメージを利用する形で昭和レトロ商品博物館に「板観，映画看板の部屋」や「映画看板ギャラリー」がつくられ，「青梅懐かし映画劇場」における映画上映も月 1 回ないし 2 回のペースで開催されるようになった（図 15.4）．同様に，映画化された『怪傑黒頭巾』誕生の地や小泉八雲の怪談『雪女』の物語の舞台も，あるいはテレビドラマ化された『黄金仮面』も，青梅アートフェスティバルによって掘り起こされた地域資源であった．

第 8 回（1998 年）の青梅宿アートフェスティバルでは，商店街に福を呼ぼうと招き猫がテーマとして取り上げられ，ネコに関連した商品を扱う人々が多く出店した．このようすがマスコミで取り上げられ，青梅は「ネコの街」であるという地域イメージが創成された．以後，旧青梅街道の歩道に多数のネコのオブジェが設置され，空店舗対策事業の観光商業化の目玉としてネコをコンセプトとした店舗が立地したように，「ネコの街」の地域イメージに合わせたまちおこしが進められた．空店舗対策事業では古い商家を利用して「昭和レトロ商品博物館」が開館し，昭和時代の消費文化を象徴する商品パッケージを展示した．この博物館を中心にして，青梅は昭和レトロな街であるという地域イメージが形成されるようになった．このように，文化ツーリズムの担い手は地域資源を掘り起こすだけでなく，つくりだすことによって地域イメージを醸成し，よりよいまちづくりを内発的に行ってきた．

図 15.5 青梅市商店街の文化ツーリズムとまちづくりの核になる「青梅赤塚不二夫記念館」（2007 年 11 月筆者撮影）

その後，昭和レトロなまちづくりは，昭和をテーマにした店舗を募集し，まちなみや歩道を昭和風に修景することで「昭和村商店街」へと展開した．その象徴となったのが 2003 年に開館した「青梅赤塚不二夫会館」であった．赤塚不二夫は漫画家になる前に映画看板を描いていた経歴をもち，昭和の映画看板によるまちおこしをしていた青梅商店街に親近感を抱いていた．そのことが，青梅と赤塚氏を結びつけ，「青梅赤塚不二夫会館」の建設とそれによる新たなまちおこしの契機となった（図 15.5）．会館には，『おそ松くん』や『ひみつのアッコちゃん』，『天才バカボン』，『もーれつア太郎』などの原画などが，昭和のよき時代の背景とともに展示され，昭和レトロな街の重要な資源となっている．

15.5 青梅宿アートフェスティバルがつくりだす地域資源

青梅宿アートフェスティバルの展開のように，持続的なまちづくりやそれに基づく文化ツーリズムの定着・発展には，担い手づくりとその組織化が必要である．青梅市の事例によれば，まちづくり以前の組織は，旧青梅街道沿いの個々の商店

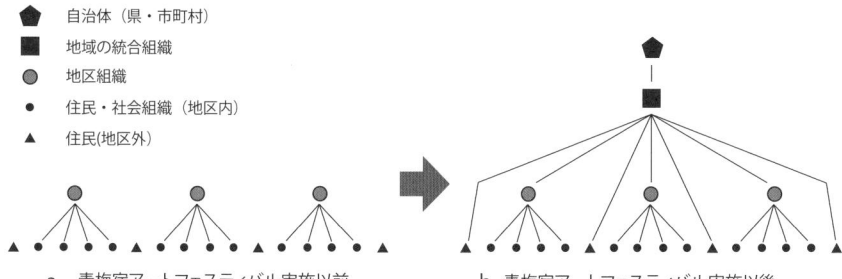

15.6　地域資源とそれを活用する担い手との関係

- ⬟ 自治体（県・市町村）
- ■ 地域の統合組織
- ● 地区組織
- ・ 住民・社会組織（地区内）
- ▲ 住民(地区外)

a　青梅宿アートフェスティバル実施以前　　b　青梅宿アートフェスティバル実施以後

図 15.6　青梅宿アートフェスティバル実施以前と以後の商店街組織の変化

街がばらばらにイベントなどの活動をしていた．そのため，青梅商店街としてのまとまりがなく，共通した商店街活性化の方策やまちづくりの計画もなかった．全体として，商店街の集客力も少なかった（図15.6a）．それに対して，まちづくり以後の組織は，青梅宿アートフェスティバル実行委員会という組織を中心にして，旧青梅街道沿いの個々の商店街が青梅商店街という一つのまとまりとして活動するようになり，映画看板のように，掘り起こした地域資源を利用して統一的な地域イメージをつくりだし，商店街全体の活性化に努めてきた．つまり，商店や商店街の縦のつながりだけでなく，横のつながりを重視した担い手づくりと組織づくりが，昭和レトロなまちづくりの成功につながった．このような横のつながりの組織は他のさまざまな組織との連携もしやすく，商店街以外の地元の社会組織や住民，高校生がサポーターとしてまちづくりに参加している（図15.6b）．

15.6　地域資源とそれを活用する担い手との関係

地域資源を活用する文化ツーリズムの担い手は大きく二つの対応に分けられる（図15.7）．第一は，一つの地域資源を一つの主体が支えるもので，主体相互の連携が弱い（図15.7a）．そのため，個々の地域資源を活かした文化ツーリズムの活動は独立性・孤立性が強い．このモノチャンネル型の構造は，活動や作用する範囲が狭く限定されるが，局所的に場所を限定して即効性のある地域の振興や活性化，あるいはまちづくりに適している．また，一つの主体による地域資源の活用であるため，その開発はトップダウンで行われることが多く，地域の観光化が急速に進展するという利点もある．しかし，その主体が何らかの影響で観光事業に頓挫すれば，文化ツーリズムの活動は中止されてしまう．つまり，地域全体でまとまって文化ツーリズムの活動を持続させることは難しい．

a) モノチャンネル型の関係構造　　　　b) マルチチャンネル型の関係構造

○：地域資源・環境資源
×：地域主体・利用主体

図 15.7 地域資源とそれを文化ツーリズムとして活用する担い手との関係構造

　他方，第二の構造は一つの地域資源を複数の主体で支えるもので，それは青梅宿アートフェスティバルにおける地域振興のタイプでもある（図15.7b）．このようなマルチチャンネル型の構造は，活動や文化ツーリズムが持続し広範囲に及ぶことに適しており，文化ツーリズムやまちづくりの活動に関しても地域のまとまりを促進させるものになっている．また，この構造に基づく文化ツーリズムは内発的でボトムアップ型のものとなり，着地型観光に発展しやすいという利点もある．その反面，地域資源を支える主体間の意見交換や利害調整に時間がかかることや，地元の人・もの・金の調達にも時間がかかることが大きな問題点となっている．そのため，地域における文化ツーリズムの発展・成熟には少なからず時間を要することになる．

　このように，文化ツーリズムの要素である地域資源とそれらの活用主体と関係には，モノチャンネル型とマルチチャンネル型とがある．それらの長所と短所をみきわめながら，時宜に合った文化ツーリズムの担い手のあり方を考えることが重要である．従来，文化ツーリズムの活動の多くはモノチャンネル型の構造で進められてきた．しかし，今後はマルチチャンネル型の構造で進めることで，着地型観光の進展など文化ツーリズムの新たな発展を見込むことができる．そのような可能性を高めるためにも，文化ツーリズムの担い手づくりと組織化はマルチチャンネル型の構造になることが望ましい．

［菊地俊夫］

● 「鉄」の文化ツーリズムとその魅力
　―門司港レトロ観光線「潮風号」の試み
　「用事がなければどこへも行つてはいけないと云うわけはない．なんにも用事がないけれど，汽車に乗つて大阪へ行つて来ようと思ふ」．内田百閒著『特別阿房列車』のあまりにも有名な一節は，発表から60年を経た今でも，私たちを列車の旅へと誘ってくれる．
　しかし，日本全国の鉄道網は縮小を続けている．国土交通省鉄道局のデータによれば，2000～2009年の10年間に全国で33路線，634.6 kmの鉄軌道（鉄道と軌道）が廃止された（表15.1）．大都市圏から遠く離れた地域で運行する多くの地域鉄道は，モータリゼーションの加速による利用客の減少などを受け厳しい経営状況に立たされている．
　同様の状況は，鉄道ファンや旅行者に人気のあった主要幹線の看板列車にもあてはまる．たとえば，長距離を夜を徹して走り旅客を運ぶ特急寝台列車，通称ブルートレインは，1970年代から鉄道ファンらに根強い人気があり一時ブームにもなったが，国鉄分割民営化，JRへの継承を経て廃止の一途をたどった（表15.2）．
　寝台列車など特徴ある長距離列車が廃止される背景として，全国に拡大する

表15.1　おもな廃止路線（路線長順）

路線名（区間）	路線長	廃止年
北海道ちほく高原鉄道 ふるさと銀河線（池田-北見）	140.0 km	2006
のと鉄道 七尾線（穴水-輪島），能登線（穴水-蛸島）	81.4 km	2001，2005
高千穂鉄道 高千穂線（延岡-高千穂）	50.0 km	2007，2008
JR 可部線（可部-三段峡）	46.2 km	2003
島原鉄道 島原鉄道線（島原外港-加津佐）	35.3 km	2008

表15.2　2000年以降におけるブルートレインの廃止

廃止年	列車名（運行区間）
2002年	はくつる（上野-青森）
2005年	あさかぜ（東京-博多），さくら（東京-長崎），彗星（新大阪-南宮崎）
2008年	あかつき（京都-長崎），なは（京都-熊本），銀河[*1]（東京-大阪）
2009年	はやぶさ（東京-熊本），富士（東京-大分）
2010年	北陸（上野-金沢）
2012年	日本海[*2]（大阪-青森）
2014年	あけぼの[*3]（上野-青森）
2015年	北斗星（上野-札幌）

*1：急行列車（他は全て特急）．
*2：臨時列車としては2013年1月まで運行．
*3：臨時列車としては2015年1月まで運行．

新幹線網の影響が大きい．新幹線による効率的な輸送は日本経済の発展に寄与したが，そのスピードと引き替えに，車窓から見える風景を旅する人から奪い去ってしまった．たとえば2002年に延伸開業した東北新幹線（盛岡-八戸間）では全区間の73%が，2004年に部分開業した九州新幹線（新八代-鹿児島中央間）では全区間の69%がトンネル区間であり，観光やツーリズムという観点から考えると，変化に富んだ車窓の風景を楽しむという旅行の醍醐味は失われてしまった．

内田百閒ならずとも，鉄道に「乗りに行く」ことを旅行の目的とする人々，現代の表現を使えばいわゆる「乗り鉄」と呼ばれる鉄道ファン（列車に乗ることが好きで，種々の車両を乗り比べたり，さまざまな路線を乗り回ったりすることを趣味とする人々）は昔から存在している．そもそも日本は鉄道ファン大国であり，鉄道ファンの嗜好に基づいた分類を列挙するだけでも「撮り鉄」，「音鉄（録り鉄）」，「収集鉄」，「模型鉄」，「車両鉄」，「駅鉄」，「時刻表鉄」，「駅弁鉄」，「呑み鉄」など多様な呼称が存在する．彼らの楽しみ方はさまざまであるが，鉄道やそれをめぐる諸文化を愛好しているという点では共通している．

鉄道ファン層の拡大とその多様化の様子は，書店の風景からもうかがい知ることができる．「鉄ちゃん」あるいは単に「鉄」の一文字で総称されることもある熱心な鉄道ファンを対象とした出版物や雑誌は長年存在してきたが，近年は一般向けでありながら鉄道に特化した出版物，分冊百科と呼ばれる定期刊行物で鉄道をテーマにしたものが相次いで出版されるようになった[*1]．また，一般のライフスタイル誌や，さらに女性向けの媒体においてすら，鉄道の世界を探訪する記事や特集が組まれるようになったことは注目される現象である[*2]．鉄道現場の最前線で働く女性を紹介する雑誌連載や[*3]，「鉄」の子どもの母親を対象としたガイドブックまで刊行されているほどだ[*4]．このように出版物での取り上げ方や切り口は実に多様なものとなっており，一種の鉄道ブームともいえる様相を呈している．

こうした移動と現地での活動を伴う「乗り鉄」たちに期待を寄せる動きがある．世界では，地域的枠組みの再編に伴って鉄道復権の時代が到来しており，"Shinkansen" やTGV（フランス）の技術と成果がその推進力となっている．同時に日本では，新幹線網の拡大の陰で軽視されてきた在来線の価値を再発見し，文化ツーリズムの目玉として活用する試みが各地で興っている．本コラムではその一例として，関門海峡を臨む福岡県北九州市門司区の門司港レトロ地区における，平成筑豊鉄道「門司港レトロ観光線」の事例を紹介する．

関門鉄道トンネルからブルートレインの汽笛が消えて（表15.2参照）からわずか約1ヶ月後の2009年4月26日，門司港レトロ観光線（愛称「やまぎんレトロライン」，その後「北九州銀行レトロライン」）は開業した．JR門司港駅に隣接する「九州鉄道記念館駅」と九州最北端の鉄道駅「関門海峡めかり駅」間の2.1 kmを結ぶ，日本で一，二を争う短距離鉄道路線である（図15.8）．普通鉄道でありながら観光に特化した鉄道として，祝祭日や春・夏休みの期間

コラム

に運転され，年間約130日間の運転日には1日11往復する（2015年7月現在）．公募によって「潮風号」と命名されたトロッコ列車1編成は当初の予想以上に人気を集め，北九州市は開業年2009年の利用者を10万人と見込んでいたが，同年11月21日に20万人を突破したと発表した．

門司港レトロ観光線の鉄道事業の特色として，①鉄道事業法による「特定目的鉄道」，すなわち観光鉄道として日本で最初の開業例となったこと，②2005年より休止されていた貨物線の一部を旅客線に転用，すなわち廃線の再利用がなされたこと，③車両もまた，南阿蘇鉄道（立野－高森）のディーゼル機関車2両と，島原鉄道（諫早－島原外港）のトロッコ客車2両を購入・改装のうえ，再利用していることの3点がある．これらが評価され，2009年10月には第8回日本鉄道賞の特別表彰〈廃線文化観光賞〉を受賞した．

1995年にグランドオープンした門司港レトロ地区は，「衰退する門司港の活性化」をコンセプトに，かつては関門連絡船による九州の玄関口であり，大陸との貿易で栄えた往時のまちなみの再生を図る事業の第1期として，7年の歳月をかけ整備されたものであった．この事業ではJR門司港駅（1914年建設，1988年に国の重要文化財に指定）を結節点として，第一船だまり付近には旧大阪商船，旧門司三井倶楽部，旧門司税関などの建物群が修復・移築された．さらに事業の第2期には，門司港ホテル（1998年），門司港レトロ展望室および海峡プラザ（1999年），関門海峡ミュージアム（2003年），九州鉄道記念館（2003年）といった観光施設の整備が次々に進められた（図15.9）．

北九州市は，門司港レトロ観光線を以下の3つの観点で整備し

図15.8　九州鉄道記念館駅に到着する「潮風号」（筆者撮影）

図15.9　JR門司港駅のプラットホーム（左）と駅舎（右）（筆者撮影）

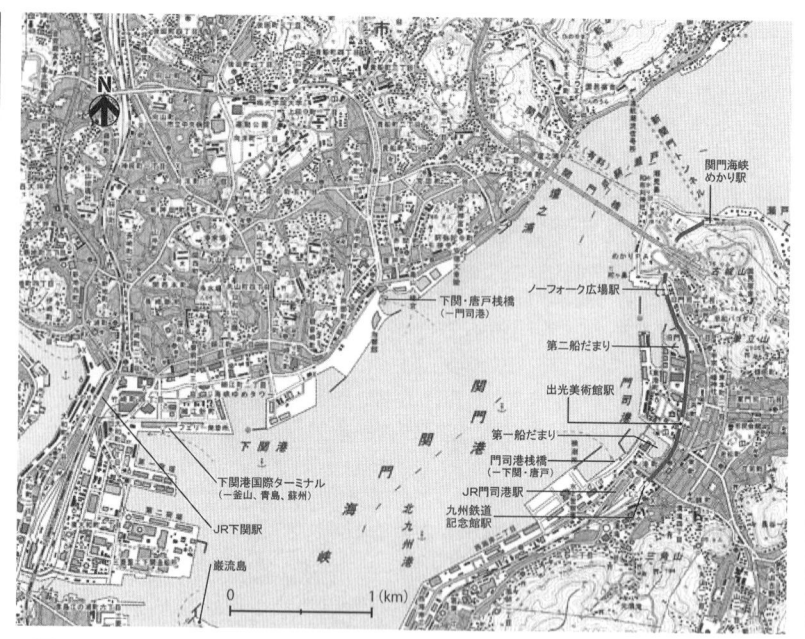

図15.10 関門海峡と門司港レトロ観光線（国土地理院発行2.5万分の1地形図「下関」2006年更新）

てきた．それらは①鉄道と港で栄えた門司港の歴史を物語る貴重な地域の資源である貨物線を活用し，魅力ある列車を運行することにより，新たな観光資源を創出する，②門司港レトロ地区と九州最北端に位置する和布刈地区の回遊性の向上を図ることにより，観光客の滞在時間の長期化を図る，③関門海峡を挟んで対岸に位置する下関市との間に観光客の新たな回遊ルートを形成する，である．

関門海峡では，門司港レトロ観光線の開業を契機に，さまざまな仕掛けが試みられている．その一例が周遊切符「クローバーきっぷ」の発売である．門司港レトロ観光線，めかり絶景バス，サンデンバス，関門連絡船の四つの交通機関を乗り継ぎ，再び門司港へと戻る周遊切符が，900円という廉価で発売された[*5]．この切符により，関門連絡船で門司港－唐戸間（所要5分）を往復する観光客の回遊ルートをさらに拡大する狙いである（図15.10）．

門司港レトロ観光線「潮風号」は，路線の短さ（2.1 km），加えて最高速度の遅さ（15 km/h），機関車の小ささ（10 t）もさることながら，その運行のほとんどが鉄道を愛するボランティアによって支えられていることは特筆すべきであろう．このようなささやかなトロッコ列車とそれを取り巻く人々の活動は，関門海峡をまたぐ都市観光はもちろん，鉄道と地域，鉄道と文化ツーリズムの連携を考えるうえで，貴重なフィールドとして選定されよう．　　［松村公明］

*1： たとえば『日本鉄道旅行地図帳（全12号＋別巻3）』（今尾恵介 監修，2008～2009，新潮社），分冊百科では『週刊 鉄道絶景の旅（全40号）』（2009～2010，集英社），『週刊朝日百科 歴史でめぐる鉄道全路線（全100号）』（2009～2011，朝日新聞出版）など．

*2： 雑誌特集の例として『Pen』2009年6月15日号「やっぱり，鉄道は楽しい」，『BRUTUS』2009年8月1日号「列車で行こう，どこまでも．ニッポン鉄道の旅」など．雑誌連載等から生まれた書籍として，たとえば菊池直恵著のコミックス『鉄子の旅（全6巻）』（2002～2006，小学館；『週刊ビッグコミックスピリッツ増刊IKKI』『月刊IKKI』に連載，酒井順子著のエッセイ『女子と鉄道』（2006，光文社；『小説宝石』『ユリイカ』掲載）など．

*3： 矢野直美による『JTB時刻表』への連載「ダイヤに輝く鉄おとめ」（2010，ジェイティビィパブリッシングより同名で単行本化）．

*4： ママ鉄同好会・棚澤明子著『子鉄＆ママ鉄の電車ウオッチングガイド［東京版］』（2009，枻出版社）は，子どもとともに鉄道を見られる「トレインビュースポット」を紹介している．

*5： その後切符の内容が若干変更され，門司港レトロ観光線，関門人道トンネル，サンデンバス，関門連絡船を1回ずつ利用する形態となり，鉄道・徒歩・バス・船による移動の後，再び門司港へと戻る周遊切符が，大人800円・小児400円で販売されている（2015年7月時点）．

文 献

井口　貢（2005）：まちづくり・観光と地域文化の創造．学文社．
上垣内咲（2010）：門司港にみられる二つのレトロ．2009年度立教大学観光学部卒業論文．
青梅市郷土博物館（1999）：青梅宿―町の生活・文芸・祭礼．青梅市郷土博物館．
観光まちづくり研究会 編（2002）：新たな観光まちづくりの挑戦．ぎょうせい．
日本建築学会 編（2007）：地球環境時代のまちづくり．丸善出版．
溝尾良隆・菅原由美子（2000）：川越市一番街商店街地域における商業振興と町並み保全．人文地理，**52**(3)：84-99．
吉津直樹（2008）：関門大都市圏における最近の地域構造の変化と行政境界．関門地域研究（関門地域研究会），**17**：75-86．

索引

DID 99
Intelligent Transport System (ITS) 137
Mobility Management (MM) 137
sightseeing 1, 2
TBD (tourism business district) 106
tourism 1, 2
urban tourism 104, 105

あ行

青列車 11
アニメ聖地巡礼 95
アンダーソン (Anderson, B.) 40
井伊直弼 127
伊勢参り 91
一次交通 138
『一国の首都』 128
イメージ 21
イールド・マネジメント 146
インナーシティ問題 102
インバウンド観光 37
ウェストン (Weston, W.) 128
ウォーターフロント 112
歌川広重 125
梅田スカイビル 154
エコミュージアム 165
エッフェル塔 150
江戸湾 123
エリアス (Elias, N.) 31
エリアマネジメント 65
青梅宿アートフェスティバル 172
太田道灌 123
大田南畝 126

岡本伸之 6
オペラハウス 53
おみやげ屋 157
オリエント急行 11
温泉観光地 19
温泉地 14

か行

「快活なる運河の都とせよ」 133
海岸観光地域 17
ガイド 43
ガイドブック 23, 70
ガイドライン 63
買い物行動 119
回遊性 180
葛飾北斎 125
観光基本距離 135
観光交通計画 138
観光行動 14
観光事業 2
観光資源 15
観光施設 15
観光社会学 28
観光商業化 174
観光人類学 38
観光対象化 57
観光地理学 14
観光鉄道 179
観光都市 100
観光農園 21
観光のまなざし 29
観光文化 32
観光ボランティア 43
観光まちづくり 57
環状7号線 130
関東大震災 128, 133
観音巡礼 85
関門海峡 178
関門連絡船 179

規制 51, 62

規制緩和政策 146
北九州市 178
木下杢太郎 134
キャラクター 157
九州鉄道記念館 179
教会建築 45
曲亭馬琴 126
近代 27
空間的相互作用 13
空中作戦 130
クック (Cook, T.) 11, 27
暮らし体験 48
グランドツアー 37
クリスタル・パレス 46
クリスティ (Christie, A.) 11
計画手法 58
景観計画 162
景観要素 149
系統地理学 13
ゲストハウス 47
ゲートウェイ 103
憲章 63
現代建築 46
建築 44
建築デザイン 46, 52
郊外地域 113
郊外への人口流出 120
高速交通システム 141
幸田露伴 128
交通計画学 137
交通需要推計手法 137
交通需要マネジメント 137
小売商業力指数 171
国民国家論 40
後藤新平 133
コミュニタス 39
古民家 74
固有文化 101, 102
コンパクトシティ 121

索　引

コンベンションセンター　112

さ　行

西国巡礼　86
サトウ（Satow, E.）　141
参加のデザイン　61
産業転換　102

事業　64
市区改正　128, 133
四国遍路　85
自主ルール　63
自然環境　48, 49
自然ツーリズム　170
持続的なまちづくり　173, 174
十返舎一九　92, 126
シドモア（Scidmore, E.）　141
社会学　27
集客施設　115
集客装置　120
宗教建築　150
周遊　14
重要伝統的建造物群保存地区　159
受益者負担　145
首都　103
需要特性　142
巡礼　39, 84
上下分離方式　145
商店街活性化　175
新幹線　178
人口規模　99
人口集中地区　99
人口密度　100
真正性　29
人文観光資源　4
シンボル　150
スキー場　15
鈴木忠義　6
スタジアム　112
　──の波及効果　112
スポーツ観戦　111
スポーツツーリズム　120, 121
スミス（Smith, L.）　38

生活改善運動　41
制限　51
聖地　84
聖地巡礼　140

聖地創造　95
世界遺産　70
世界の文化遺産および自然遺産の保護に関する条約　3
世界文化遺産　159

即時性　144
祖廟　74

た　行

ターナー（Turner, W.）　38
田山花袋　128

地域イベント　171, 172
地域イメージ　173
地域活性化　173
地域資源　170, 172, 173
地域振興　170
地誌学　13
着地型観光　160
中央停車場　128
頂点　149

ツアー　23
通天閣　152

庭園　49
帝都復興事業　133
鉄道ファン　178
テーマパーク化　120
展望　149
展望タワー　149

『東海道中膝栗毛』　127
東京オリンピック関連　130
東京スカイツリー　154
東京タワー　153
『東京の三十年』　128
道三堀　124
道中記　92
登録文化財　161
徳川家康　123
特定目的鉄道　179
都市観光　99, 100, 104, 149
都市機能　100, 102
都市計画　50
都心部再開発　112
都心への回帰現象　112
利根川　123
利根川東遷　124

トロッコ列車　179

な　行

永井荷風　133
永井久一郎　133
夏目漱石　130

二次交通　138
担い手づくり　170, 174
日本橋（日本）　124
日本橋（ベトナム）　73
日本町　71
ニューツーリズム　160

ノスタルジー　80
乗り鉄　178

は　行

場所イメージ　111
派生需要　142
バード（Bird, I.）　141
バリ島　39

ピアス（Pearce, D.）　104, 149
必需財　145
人の流れ（流動）　112

『武鑑』　127
不完全市場　146
富士山縦覧場　151
ブラッドフォード　103
ブルデュー（Bourdieu, P.）　35
ブルートレイン　177
プロセスデザイン　59
文化　29
文化遺産　3
文化観光　32
文化財保護法　41, 161
文化資本　34
文化ツーリズム　170
文化伝播　22
文化の客体化　39

ベトナム　70
ベルツ（Bälz, E.）　128

ホイアン　70
訪問客流動　115
ポストモダニズム　39
本源的需要　147

ま 行

マスツーリズム　14, 29, 37
まちづくり　56
まちなみ　20
マルチチャンネル型　176
丸山眞男　7

民宿　14

門司港駅　178
門司港レトロ　178
門司港レトロ観光線　178
モータリゼーション　141
モニュメント　150
モノチャンネル型の構造　175

森　鷗外　130
門前町　20

や 行

八隅蘆庵　127
谷根千　130

誘導　62

ら 行

ランドマーク　150

リゾート　13
リミナリティ　39
旅行決定プロセス　143
『旅行用心集』　127

歴史的環境保全　159
歴史的建造物　113
歴史的風致維持向上計画　162
歴史的まちなみ　114
歴史的町並み保全まちづくり　57
歴史文化基本構想　162
歴史文化資源　159
歴史まちづくり法　162

ロー（Law, C.）　100, 150

わ 行

ワークショップ　62

編著者略歴

菊　地　俊　夫
1955 年　栃木県に生まれる
1983 年　筑波大学大学院地球科学研究科博士課程修了
現　在　首都大学東京大学院都市環境科学研究科教授
　　　　理学博士

［主な著作］
『都市空間の見方・考え方』（共編著，古今書院，2013 年）
『日本（世界地誌シリーズ）』（編著，朝倉書店，2011 年）
『東南アジア・オセアニア（世界地誌シリーズ）』（共編著，朝倉書店，2014 年）
ほか

松　村　公　明
1961 年　京都府に生まれる
1993 年　筑波大学大学院地球科学研究科単位取得満期退学
現　在　立教大学観光学部交流文化学科教授
　　　　理学修士

［主な著作］
『日本の地誌 4　東北』（共著，朝倉書店，2008 年）　ほか

よくわかる観光学 3
文化ツーリズム学

定価はカバーに表示

2016 年 3 月 20 日　初版第 1 刷
2018 年 5 月 10 日　　　第 3 刷

編著者　菊　地　俊　夫
　　　　松　村　公　明
発行者　朝　倉　誠　造
発行所　株式会社　朝　倉　書　店
　　　　東京都新宿区新小川町 6-29
　　　　郵便番号　162-8707
　　　　電　話　03（3260）0141
　　　　FAX　03（3260）0180
　　　　http://www.asakura.co.jp

〈検印省略〉

© 2016〈無断複写・転載を禁ず〉　　　　　　教文堂・渡辺製本

ISBN 978-4-254-16649-1　C 3326　　Printed in Japan

JCOPY　＜(社)出版者著作権管理機構　委託出版物＞
本書の無断複写は著作権法上での例外を除き禁じられています．複写される場合は，そのつど事前に，(社) 出版者著作権管理機構（電話 03-3513-6969，FAX 03-3513-6979, e-mail: info@jcopy.or.jp）の許諾を得てください．

◈ 地理学基礎シリーズ ◈
地理学の基本をおさえるテキストシリーズ

前学芸大 上野和彦・学芸大 椿真智子・学芸大 中村康子編
地理学基礎シリーズ1
地 理 学 概 論（第2版）
16819-8 C3325　　　　B5判 180頁 本体3300円

中学・高校の社会科教師を目指す学生のスタンダードとなる地理学の教科書を改訂。現代の社会情勢、人類が直面するグローバルな課題、地球や社会に生起する諸問題を踏まえて、地理学的な視点や方法を理解できるよう、具体的に解説した。

首都大 髙橋日出男・前学芸大 小泉武栄編著
地理学基礎シリーズ2
自 然 地 理 学 概 論
16817-4 C3325　　　　B5判 180頁 本体3300円

中学・高校の社会科教師を目指す学生にとってスタンダードとなる自然地理学の教科書。自然地理学が対象とする地表面とその近傍における諸事象をとりあげ、具体的にわかりやすく、自然地理学を基礎から解説している。

日大 矢ケ﨑典隆・学芸大 加賀美雅弘・
前学芸大 古田悦造編著
地理学基礎シリーズ3
地 誌 学 概 論
16818-1 C3325　　　　B5判 168頁 本体3300円

中学・高校の社会科教師を目指す学生にとってスタンダードとなる地誌学の教科書。地誌学の基礎を、地域調査に基づく地誌、歴史地誌、グローバル地誌、比較交流地誌、テーマ重視地誌、網羅累積地誌、広域地誌の7つの主題で具体的に解説。

前学芸大 小泉武栄編
図説 日 本 の 山
―自然が素晴らしい山50選―
16349-0 C3025　　　　B5判 176頁 本体4000円

日本全国の53山を厳選しオールカラー解説〔内容〕総説／利尻岳／トムラウシ／暑寒別岳／早池峰山／鳥海山／磐梯山／巻機山／妙高山／金北山／瑞牆山／縞枯山／天上山／日本アルプス／大峰山／三瓶山／大満寺山／阿蘇山／大崩岳／宮之浦岳他

早大 柴山知也・東大 茅根 創編
図説 日 本 の 海 岸
16065-9 C3044　　　　B5判 160頁 本体4000円

日本全国の海岸50あまりを厳選しオールカラーで解説。〔内容〕日高・胆振海岸／三陸海岸／高田海岸／新潟海岸／夏井・四倉／三番瀬／東京湾／三保／の松原／大阪府／気比の松原／天橋立／森海岸／鳥取海岸／有明海／指宿海岸／サンゴ礁／他

前三重大 森 和紀・上越教育大 佐藤芳徳著
図説 日 本 の 湖
16066-6 C3044　　　　B5判 176頁 本体4300円

日本の湖沼を科学的視点からわかりやすく紹介。〔内容〕I. 湖の科学（流域水循環、水収支など）／II. 日本の湖沼環境（サロマ湖から上甑島湖沼群まで、全国40の湖・湖沼群を湖盆図や地勢図、写真、水温水質図と共に紹介）／付表

前農工大 小倉紀雄・九大 島谷幸宏・
前大阪府大 谷田一三編
図説 日 本 の 河 川
18033-6 C3040　　　　B5判 176頁 本体4300円

日本全国の52河川を厳選しオールカラーで解説〔内容〕総説／標津川／釧路川／岩木川／奥入瀬川／利根川／多摩川／信濃川／黒部川／柿田川／木曽川／鴨川／紀ノ川／淀川／斐伊川／太田川／吉野川／四万十川／筑後川／屋久島／沖縄／他

日本湿地学会監修
図説 日 本 の 湿 地
―人と自然と多様な水辺―
18052-7 C3040　　　　B5判 228頁 本体5000円

日本全国の湿地を対象に、その現状や特徴、魅力、豊かさ、抱える課題等を写真や図とともにビジュアルに見開き形式で紹介。〔内容〕湿地と人々の暮らし／湿地の動植物／湿地の分類と機能／湿地を取り巻く環境の変化／湿地を守る仕組み・制度

前東大 大澤雅彦・屋久島環境文化財団 田川日出夫・
京大 山極寿一編
世界遺産 屋 久 島
―亜熱帯の自然と生態系―
18025-1 C3040　　　　B5判 288頁 本体9500円

わが国有数の世界自然遺産として貴重かつ優美な自然を有する屋久島の現状と魅力をヴィジュアルに活写。〔内容〕気象／地質・地形／植物相と植生／動物相と生態／暮らしと植生のかかわり／屋久島の利用と保全／屋久島の人、歴史、未来／他

大阪市大 水内俊雄編 シリーズ〈人文地理学〉4 **空 間 の 政 治 地 理** 16714-6 C3325　　A5判 232頁 本体3800円	空間の広がりやスケールの現代政治・経済への関わりを地理学的視点から見直す。〔内容〕地政学と言説／グローバル(ローカル)なスケールと政治／国土空間の生産と日本型政治システム／社会運動論と政治地理学／「自然」の地理学／他
大阪市大 水内俊雄編 シリーズ〈人文地理学〉5 **空 間 の 社 会 地 理** 16715-3 C3325　　A5判 192頁 本体3800円	人間の生活・労働の諸場面で影響を及ぼし合う「空間」と「社会」—その相互関係を実例で考察。〔内容〕社会地理学の系譜／都市インナーリング／ジェンダー研究と地理／エスニシティと地理／民俗研究と地理／寄せ場という空間／モダニティと空間
前首都大 杉浦芳夫編 シリーズ〈人文地理学〉6 **空 間 の 経 済 地 理** 16716-0 C3325　　A5判 196頁 本体3800円	ボーダレス時代の経済諸活動が国内外でどのように展開しているかを解説。〔内容〕農業産地論／産業地域論／日本の商業・流通／三大都市圏における地域変容／グローバル経済と産業活動の展開／国内・国際人口移動論／観光・ツーリズム
法大 中俣 均編 シリーズ〈人文地理学〉7 **空 間 の 文 化 地 理** 16717-7 C3325　　A5判 192頁 本体3800円	文化によって空間に付与された多元的な意味を読み解く——これからの文化地理学の方向性を提示。〔内容〕新しい文化地理学としての文化／メンタルマップ／現代メディア空間／「空間」の政治学／変わりゆく文化・人間概念／民俗文化
法大 中俣 均編 シリーズ〈人文地理学〉9 **国 土 空 間 と 地 域 社 会** 16719-1 C3325　　A5判 220頁 本体3800円	グローバルな環境問題を見据え日本の国土・地域開発政策のあり方と地理学の関わりを解説。〔内容〕地球環境と日本国土／戦後日本の国土開発政策／都市化社会の進展／過疎山村の変貌／地方分権時代の国土・地域政策／21世紀の地域社会創造
筑波大 村山祐司・東大 柴崎亮介編 〈シリーズGIS〉1 **G I S　　の　　理　　論** 16831-0 C3325　　A5判 200頁 本体3800円	科学としてのGISの概念・原理, 理論的発展を叙述〔内容〕空間認識とオントロジー／空間データモデル／位置表現／空間操作と計算幾何学／空間統計学入門／ビジュアライゼーション／データマイニング／ジオシミュレーション／空間モデリング
東大 柴崎亮介・筑波大 村山祐司編 〈シリーズGIS〉2 **G I S　　の　　技　　術** 16832-7 C3325　　A5判 224頁 本体3800円	GISを支える各種技術を具体的に詳述〔内容〕技術の全体像／データの取得と計測方法(測量・リモセン・衛星測位等)／空間データベース／視覚的表現／空間情報処理ソフト／GISの計画・設計, 導入と運用／データの相互運用性と地理情報基準／他
筑波大 村山祐司・東大 柴崎亮介編 〈シリーズGIS〉3 **生 活・文 化 の た め の GIS** 16833-4 C3325　　A5判 216頁 本体3800円	娯楽から教育まで身近で様々に利用されるGISの現状を解説。〔内容〕概論／エンターテインメント／ナビゲーション／スポーツ／市民参加・コミュニケーション／犯罪・安全・安心／保健医療分野／考古・文化財／歴史・地理／古地図／教育
筑波大 村山祐司・東大 柴崎亮介編 〈シリーズGIS〉4 **ビジネス・行政のためのGIS** 16834-1 C3325　　A5判 208頁 本体3800円	物流～福祉まで広範囲のGISの利用と現状を解説〔内容〕概論／物流システム／農業／林業／漁業／施設管理・ライフライン／エリアマーケティング／位置情報サービス／不動産／都市・地域計画／福祉／統計調査／公共政策／費用効果便益分析
東大 柴崎亮介・筑波大 村山祐司編 〈シリーズGIS〉5 **社会基盤・環境のためのGIS** 16835-8 C3325　　A5判 196頁 本体3800円	様々なインフラ整備や環境利用・管理など多岐にわたり公共的な場面で活用されるGISの手法や現状を具体的に解説〔内容〕概論／国土空間データ基盤／都市／交通／市街地情報管理／土地利用／人口／森林／海洋／水循環／ランドスケープ

前帝京大 岡本伸之編著
よくわかる観光学1
観光経営学
16647-7 C3326　　A5判 208頁 本体2800円

観光関連サービスの経営を解説する教科書。観光産業の経営人材養成に役立つ。〔内容〕観光政策／まちづくり／観光行動と市場／ITと観光／交通、旅行、宿泊、外食産業／投資／集客／人的資源管理／接遇と顧客満足／ポストモダンと観光

首都大 菊地俊夫・帝京大 有馬貴之編著
よくわかる観光学2
自然ツーリズム学
16648-4 C3326　　A5判 184頁 本体2800円

多彩な要素からなる自然ツーリズムを様々な視点から解説する教科書。〔内容〕基礎編：地理学、生態学、環境学、情報学／実践編：エコツーリズム、ルーラルツーリズム、自然遺産、都市の緑地空間／応用編：環境保全、自然災害、地域計画

日大 矢ケ﨑典隆・立正大 山下清海・学芸大 加賀美雅弘編
地誌トピックス1
グローバリゼーション
——縮小する世界——
16881-5 C3325　　B5判 152頁 本体3200円

交通機関、インターネット等の発展とともに世界との距離は小さくなっている。第1巻はグローバリゼーションをテーマに課題を読み解く。文化の伝播と越境する人、企業、風土病、アグリビジネスやスポーツ文化を題材に知見を養う。

日大 矢ケ﨑典隆・首都大 菊地俊夫・立教大 丸山浩明編
地誌トピックス2
ローカリゼーション
——地域へのこだわり——
16882-2 C3325　　B5判 160頁 本体3200円

各地域が独自の地理的・文化的・経済的背景を、また同時に、地域特有の課題を持つ。第2巻はローカリゼーションをテーマに課題を読み解く。都市農業、ルーマニアの山村の持続的発展、アフリカの自給生活を営む人々等を題材に知見を養う。

日大 矢ケ﨑典隆・日大 森島 済・名大 横山 智編
地誌トピックス3
サステイナビリティ
——地球と人類の課題——
16883-9 C3325　　B5判 152頁 本体3200円

地理学基礎シリーズ、世界地誌シリーズに続く、初級から中級向けの地理学シリーズ、第3巻はサスティナビリティをテーマに課題を読み解く。地球温暖化、環境、水資源、食料、民族と文化、格差と貧困、人口などの問題に対する知見を養う。

立正大 伊藤徹哉・立正大 鈴木重雄・立正大学地理学教室編
地理を学ぼう 地理エクスカーション
16354-4 C3025　　B5判 120頁 本体2200円

地理学の実地調査「地理エクスカーション」を具体例とともに学ぶ入門書。フィールドワークの面白さを伝える。〔内容〕地理エクスカーションの意義・すすめ方／都市の地形と自然環境／火山／観光地での防災／地域の活性化／他

東大 西村幸夫編著
まちづくり学
——アイディアから実現までのプロセス——
26632-0 C3052　　B5判 128頁 本体2900円

単なる概念・事例の紹介ではなく、住民の視点に立ったモデルやプロセスを提示。〔内容〕まちづくりとは何か／枠組みと技法／まちづくり諸活動／まちづくり支援／公平性と透明性／行政・住民・専門家／マネジメント技法／サポートシステム

東大 西村幸夫・工学院大 野澤 康編
まちの見方・調べ方
——地域づくりのための調査法入門——
26637-5 C3052　　B5判 164頁 本体3200円

地域づくりに向けた「現場主義」の調査方法を解説。〔内容〕1.事実を知る（歴史、地形、生活、計画など）、2.現場で考える（ワークショップ、聞き取り、地域資源、課題の抽出など）、3.現象を解釈する（各種統計手法、住環境・景観分析、GISなど）

名大 宮脇 勝著
ランドスケープと都市デザイン
——風景計画のこれから——
26641-2 C3052　　B5判 152頁 本体3200円

ランドスケープは人々が感じる場所のイメージであり、住み、訪れる場所すべてを対象とする。考え方、景観法などの制度、問題を国内外の事例を通して解説〔内容〕ランドスケープとは何か／特性と知覚／風景計画／都市デザイン／制度と課題

前農工大 千賀裕太郎編
農村計画学
44027-0 C3061　　A5判 208頁 本体3600円

農村地域の21世紀的価値を考え、保全や整備の基礎と方法を学ぶ「農村計画」の教科書。事例も豊富に収録。〔内容〕基礎（地域／計画／歴史）／構成（空間・環境・景観／社会・コミュニティ／経済／各国の農村計画）／ケーススタディ

上記価格（税別）は2018年3月現在